Arbitrage und die Bewertung von Zinssatzoptionen

Wirtschaftswissenschaftliche Beiträge

Band 1: Christof Aignesberger
Die Innovationsbörse als Instrument zur Risikokapitalversorgung innovativer mittelständischer Unternehmen
1987. 326 Seiten. Brosch. DM 69,-
ISBN 3-7908-0384-7

Band 2: Ulrike Neuerburg
Werbung im Privatfernsehen
1988. 302 Seiten. Brosch. DM 69,-
ISBN 3-7908-0391-X

Band 3: Joachim Peters
Entwicklungsländerorientierte Internationalisierung von Industrieunternehmen
1988. 165 Seiten. Brosch. DM 49,-
ISBN 3-7908-0397-9

Band 4: Günther Chaloupek
Joachim Lamel und Josef Richter (Hrsg.)
Bevölkerungsrückgang und Wirtschaft
1988. 478 Seiten. Brosch. DM 98,-
ISBN 3-7908-0400-2

Band 5: Paul J. J. Welfens und Leszek Balcerowicz (Hrsg.)
Innovationsdynamik im Systemvergleich
1988. 466 Seiten. Brosch. DM 90,-
ISBN 3-7908-0402-9

Band 6: Klaus Fischer
Oligopolistische Marktprozesse
1988. 169 Seiten. Brosch. DM 55,-
ISBN 3-7908-0403-7

Band 7: Michael Laker
Das Mehrproduktunternehmen in einer sich ändernden unsicheren Umwelt
1988. 209 Seiten. Brosch. DM 58,-
ISBN 3-7908-0413-4

Band 8: Irmela von Bülow
Systemgrenzen im Management von Institutionen
1989. 278 Seiten. Brosch. DM 69,-
ISBN 3-7908-0416-9

Band 9: Heinz Neubauer
Lebenswegorientierte Planung technischer Systeme
1989. 183 Seiten. Brosch. DM 55,-
ISBN 3-7908-0422-3

Band 10: Peter Michael Sälter
Externe Effekte: „Marktversagen" oder Systemmerkmal?
1989. 196 Seiten. Brosch. DM 59,-
ISBN 3-7908-0423-1

Band 11: Peter Ockenfels
Informationsbeschaffung auf homogenen Oligopolmärkten
1989. 163 Seiten. Brosch. DM 58,-
ISBN 3-7908-0424-X

Band 12: Olaf Jacob
Aufgabenintegrierte Büroinformationssysteme
1989. 177 Seiten. Brosch. DM 55,-
ISBN 3-7908-0430-4

Band 13: Johann Walter
Innovationsorientierte Umweltpolitik bei komplexen Umweltproblemen
1989. 208 Seiten. Brosch. DM 59,-
ISBN 3-7908-0433-9

Band 14: Detlev Bonneval
Kostenoptimale Verfahren in der statistischen Prozeßkontrolle
1989. 180 Seiten. Brosch. DM 55,-
ISBN 3-7908-0440-1

Band 15: Thomas Rüdel
Kointegration und Fehlerkorrekturmodelle
1989. 138 Seiten. Brosch. DM 49,-
ISBN 3-7908-0441-X

Band 16: Konrad Rentrup
Heinrich von Storch, das „Handbuch der Nationalwirthschaftslehre" und die Konzeption der „inneren Güter"
1989. 146 Seiten. Brosch. DM 55,-
ISBN 3-7908-0445-2

Band 17: Manfred A. Schöner
Überbetriebliche Vermögensbeteiligung
1989. 417 Seiten. DM 98,-
ISBN 3-7908-0446-0

Band 18: Paulo Haufs
DV-Controlling
1989. 166 Seiten. DM 55,-
ISBN 3-7908-0447-9

Band 19: Rainer Völker
Innovationsentscheidungen und Marktstruktur
1989. 221 Seiten. Brosch. DM 65,-
ISBN 3-7908-0452-5

Band 20: Petra Bollmann
Technischer Fortschritt und wirtschaftlicher Wandel
1989. 184 Seiten. Brosch. DM 59,-
ISBN 3-7908-0453-3

Band 21: Franz Hörmann
Das Automatisierte, Integrierte Rechnungswesen
1989. 408 Seiten. Brosch. DM 89,-
ISBN 3-7908-0454-1

Band 22: Winfried Böing
Interne Budgetierung im Krankenhaus
1990. 274 Seiten. Brosch. DM 69,-
ISBN 3-7908-0456-8

Band 23: Gholamreza Nakhaeizadeh und Karl-Heinz Vollmer (Hrsg.)
Neuere Entwicklungen in der Angewandten Ökonometrie
1990. 248 Seiten. Brosch. DM 68,-
ISBN 3-7908-0457-6

Band 24: Thomas Braun
Hedging mit fixen Termingeschäften und Optionen
1990. 167 Seiten. Brosch. DM 55,-
ISBN 3-7908-0459-2

Band 25: Georg Inderst, Peter Mooslechner und Brigitte Unger (Hrsg.)
Das System der Sparförderung in Österreich
1990. 126 Seiten. Brosch. DM 55,-
ISBN 3-7908-0461-4

Band 26: Thomas Apolte und Martin Kessler (Hrsg.)
Regulierung und Deregulierung im Systemvergleich
1990. 313 Seiten. Brosch. DM 79,-
ISBN 3-7908-0462-2

Band 27: Joachim Lamel/Michael Mesch/Jiři Skolka (Hrsg.)
Österreichs Außenhandel mit Dienstleistungen
1990. 335 Seiten. Brosch. DM 79,-
ISBN 3-7908-0467-3

Fortsetzung auf Seite 173

Klaus Sandmann

Arbitrage und die Bewertung von Zinssatzoptionen

Mit 37 Abbildungen

Physica-Verlag Heidelberg

Reihenherausgeber
Werner A. Müller

Autor
Dr. Klaus Sandmann
Statistische Abteilung
Universität Bonn
Adenauerallee 24-42
D-5300 Bonn 1

ISBN-13:978-3-7908-0551-2 e-ISBN-13:978-3-642-46922-0
DOI:10.1007/978-3-642-46922-0

7120/7130-543210

Vorwort

Die vorliegende Arbeit ist aus meiner Tätigkeit im Institut für Gesellschafts-und Wirtschaftswissenschaften der Rheinischen Friedrich Wilhelm Universität Bonn entstanden. Mein besonderer Dank gebührt Herrn Prof. Dr. D. Sondermann, der mein Interesse für das Gebiet der Financial Economics weckte. Durch sein Engagement und die fruchtbaren Diskussionen auf diesem Gebiet hat er diese Arbeit tatkräftig begleitet. Darüberhinaus möchte ich mich bei den Kollegen des Fachbereichs, Herrn Dipl.Math. Bernd Franke, Herrn Dipl.Math. Dr. Thomas Kottmann und Herrn Dipl.Volksw. Ralph Ristau für ihre Diskussionsbereitschaft während der letzten Jahre herzlich bedanken. Das übergreifende und unvereingenommene Gespräch war eine wertvolle Stütze für mich.

Der Text wurde mit Hilfe des Textverarbeitungsprogramms LATEX gesetzt. Frau Carolin Krause, Frau Regine Micha, und Frau Gaby Girnstein sei an dieser Stelle mein Dank ausgedrückt. Ohne die zuverlässige und disziplinierte Arbeit von Frau Krause wäre die vorliegende Form sicher nicht erreicht worden. Verbleibende inhaltliche und orthographische Fehler gehen natürlich gänzlich zu Lasten des Autors.

Die für die Simulationen notwendigen Programme wurden von mir auf dem Großrechner des SFB 303 in der Programmiersprache APL erstellt. Die tatkräftige Hilfe von Herrn Matthias Reimer und Herrn Erik Schlögl hat mir jedoch manch' zeitraubenden Umweg erspart. Die Berechnung der ersten beiden Momente der in Kapitel 7 betrachteten Verteilung wurde von Herrn Schlögl in der Programmiersprache C geleistet. Meine besondere Anerkennung für diese Arbeit gilt ihm. Die zahlreichen Abbildungen wurden von Frau Krause in LATEX bzw. von mir unter Verwendung des Programms Harvard Graphics erstellt.

Diese Arbeit ist im Sonderforschungsbereich 303 " Information und die Koordination wirtschaftlicher Aktivitäten " der Universität Bonn entstanden. Für die Förderung mit Mitteln der Deutschen Forschungsgemeinschaft sei ausdrücklich gedankt.

Last but not least bedanke ich mich bei meiner Frau, der diese Arbeit gewidmet ist. Ohne ihre Unterstützung und ihr Verständnis wäre diese Arbeit nicht denkbar.

Bonn im März 1991 Klaus Sandmann

Inhaltsverzeichnis

1 Einleitung

Die Anlage in festverzinslichen Wertpapieren wurde in der Vergangenheit lange Zeit als weitgehend risikolos angesehen. Die zunehmenden Schwankungen kurz- und langfristiger Zinssätze und das damit verbundene Risiko bei der Prognose der zukünftigen Zinsentwicklung stellen jedoch Anleger und Depotmanager vor neuartige Probleme. Ex post kann die einseitige Entscheidung, kurz- oder langfristige Positionen auf dem Rentenmarkt zu beziehen, sich als nicht vorteilhaft erweisen und erhebliche Kosten verursachen. In das Blickfeld rücken somit zunehmend Überlegungen, dem Zinsänderungsrisiko durch ein aktives Management entgegenzuwirken.

Einen ersten Ansatz in diesem Zusammenhang liefern die sogenannten Immunisierungsstrategien, wie sie von der Durationsanalyse vorgeschlagen werden[1]. Hierbei wird einerseits das Risiko einer nicht vorteilhaften Zinsentwicklung eliminiert, andererseits ist es aber auch nicht möglich, an den Chancen einer vorteilhaften Zinsentwicklung zu partizipieren. Einen Kompromiß stellen die Teilimmunisierungsverfahren dar, die eine Teilnahme an einer positiven Zinsentwicklung unter Inkaufnahme eines begrenzten Risikos ermöglichen.

Diese Strategien sind insofern problematisch, als zwischen der Höhe des Chancenpotentials und dem einzugehenden Risiko eine direkte Beziehung besteht. Somit bieten die Immunisierungsverfahren nicht das geeignete Instrumentarium, um uneingeschränkt an einer vorteilhaften Zinsentwicklung teilzunehmen und sich gleichzeitig gegen eine nicht erwünschte Zinsentwicklung zu schützen.

Im Unterschied zu Immunisierungsstrategien genügen Zinssatzoptionen einer solchen Zielvorstellung. Entsprechend dem Vorbild der Aktienoptionen ermöglichen Zinssatzoptionen um den Preis einer vorab zu zahlenden Prämie die Sicherung eines speziellen Zinssatzes, ohne dabei die Chancen einer vorteilhaften Zinsentwicklung zu eliminieren.

Grundsätzlich werden zwei Vertragsarten betrachtet. Der sogenannte Cap stellt eine Versicherung gegen steigende Zinsen dar, während mit dem Floor eine Versicherung gegen fallende Zinsen verbunden ist. Beide Vertragsarten erlauben es, an der entsprechenden entgegengesetzten Zinsentwicklung uneingeschränkt teilzunehmen. Die offensichtliche Verwandschaft zu Aktienoptionen legt es nahe, die dort entwickelten Methoden der Analyse und Bewertung für Zinssatzoptionen nutzbar zu machen. Dabei sind vor allem drei Problemkreise zu beachten:

- Der sich ergebende Auszahlungsstrom einer Zinssatzoption ist in unmittelba-

[1] Eine eingehende Diskussion der Durationsanalyse findet sich in den Arbeiten von Bußmann (1985) und Rudolph, Wondrak (1986). Uhlir und Steiner (1986) haben hierzu eine sehr gute Gesamtdarstellung erarbeitet. Der Zusammenhang zwischen dem Durationsmaß und der Definition des Risikos bei stochastischen Prozessen wird in einem grundlegenden Artikel von Cox, Ingersoll und Ross (1979) untersucht.

rer Weise abhängig von der zukünftigen Zinsentwicklung. Demzufolge wird die Bewertung zu einem wesentlichen Teil von der Beschreibung der Zinsentwicklung abhängen.

- Eng verbunden mit der Frage der Bewertung ist die Duplizierung des sich ergebenden Auszahlungsstromes durch festverzinsliche Anleihen und andere ausschließlich zinssatzabhängige Finanzinstrumente.

- Die Forderung der Arbitragefreiheit gebietet es, in geeigneter Weise die gesamten vorhandenen, ausschließlich zinssatzabhängigen Finanzinstrumente konsistent zu beschreiben.

Ausgangspunkt der modernen Optionsbewertungstheorie ist die Arbeit von Black und Scholes (1973). Unter der Annahme einer geometrischen Brown'schen Bewegung für die Aktienkursentwicklung ist der arbitragefreie Preis einer sogenannten europäischen Kauf- oder Verkaufoption durch die Black–Scholes–Formel gegeben. Im Rahmen eines Modells mit diskreter Zeitstruktur regte W. Sharpe (1978) eine einfache Darstellung des Black–Scholes–Modells an. Cox, Ross und Rubinstein (1979) sowie Rendleman, Bartter (1979) entwickelten daraus unabhängig voneinander das sogenannte Binomialmodell für die Optionbewertung[2]. Darüberhinaus erweist sich das Binomialmodell im Grenzwert als konsistent zum Black–Scholes–Modell. Beiden Modellen ist jedoch u.a. gemein, daß die kurzfristige Zinsrate als konstant angenommen wird.

Merton (1973) erweiterte in seiner wichtigen Arbeit „ The Rational Theory of Option Pricing " das Black–Scholes–Modell in vielfacher Weise. Anstelle der konstanten kurzfristigen Zinsrate wird der Preisprozeß einer Nullkuponanleihe (Zero–Kupon Bond) betrachtet. Unter der Annahme, daß der Preisprozeß einer Nullkuponanleihe ebenfalls einer geometrischen Brown'schen Bewegung genügt, leitet Merton eine der Black–Scholes–Formel entsprechende geschlossene Lösung her. Damit war der nächste logische Schritt mit der Bewertung von Optionen auf Anleihen, d.h. Rentenoptionen, vorgegeben. Methodisch ergeben sich jedoch drei grundsätzliche Unterschiede für die Bewertung von Rentenoptionen:

- Im Gegensatz zu der Beschreibung eines Aktienprozesses weisen Anleihen in der Regel ein Endfälligkeitsdatum aus. Ihr Wert am Ende der Laufzeit ist folglich nicht zufallsabhängig, sondern entspricht einer fest vorgegebenen Größe, dem Nennwert der Anleihe.

- Wird eine nicht negative Zinsentwicklung während der gesamten Laufzeit unterstellt, so ergeben sich auch während der Laufzeit deterministische obere

[2]Die Bewertung der Aktienoption unter der Annahme der Arbitragefreiheit des Modells erfolgt mittels einer selbstfinanzierenden Portfoliostrategie, die den Auszahlungsstrom der Aktienoption dupliziert. Somit kann die Aktienoption als dynamische Linearkombination der Aktie und der Zinsrate dargestellt werden.

Wertgrenzen für die einzelnen Anleihen. Eine Kuponanleihe wird demnach nie über der Summe der verbleibenden Kuponzahlungen einschließlich Nennwert notiert werden.

- Die Endfälligkeit der Anleihe mit vorgegebenem Nennwert impliziert[3], daß die Unsicherheit über die zukünftige Kursentwicklung gegen Ende der Laufzeit verschwindet.

Das für die vorliegende Studie darüberhinausgehende entscheidende Problem ist jedoch die konsistente Beschreibung mehrerer Anleihen mit verschiedenen Endfälligkeiten. Impliziert eine nicht negative Zinsentwicklung einerseits obere Wertgrenzen für die einzelne Anleihe, so folgt andererseits, daß die Preisprozesse von Anleihen unterschiedlicher Laufzeit sich nicht schneiden dürfen. Würde z.B. der Preis einer langlaufenden Nullkuponanleihe über dem der kurzlaufenden notiert, so ergäben sich zwangsläufig negative Terminzinsen.

Bezogen auf die Bewertung der Rentenoption werden zwei unterschiedliche Ansätze in der Literatur verfolgt. Die ältere indirekte Methode geht von einer dynamischen Beschreibung der Zinsentwicklung aus und leitet daraus gleichermaßen die Preisentwicklung der Anleihe wie der zu bewertenden Rentenoption her[4]. Die direkte Methode zur Bewertung von Rentenoptionen geht auf die entscheidende Arbeit von Ball und Torous (1983) zurück. In Merton (1973) wird eine geometrische Brown'schen Bewegung für die Kursentwicklung der Nullkuponanleihe angenommen, die die Eigenschaften einer endfälligen Anleihe nicht adäquat beschreibt. Ball und Torous führen das Konzept der Brown'schen Brücke für die Preisentwicklung ein. Es gelingt ihnen, auf diese Weise elegant die Preisentwicklung zu beschreiben und eine geschlossene Formel für den Arbitragepreis der Rentenoptionen herzuleiten. In der Folge hat eine breite und fruchtbare Diskussion über die adäquate Formulierung der Brown'schen Brücke für den Kursprozeß der Anleihe stattgefunden, die auch weiterhin anhält[5].

Liefert die direkte Methode für die Rentenoptionsbewertung auch interessante Ergebnisse, die oft eine geschlossene Lösung und eine empirische Überprüfung ermöglichen, so wird das mit Hinblick auf Zinssatzoptionen wichtige Problem der Arbitragefreiheit unterschiedlicher Anleihen nicht befriedigend gelöst. Einen ersten wichtigen Ansatz im Rahmen eines Binomialmodells liefert die Arbeit von Ho und Lee (1986). Ho und Lee beschreiben die gesamte Zinsstruktur als Binomialprozeß. Unglücklicherweise sind jedoch negative Terminzinsen innerhalb des Modells möglich, die zu einer nicht zu unterschätzenden Fehlbewertung einer Zinssatzoption

[3] wenn das Bonitätsrisiko vernachlässigt wird

[4] Wichtige Arbeiten zum indirekten Ansatz stammen von Rendleman, Bartter (1980), Brennan, Schwartz (1982) , Courtadon (1982) und Cox, Ingersoll, Ross (1985a,b)

[5] Eine vergleichende Diskussion der Arbeiten von Shaefer, Schwartz (1987), Bühler (1987), Schöbel (1987), Finucane (1987), Bühler, Käsler (1989), Ball (1989), Jamshidian (1989) und Kemna, de Munnik, Vorst (1989) findet in Kapitel 4 statt.

führen können. Über den Ansatz von Ho und Lee hinaus stellen die Arbeiten von Heath, Jarrow und Morton (1987) sowie Artzner und Delbaen (1988) für eine zeitstetige Darstellung wichtige Beiträge zur Modellierung eines Zinsstrukturmodells dar.

Gegenwärtig ist die arbitragefreie Bewertung von Zinssatzoptionen noch nicht in befriedigender Weise gelöst. Es erscheint somit notwendig, die Frage des Zinsstrukturmodells neu zu untersuchen. Grundlage hierfür sind der Begriff der Arbitragefreiheit und die sich daraus ergebenden Forderungen, die in einem ersten Schritt untersucht werden müssen. Die bisherigen Ergebnisse der Rentenoptionsbewertung dienen der Zinssatzoptionsbewertung als wichtiger Beitrag und werden insofern in einem zweiten Schritt kritisch bewertet. Aufbauend darauf ist es möglich, ein in sich konsistentes Zinsstrukturmodell zu definieren, das den gegebenen Erfordernissen der Zinssatzoptionen Rechnung trägt. Innerhalb einer abschließenden Betrachtung wird der Frage nachgegangen, welche Folgerungen sich aus dem Zinsstrukturmodell für die Analyse von Aktienoptionen und zusammengesetzten Optionen ergeben.

2 Das Arbitragekonzept

Wird angenommen, daß Konsum keine auf den heutigen Zeitpunkt beschränkte Frage ist, so sind Individuen grundsätzlich auch an in der Zukunft liegendem Konsum interessiert. Über das in der Zukunft bestehende Preissystem herrscht im allgemeinen Unsicherheit, so daß ein grundsätzliches Interesse an Vermögenstransfer über die Zeit besteht. U.a. bietet der Rentenpapiermarkt diese Möglichkeit des Vermögenstransfers entlang der Zeitachse.

Ist es möglich, aus den vorhandenen Wertpapieren eine Portfoliostrategie abzuleiten, die in mindestens einer Situation zu einer positiven Auszahlung führt, deren Auszahlung jedoch nie negativ wird und die keine Nettoinvestition erfordert, so bezeichnet eine solche Strategie eine Arbitragemöglichkeit. Für einen Investor mit streng monotonen Präferenzen folgt aus der Existenz einer Arbitragemöglichkeit, daß keine optimale Portfoliowahl existiert. Entsprechend seiner Präferenz ist die Position, die ein solcher Investor im Arbitrageportfolio einnimmt, unbegrenzt. Die Forderung der Arbitragefreiheit ist somit notwendig für die Existenz eines Gleichgewichtes, falls die Präferenzen als streng monoton angenommen werden.

Eine der grundlegenden Folgerungen aus der Forderung der Arbitragefreiheit ist das Gesetz des einen Preises. Werden zwei Wertpapiere betrachtet, deren Auszahlung identisch ist, z.B. zwei Nullkuponanleihen mit gleichem Nennwert und gleicher Laufzeit, so folgt aus dem Gesetz des einen Preises, daß deren Preis übereinstimmen muß, falls das Bonitätsrisiko gleich ist. Eine Verletzung dieses Gesetzes würde umgehend zu einer Arbitragemöglichkeit führen. Dies setzt natürlich voraus, daß z.B. die Transaktionskosten, die üblicherweise mit dem Erwerb und Verkauf von Wertpapieren verbunden sind, die profitable Durchführung der entsprechenden Arbitragestrategie ermöglichen. Für Anwendungen wird dieses Moment sicher von nicht zu unterschätzender Bedeutung sein. Im Rahmen einer theoretischen Betrachtung ist es jedoch sinnvoll, diese Tatsache zu ignorieren und von keinen Transaktionskosten auszugehen. Dies wird dadurch unterstützt, daß im Gleichgewicht für keinen Marktteilnehmer eine Arbitragemöglichkeit bestehen kann. Folglich gilt dies auch für denjenigen Marktteilnehmer mit den geringsten Transaktionskosten.

Wird von einem idealisierten Wertpapiermarkt ohne Transaktionskosten und mit beliebig teilbaren Wertpapieren ausgegangen, so lassen sich die grundlegenden Aussagen, die im Zusammenhang mit der Arbitragefreiheit stehen, in dem folgenden fundamentalen Satz der Wertpapierbewertung zusammenfassen:

Satz 2.1[6]

(Fundamental Theorem of Asset Pricing)
Die folgenden drei Aussagen für einen Wertpapiermarkt sind äquivalent

1. Der Wertpapiermarkt ist arbitragefrei.
2. Es existiert ein positives, lineares Preissystem.
3. Für mindestens einen Marktteilnehmer mit streng monotonen Präferenzen existiert eine optimale Portfoliowahl.

Entscheidend für die Bedeutung des Satzes ist nun die Beobachtung, daß der Definitionsbereich des linearen Preisfunktionals über die Menge der aktuell beobachteten Finanztitel hinaus erweitert werden kann.

"In other words, the linear pricing rule could be extended from the market assets to all hypothetical assets defined over the same set of states" (Dybvic, Ross (1987, S. 101))

Dies führt nun direkt zur Frage der Vollständigkeit eines gegebenen Finanzmarktes. Ausgangspunkt hierfür ist die Betrachtung eines Zustandsraumes Ω für die zukünftigen Zustände der Welt. Die Preisentwicklung der vorhandenen Wertpapiere ist als eine Zufallsvariable beschreibbar, deren Realisierung vom Zustand $\omega \in \Omega$ abhängt. Dabei werden die Zustände der Welt im allgemeinen nicht direkt beobachtet sondern vielmehr deren Auswirkung auf die Preisentwicklung. Erlauben die vorhandenen Wertpapiere eine vollständige Unterscheidung der Zustände der Welt, d.h. ist es möglich, zu jedem Zustand ω ein Portfolio zusammenzustellen, das genau dann eine Auszahlung liefert, wenn der entsprechende Zustand ω eintritt, so wird der Markt als vollständig bezeichnet. In einem vollständigen Markt sind die Preise der Arrow-Securities[7] somit eindeutig bestimmt. Jedes beliebige Portfolio läßt sich als Linearkombination der Arrow-Securities darstellen. Unter dem linearen Preisfunktional ist der Initialwert eines Portfolio eindeutig durch die entsprechende Summe der Preise der Arrow-Securities bestimmt und wird als Arbitragepreis bezeichnet. In einem vollständigen Markt sind somit die Preise aller möglichen Wertpapiere, die über die Zustände der Welt definiert sind, unter der Annahme der Arbitragefreiheit eindeutig bestimmt. Würde der Preis eines solchen redundanten Wertpapiers von dem Arbtitragepreis abweichen, so entspräche dies einer Arbitragemöglichkeit, die unter Verwendung der Arrow-Securities oder

[6]Die Bezeichnung „Fundamental Theorem of Asset Pricing" stammt von S.A. Ross und ist dem gemeinsamen Essay „Arbitrage" von Dybvic und Ross (1987) entnommen. Der Beweis für den ein Perioden Fall findet sich dort. Die einzelnen Behauptungen finden sich u.a. auch in Ingersoll (1987). Für die mehrperiodige Betrachtung finden sich die Ergebnisse u.a. in der entscheidenden Arbeit von Harrison, Kreps (1979).

[7]Vergleiche hierzu auch die entscheidende Arbeit von Arrow (1964).

der sie erzeugenden Portfolios zu der Möglichkeit eines risikolosen Profits führen würde.

Seien eine Menge von aktuell beobachteten Finanztiteln und ein Zustandsraum Ω gegeben, so sind mit dem Arbitragekonzept die folgenden drei grundlegenden Fragen verbunden:

- Wie läßt sich die Klasse der unter der Forderung der Arbitragefreiheit bewertbaren Wertpapiere charakterisieren?
- Welche geeignete Darstellung zur Preisanalyse von redundanten Wertpapieren ergeben sich aus der Existenz eines linearen Preisfunktionals?
- Welche Implikationen ergeben sich aus der Arbitragefreiheit für rein zinsabhängige Wertpapiere wie Kupon- und Nullkuponanleihen?

2.1 Diskussion des Arbitragekonzepts in einem einfachen Zinsstrukturmodell

Sei mit $[0,T]$ der für das Modell relevante Zeitabschnitt bezeichnet. Es wird angenommen, daß eine endliche Zahl aufsteigend geordneter Kalenderdaten vorgegeben ist

$$\underline{\underline{T}} = \{0 = t_0 < t_1 < \cdots < t_N = T\} \quad , \tag{2.1.1}$$

zu denen jeweils Handel in den verschiedenen Wertpapieren stattfindet. Zu Zeitpunkten $t \notin \underline{\underline{T}}$ findet kein Handel statt. Die Bewertung der unterschiedlichen rein zinsabhängigen Wertpapiere erfolgt mit Hinblick auf die Entwicklung der periodischen Verzinsung. Sei $(\Omega, \Im, P)$ ein gegebener Wahrscheinlichkeitsraum, so daß die subjektiven Wahrscheinlichkeitsverteilungen aller Investoren bezüglich der Nullmengen mit P übereinstimmen. Die entscheidende Rolle kommt in diesem Modell der Entwicklung der periodischen Verzinsung zu. Sie werde durch einen stochastischen Prozeß $\{r_i\}_{i=0}^{N-1}$ beschrieben, wobei

$$\begin{aligned} r : \mathbb{N}_{N-1} \times \Omega &\longrightarrow \mathbb{R}_{>0} \qquad , \mathbb{N}_{N-1} = \{0, \cdots, N-1\} && (2.1.2)\\ r_j(\omega) &= \text{periodische Zinssatz in } t_j \in \underline{\underline{T}} \setminus \{t_N\} \text{für die Periode } [t_j, t_{j+1}[,\\ &\quad\ \text{falls } \omega \in \Omega \text{ eintritt}\\ r_0(\omega) &= r_0 \quad \forall \omega \in \Omega, \text{ bekannter Zinssatz in } t_0 \end{aligned}$$

bezeichnen.

Im folgenden wird davon ausgegangen, daß die Zinsentwicklung $\{r_i\}_{i=0}^{N}$ die Struktur des gesamten Modells vollständig beschreibt und die für das Modell relevante

Information in ihr vollständig enthalten ist[8]. Die Informationsstruktur wird somit von $\{r_i\}_{i=0}^N$ in kanonischer Weise erzeugt. Mit $\Im_{t_j}$ wird die kleinste σ–Algebra bezeichnet, so daß $r_0, \cdots, r_j$ bezüglich $\Im_{t_j}$ meßbar und die P–Nullmengen in $\Im_{t_j}$ enthalten sind. $\Im_{t_j}$ enthält somit den gesamten Informationsstand über die periodische Verzinsung, die zum Zeitpunkt t_j aus der Historie verfügbar ist. Offensichtlich bildet $\{\Im_t\}_{t\in\underline{\underline{T}}}$ eine aufsteigende Folge von σ–Algebren. Nach Konstruktion ist $\Im_{t_0} = \{\phi, \Omega\}$. Außerdem wird durch die Festsetzung

$$\Im = \Im_{t_N} = \Im_{t_{N-1}} = \mathcal{A}(r_0, \cdots, r_{N-1}, P - \text{Nullmengen}) \tag{2.1.3}$$

der Warscheinlichkeitsraum $(\Omega, \Im, P)$ hinreichend beschrieben, da aufgrund der Meßbarkeit $\Im_{t_{N-1}} \subset \mathcal{A}(\Omega)$ gelten muß und jede weitere Verfeinerung zum terminalen Zeitpunkt $t_N = T$ keine zusätzliche, für das Modell relevante Information enthält.

Neben dem periodischen Zinssatz findet in t_0 Handel in unterschiedlichen Kupon– und Nullkuponanleihen statt. Mit $\{B_t(t_j)\}_{t=t_0}^{t_j}$ wird die Kursentwicklung einer Nullkuponanleihe bezeichnet, die zum Zeitpunkt $t_j \in \underline{\underline{T}} \setminus \{0\}$ genau 1 Geldeinheit ausschüttet:

$$\begin{aligned} B_{t_i}(t_j, \omega) &\hat{=} \text{ Kurs der Nullkuponanleihe in } t_i \leq t_j, \text{falls } \omega \in \Omega \text{ eintritt} \\ B_0(t_j, \omega) &= B_0(t_j) \quad \forall \omega \in \Omega, \text{Preis der Nullkuponanleihe in } t_0 \\ B_{t_j}(t_j, \omega) &= 1 \quad \forall \omega \in \Omega \ \forall t_j \in \underline{\underline{T}} \end{aligned} \tag{2.1.4}$$

Gemäß der Grundannahme sind die Kursprozesse $\{B_t(t_j)\}_{t=t_0}^{t_j}$ adaptiert an die Informationstruktur $\{\Im_t\}_{t\in\underline{\underline{T}}}$. Zur Vereinfachung wird im folgenden von dem diskontierten Kursprozeß der Nullkuponanleihen $\{\hat{B}_t(t_j)\}_{t=t_0}^{t_j}$ ausgegangen. Diese ergeben sich wie folgt:

$$\begin{aligned} \hat{B}_0(t_j) &:= B_0(t_j) \quad \forall t_j \in \underline{\underline{T}} \\ \hat{B}_{t_i}(t_j) &:= \frac{B_{t_i}(t_j)}{\prod_{j=0}^{i-1}(1+r_j)} \quad \forall i = 1, \cdots, j, \ \forall t_j \in \underline{\underline{T}} \setminus \{0\} \quad . \end{aligned} \tag{2.1.5}$$

Es stellt sich die Frage: Welche Implikationen ergeben sich aus der exogenen Vorgabe der stochastischen Prozesse $\{r_i\}_{i=0}^{N-1}$ und $\{B_t(T)\}_{t\in\underline{\underline{T}}}$ für die Struktur des gesamten Marktes unter der Bedingung der Arbitragefreiheit?

Wird mit X die Menge aller bezüglich $\{\Im_t\}_{t\in\underline{\underline{T}}\setminus\{0\}}$ adaptierten, nicht negativen stochastischen Prozesse bezeichnet

$$\begin{aligned} X &:= \{x : \underline{\underline{T}} \setminus \{0\} \times \Omega \longrightarrow \mathbf{R}_{\geq 0} \mid x_t \text{ ist } \Im_t \text{ meßbar} \quad \forall t \in \underline{\underline{T}} \setminus \{0\}\} \quad (2.1.6) \\ &= \{x : \Omega \longrightarrow \mathbf{R}^N_{\geq 0}] x_t \text{ ist } \Im_t \text{ meßbar} \quad \forall t \in \underline{\underline{T}} \setminus \{0\}\} \quad , \end{aligned}$$

[8] Diese Grundannahme erscheint zunächst sehr restriktiv. In Abschnitt 4 erfolgt unter anderem eine Diskussion alternativer Ansätze. So ist es z.B. möglich, die stochastischen Prozesse der lang- und kurzfristigen Verzinsung zu betrachten oder die Preisprozesse verschiedener Nullkuponanleihen als exogen vorzugeben.

so ist X interpretierbar als die Menge aller hypothetischen zukünftigen Zahlungsströme. Offensichtlich besitzt jede Nullkuponanleihe mit Fälligkeit $t_i \in \underline{\underline{T}} \setminus \{0\}$ und Nennwert $V > 0$ die Darstellung

$$x = (0, \cdots, 0, V, 0, \cdots, 0) \in \mathbf{R}^N_{\geq 0}$$

und ist somit in X enthalten. Ebenso ergibt sich, daß jede Kuponanleihe mit Kuponzahlungen $c_{t_j} \geq 0 \quad (t_j \in \underline{\underline{T}} \setminus \{0\})$ in X enthalten ist. Darüberhinaus umfaßt X auch die Menge aller zustandsabhängigen zukünftigen Zahlungsströme, wie sie sich z.B. aus Optionsrechten auf Anleihen ergeben. Analog zu dem Übergang zum diskontierten Preisprozeß einer Nullkuponanleihe wird mit $\hat{X}$ die Menge der diskontieren zukünftigen Zahlungsströme bezeichnet.

Den Zusammenhang zwischen linearen, positiven und stetigen Preisfunktionalen und der Existenz eines optimalen Portfolios für einen Investor mit streng monotonen Präferenzen über der Menge der Auszahlungsströme liefert nun der folgende Satz:

Satz 2.1.1

Sei $M \subset X$ die Menge der zum Zeitpunkt t_0 gehandelten Zahlungsströme von Kupon- und Nullkuponanleihen, und sei q ein lineares positives und stetiges Preisfunktional auf M. Die folgenden Aussagen sind dann äquivalent:

1. Es existiert eine positive , lineare und stetige Fortsetzung von q auf ganz X.
2. Für mindestens einen Investor mit stetiger, streng monotoner und konvexer Präferenzrelation existiert eine optimale Portfoliowahl.

Beweis

„$\Rightarrow$" Sei ψ ein positives, lineares und stetiges Funktional auf X mit $q = \psi/_M$ Ein Netto–Auszahlungsplan ist durch ein Tupel $(r, x) \in \mathbf{R} \times X$ gegeben, wobei eine Zahlung von $r \in \mathbf{R}$ in $t_0 = 0$ erfolgt und ein Auszahlungsstrom von $x \in X$ zu Zeitpunkten $t \in \underline{\underline{T}} \setminus \{0\}$.
Durch die Festsetzung

$$(r, x) \succsim (r', x') \Longleftrightarrow r + \psi(x) \geq r' + \psi(x')$$

wird offensichtlich eine transitive und vollständige Präferenzrelation definiert. Darüberhinaus ergibt sich die Konvexität der Präferenzrelation aus der Linearität von ψ, die Stetigkeit von $\succsim$ aus der Stetigkeit von ψ, und die Monotonie aus der Positivität von ψ. Für die Wahl $(r^*, x^*) = (0, 0)$ folgt

$$r^* + \psi(x^*) = 0 + \psi(0) = 0$$

und somit

$$(r^*, x^*) \succsim (r, m) \in \mathbf{R} \times M \quad \forall r + \psi(m) \leq 0 \quad .$$

Da $(r, x) \in \mathbf{R}_{\leq 0} \times X$ einen Netto–Auszahlungsplan darstellt, entspricht $r + \psi(x) \leq 0$ der Budgetbedingung, und die Existenz eines Planes (r^*, x^*) ist eine notwendige und hinreichende Bedingung für das Gleichgewicht.

„$\Leftarrow$" Sei $\succsim$ eine stetige, streng monotone und konvexe Präferenzrelation über der Menge der Netto–Auszahlungspläne $(r, x) \in \mathbf{R} \times X$. Definiere

$$\begin{aligned} G &:= \{(r, x) \in \mathbf{R} \times X \mid (r, x) \succ (0, 0)\} \\ H &:= \{(r, m) \in \mathbf{R} \times M \mid r + q(m) \leq 0\} \end{aligned}$$

G ist somit konvex und offen und H konvex und abgeschlossen mit $G \cap H = \phi$. Es existiert somit eine nichttriviale, stetige und lineare Funktion φ auf $\mathbf{R} \times X$ so daß

$$\varphi(r, x) \geq 0 \quad \forall (r, x) \in G$$

$$\varphi(r, x) \leq 0 \quad \forall (r, x) \in H \quad .$$

Da φ nichttrivial ist, existiert ein $(r', x') \in G$ mit $\varphi(r', x') > 0$. Aufgrund der Monotonie der Präferenzrelation gilt

$$(1, 0) \succ (0, 0).$$

Weiter ist $\succsim$ stetig, so daß ein $\lambda > 0$ existiert mit

$$\begin{aligned} & (1 - \lambda r', -\lambda x') && \succ && (0, 0) \\ \Rightarrow \quad & \varphi(1 - \lambda r', -\lambda x') && = && \varphi(1, 0) - \varphi(\lambda r', \lambda x') \geq 0 \\ \Leftrightarrow \quad & \varphi(1, 0) && \geq && \varphi(\lambda r', \lambda x') = \lambda \varphi(r', x') > 0 \quad . \end{aligned}$$

Normiere $\varphi(1, 0) = 1$ und setze $\varphi(r, x) = r + \psi(x)$ wobei ψ ein lineares, stetiges Funktional auf X ist.
Sei $X^+ := \{x \in X \mid P(x = (x_{t_1}, \cdots, x_{t_N}) \geq 0) = 1$ und mindestens ein t_i mit $P(x_{t_i} > 0) > 0\}$,
so ergibt sich aus der strengen Monotonie der Präferenzrelation

$$(0, x) \succ (0, 0) \quad \forall x \in X^+ \quad .$$

Da die Präferenzrelation stetig ist, existiert ein $\lambda > 0$ mit

$$\begin{aligned} & (-\lambda, x) && \succsim && (0, 0) \\ \Rightarrow \quad & \varphi(-\lambda, x) && = && -\lambda + \psi(x) \geq 0 \\ \Leftrightarrow \quad & \psi(x) && \geq && \lambda \quad > 0 \\ \Rightarrow \quad & \psi(x) && > && 0 \quad \forall x \in X^+ \quad . \end{aligned}$$

Somit ist ψ ein lineares, positives und stetiges Funktional auf X. Sei q ein Preissystem auf $M \subset X$, dann gilt

$$(q(m), -m) \ , \ (-q(m), m) \in \{(r, m) \in \mathbf{R} \times X \mid r + q(m) \leq 0\}$$

da andernfalls für einen Investor mit monotonen Präferenzen keine optimale Portfoliowahl existiert.

$$\Rightarrow \begin{cases} 0 \geq \varphi(q(m), -m) = q(m) - \psi(m) \\ 0 \geq \varphi(-q(m), m) = -q(m) + \psi(m) \end{cases}$$

$$\Rightarrow q(m) = \psi(m) \quad \forall m \in M$$

$$\Rightarrow q = \psi/_{\mathrm{M}}$$

□

Die entscheidende Schlußfolgerung aus dem obigen Satz betrifft die Fortsetzbarkeit des gegebenen Preisfunktionals q über der Teilmenge der aktuell gehandelten Wertpapiere M auf die Menge aller hypothetischen Wertpapiere X. Ein noch nicht gehandeltes Wertpapier $x \in X \setminus M$ heißt dann bewertbar unter Arbitrage, falls jede Fortsetzung von q auf X den gleichen Wert liefert, d.h.

$$1 = \#\{\psi(x) \mid \psi \text{ ist linear, stetig und positiv auf } X \text{ und } q = \psi/_{\mathrm{M}}\} \tag{2.1.7}$$

Wie in der Einleitung zu diesem Kapitel bemerkt, wird unter einer Arbitrage die Möglichkeit verstanden, aus den vorhandenen Wertpapieren eine Portfoliostrategie herzuleiten, deren Auszahlung nie negativ ist, jedoch in mindestens einer Situation positiv ist, und die keine Nettoinvestition erfordert. Mit Hinblick auf die beiden stochastischen Prozesse der periodischen Verzinsung $\{r_i\}_{i=0}^{N-1}$ und der diskontierten Nullkuponanleihe $\{\hat{B}_t(T)\}_{t\in\underline{\underline{T}}}$ ergibt sich die folgende Definition:

Definition 2.1.1

1. Ein zwei-dimensionaler stochastischer Prozeß ϕ heißt eine einfache Portfoliostrategie, falls
   (a) $\phi = \{(\phi_t^1, \phi_t^2)\}_{t\in\underline{\underline{T}}}$ vorhersehbar ist bezüglich der Informationsstruktur $\{\Im_t\}_{t\in\underline{\underline{T}}}$, d.h. die Portfoliogewichte zum Zeitpunkt t ergeben sich aus der Historie bis zum Zeitpunkt t.
   (b) Eine Änderung des Portfolios nur zu Zeitpunkten $t \in \underline{\underline{T}}$ erfolgt, d.h.

   $$\phi_t^1 = \phi_{t_i}^1 \quad \text{für alle } t \in [t_i, t_{i+1}[, t \in [0, T]$$

   $$\phi_t^2 = \phi_{t_i}^2 \quad \text{für alle } t \in [t_i, t_{i+1}[, t \in [0, T]$$

   (c) Der diskontierte Wertanteil des Portfolios bezüglich der Nullkuponanleihe quadratintegrierbar bezüglich P ist, d.h.

   $$\phi_t^2 \hat{B}_t(T) \in L^2(\Omega, \Im, P) \quad \text{für alle } t \in \underline{\underline{T}} \ .$$

2. Eine einfache Portfoliostrategie heißt selbstfinanzierend und dupliziert einen diskontierten Auszahlungsstrom $\hat{x} = (\hat{x_1}, \dots, \hat{x_N}) \in \hat{X}$ falls mit Wahrscheinlichkeit 1 gilt:

$$\begin{aligned} \phi^1_{t_{i-1}} + \phi^2_{t_{i-1}} \hat{B}_{t_i}(T) &= \hat{x}_i + \phi^1_{t_i} + \phi^2_{t_i} \hat{B}_{t_i}(T) \text{ für alle } i = 1, \dots, N-1 \\ \phi^1_{t_{N-1}} + \phi^2_{t_{N-1}} \hat{B_{t_N}}(T) &= \hat{x_N} \end{aligned}$$

3. Die Menge der Auszahlungsströme $\hat{x} \in \hat{X}$, die durch eine selbstfinanzierende, einfache Portfoliostrategie dupliziert werden können, heißen erreichbar.

Aus Definition 2.1.1 ergibt sich nun die folgende Überlegung: Wird mit $\hat{x} = (\hat{x_1}, \dots, \hat{x_N}) \in X$ ein erreichbarer, diskontierter Auszahlungsstrom betrachtet, und sei ϕ eine selbstfinanzierende, einfache Portfoliostrategie, die $\hat{x}$ dupliziert, so ist

$$\phi^1_{t_0} + \phi^2_{t_0} \hat{B}_{t_0}(T)$$

der implizite Preis von $\hat{x}$.

Eine Arbitragemöglichkeit entspricht demnach einer selbstfinanzierenden, einfachen Portfoliostrategie ϕ, die einen Auszahlungsstrom

$$\begin{aligned} \hat{x} \in \hat{X}^+ &= \{x \in \hat{X} \mid P((x_1, \dots, x_N) \geq 0) = 1, \\ &\quad \text{es existiert mindestens ein i mit } P(x_i > 0) > 0\} \end{aligned} \tag{2.1.8}$$

dupliziert, dessen impliziter Preis nicht positiv ist:

$$\phi^1_{t_0} + \phi^2_{t_0} B_{t_0}(T) \leq 0 \quad . \tag{2.1.9}$$

Ein Markt heißt demnach arbitragefrei, falls jeder Auszahlungsstrom aus $\hat{X^+}$, der nicht notwendig erreichbar sein muß, einen positiven impliziten Preis besitzt. Ist ein Markt arbitragefrei, so ist der implizite Preis eines erreichbaren, diskontierten Auszahlungsstroms $\hat{x} \in \hat{X}$ unabhängig von der Wahl der selbstfinanzierten, einfachen Portfoliostrategie.

Gemäß Satz 2.1.1 sind alle möglichen Preissysteme über $\hat{X}$ charakterisiert, als stetige, lineare und positive Fortsetzungen des Preisfunktionals q. Die folgenden Überlegungen liefern nun eine im Hinblick auf die Optionsbewertungstheorie nützliche Charakterisierung und Darstellung der Menge der Preissysteme über $\hat{X}$. Der Arbeit von Harrison, Kreps (1979) folgend, wird das Konzept der äquivalenten Martingalmaße eingeführt.

Definition 2.1.2

1. Ein $\Im_{t_j}$–äquivalentes Martingalmaß P_j^* ist ein Wahrscheinlichkeitsmaß auf $(\Omega, \Im_{t_j})$ für das gilt:

(a) P_j^* und P sind äquivalente Wahrscheinlichkeitsmaße auf $(\Omega, \Im_{t_j})$

$$P_j^*(B) = 0 \iff P(B) = 0 \quad \text{für alle } B \in \Im_{t_j}.$$

(b) Die Radon–Nikodym Dichte $g_j = \frac{dP_j^*}{dP}$ ist quadratintegrierbar bezüglich P auf $\Im_{t_j}$.

(c) Der diskontierte Preisprozeß $\{\hat{B}_t(T)\}_{t=t_0}^{t_j}$ der Nullkuponanleihe mit Endfälligkeit T bis zum Zeitpunkt $t_j \in \underline{\underline{T}}$ ist ein Martingal unter P_j^*, d.h.

$$E_{P_j^*}[\hat{B}_t(T) \mid \Im_s] = \hat{B}_s(T) \quad \text{für alle } s < t \leq t_j, \quad s, t \in \underline{\underline{T}}.$$

2. Für beliebiges $t_j \in \underline{\underline{T}}$ bezeichne $\mathbb{P}_j$ die Menge aller $\Im_{t_j}$–äquivalenten Martingalmaße.

Ist $P_N \in \mathbb{P}_N \neq \phi$, so ist die Einschränkung von P_N auf $\Im_{t_j}$ ein $\Im_{t_j}$–äquivalentes Martingalmaß. Umgekehrt ist jedes $\Im_{t_j}$–äquivalente Martingalmaß fortsetzbar zu einem $\Im_{t_N}$–äquivalenten Martingalmaß, falls $\mathbb{P}_N \neq \phi$. Somit gilt

$$\mathbb{P}_j = \mathbb{P}_N / \Im_{t_j} \quad \forall t_j \in \underline{\underline{T}}$$

Der nachfolgende Darstellungssatz ermöglicht eine Charakterisierung der linearen, positiven und stetigen Fortsetzungen des Preisfunktionals q durch die Menge der äquivalenten Martingalmaße.

Satz 2.1.2

Ist $M \subset \hat{X}$ die Menge der diskontierten Zahlungsströme aller aktuell gehandelten Kupon– und Nullkuponanleihen, q das lineare, stetige und positive Preisfunktional auf M und existiere keine Arbitragemöglichkeit $\big($gemäß (2.1.8)und (2.1.9)$\big)$, so gibt es eine bijektive Abbildung zwischen der Menge der äquivalenten Martingalmaße

$$\mathbb{P} := \{(P_1^*, \ldots, P_N^*) \mid P_j^* \in \mathbb{P}_j \quad j = 1, \ldots, N\}$$

und der Menge Ψ der positiven, linearen und stetigen Fortsetzungen $\psi \in \Psi$ von q auf ganz $\hat{X}$. Die Bijektion ist gegeben durch:

$$P_j^*(A) := \psi(e_j 1_A)$$ wobei $e_j 1_A$ dem Auszahlungsprofil eines Wertpapiers entspricht, daß zum Zeitpunkt t_j genau dann eine Geldeinheit ausschüttet, falls $A \in \Im_{t_j}$ eintritt. (2.1.10)

$$\psi(e_j \hat{x}_j) := E_{P_j^*}[e_j \hat{x}] \quad \text{für } \hat{x} = (\hat{x}_1, \ldots, \hat{x}_N) \in \hat{X},$$

wobei e_j den j–ten Einheitsvektor des $\mathbb{R}^N$ bezeichnet.

Bemerkung

Da sich jeder diskontierte Zahlungsstrom $\hat{x} \in \hat{X}$ darstellen läßt als $\hat{x} = \sum_{i=1}^{N} e_i \hat{x}_i$ ergibt sich aus (2.1.10)

$$\sum_{j=1}^{N} P_j^*(A_{t_j}) := \psi(1_{A_{t_1}}, \ldots, 1_{A_{t_N}}) \quad \text{für } A_{t_j} \in \Im_{t_j}$$

$$\psi(\hat{x}) := \sum_{j=1}^{N} E_{P_j^*}[\hat{x}_j] \quad \text{für } \hat{x} = (\hat{x}_1, \ldots, \hat{x}_N) \in \hat{X} \quad .$$

Beweis

Sei $t_j \in \underline{\underline{T}} \setminus \{t_0\}$ ein beliebiger Handelstermin und $\Im_{t_j}$ die Informationsstruktur bis zum Zeitpunkt t_j.
Definiere $\hat{X}_j := \{x : \Omega \longrightarrow \mathbb{R}_{\geq 0} \mid x \text{ ist } \Im_j \text{meßbar und } x \in L^2(\Omega, \Im_j, P)\}$ und $X_j' := \{x e_j] x \in \hat{X}_j\}$.
Weiter sei M_j die Menge derjenigen diskontierten Auszahlungen zum Zeitpunkt t_j, so daß

$$M = M \cup \left(\times_{i=1}^{j-1}\{0\} \cup M_j \cup \times_{i=j+1}^{N}\{0\}\right) \quad \text{und} \quad M_j' := \{m e_j] m \in M_j\} \quad .$$

Da zum Zeitpunkt t_0 Handel in allen Nullkuponanleihen erfolgt, ist $M_j \neq \phi$.

I) Entsprechend dem Beweis von Harrison, Kreps (1979) wird die Behauptung zunächst für einen beliebigen Handelszeitpunkt $t_j \in \underline{\underline{T}} \setminus \{0\}$ bewiesen:

a) Sei $P_j^* \in \mathbb{P}_j$ mit $g_j = \frac{dP_j^*}{dP} \in L^2(\Omega, \Im_j, P)$ und setze

$$\psi_j(\hat{x}) := E_{P_j^*}[\hat{x}] \quad \forall \hat{x} \in \hat{X}_j \quad .$$

Somit ist $\psi_j(\hat{x})$ stetig und strikt positiv auf $\hat{X}_j$ und es bleibt zu zeigen, daß $\psi_j / M_j = q / M_j'$. Betrachte hierzu $m_j \in M_j$ und sei ϕ eine einfache, selbstfinanzierende Portfoliostrategie, die m_j erzeugt. Es gilt dann

$$\begin{aligned} E_{P_j^*}[\phi_{t_j}^1 + \phi_{t_j}^2 \hat{B}_{t_j}(T) \mid \Im_{t_{j-1}}] &= E_{P_j^*}[\phi_{t_{j-1}}^1 + \phi_{t_{j-1}}^2 \hat{B}_{t_j}(T) \mid \Im_{t_{j-1}}] \\ &= \phi_{t_{j-1}}^1 + \phi_{t_{j-1}}^2 E_{P_j^*}[\hat{B}_{t_j}(T) \mid \Im_{t_{j-1}}] \\ &= \phi_{t_{j-1}}^1 + \phi_{t_{j-1}}^2 \hat{B}_{t_{j-1}}(T) \quad . \end{aligned}$$

Induktiv ergibt sich:

$$\psi_j(m_j) = E_{P_j^*}[\phi_{t_j}^1 + \phi_{t_j}^2 \hat{B}_{t_j}(T)] = \phi_{t_0}^1 + \phi_{t_0}^2 \hat{B}_{t_0}(T)$$

und aus der Arbitragefreiheit und $m_j = \phi^1_{t_j} + \phi^2_{t_j}\hat{B}_{t_j}(T)$ folgt

$$\psi_j(m_j) = q(m_j \cdot e_j) \quad .$$

b) Sei umgekehrt ψ_j eine stetige, lineare und strikt positive Funktion auf $\hat{X}_j$ für die gilt:

$$\psi_j / M'_j = q / M_j$$

Aus der Stetigkeit von ψ_j folgt mit dem Darstellungssatz von Riesz (vergl. z.B. Feller (1971) S. 134f.) die Existenz einer Funktion $g_j \in L^2(\Omega, \Im_{t_j}, P)$ mit:

$$\psi_j(x) = E_P[g_j x] \quad .$$

Durch $P^*_j(A) := \psi_j(1_A) = E_P[g_j 1_A]$ wird somit ein zu P äquivalentes Wahrscheinlichkeitsmaß auf $(\Omega, \Im_{t_j}, P)$ definiert, wobei $\frac{dP^*_j}{dP} = g_j \in L^2(\Omega, \Im_{t_j}, P)$. Zum Nachweis der Martingaleigenschaft wird die folgende Portfoliostrageie betrachtet:
seien $t \leq u < t_j$ Handelszeitpunkte und $A \in \Im_t$

$$\phi^1_s(\omega) = \begin{cases} -\hat{B}_t(T,\omega) & \text{für} \quad s \in [t,u[\quad \text{und } \omega \in A \\ \hat{B}_u(T,\omega) - \hat{B}_t(T,\omega) & \text{für} \quad s \in [u,t_j] \quad \text{und } \omega \in A \\ 0 & \text{sonst} \end{cases}$$

$$\phi^2_s(\omega) = \begin{cases} 1 & \text{für} \quad s \in [t,u[\quad \text{und } \omega \in A \\ 0 & \text{sonst} \end{cases}$$

Der diskontierte Wert des Portfolios zum Zeitpunkt t_j ist dann gegeben durch:

$$\phi^1_{t_j} + \phi^2_{t_j}\hat{B}_{t_j}(T) = [\hat{B}_u(T) - \hat{B}_t(T)]1_A$$

und sein Preis zum Zeitpunkt t_0 ist $\phi^1_{t_0} + \phi^2_{t_0}\hat{B}_{t_j}(T) = 0$. Die Martingaleigenschaft folgt somit aus:

$$\begin{aligned} 0 = \psi\left(\left(\hat{B}_u(T) - \hat{B}_t(T)\right)1_A\right) &= E_{P^*_j}\left[\left(\hat{B}_u(T) - \hat{B}_t(T)\right)1_A\right] \\ \Leftrightarrow \quad E_{P^*_j}\left[\hat{B}_u(T)1_A\right] &= E_{P^*_j}\left[\hat{B}_t(T)1_A\right] \quad \forall A \in \Im_t, t < t_j. \end{aligned}$$

II) Jedes $\hat{x} \in \hat{X}$ besitzt die Darstellung $\hat{x} = \sum_{i=j}^N \hat{x}_j e_j$, wobei e_j der j–te Einheitsvektor aus $\mathbb{R}^N$ ist. Gemäß I) wird durch

$$\psi(\hat{x}) = \psi\left(\sum_{i=j}^N \hat{x}_j e_j\right) := \sum_{i=1}^N \psi_j(\hat{x}_j) = \sum_{i=1}^N E_{P^*_j}[\hat{x}_j]$$

eine stetige, lineare und strikt positive Funktion auf $\hat{X}$ definiert. Für jedes $m \in M$ folgt aus der Darstellung $m = \sum_{j=1}^{N} m_j e_j$ mit $m_j \in M_j$:

$$\begin{aligned}\psi(m) = \psi\left(\sum_{j=1}^{N} m_j e_j\right) &= \sum_{j=1}^{N} \psi_j(m_j) \\ &= \sum_{j=1}^{N} q(m_j e_j) = q\left(\sum_{j=1}^{N} m_j e_j\right) \\ &= q(m) \quad .\end{aligned}$$

Sei umgekehrt ψ eine stetige, lineare und strikt positive Funktion auf $\hat{X}$. Für $A_j \in \Im_{t_j}$ folgt somit aus der Linearität

$$\psi(1_{A_1}, \ldots, 1_{A_N}) = \sum_{j=1}^{N} \psi(1_{A_j} \cdot e_j) = \sum_{j=1}^{N} \psi / \hat{X}_j'(1_{A_j}) \quad .$$

Für beliebiges $t_j \in \underline{\underline{T}} \backslash \{0\}$ definiert $\psi_j := \psi / \hat{X}_j'$ eine stetige, lineare und strikt positive Funktion auf $\hat{X}_j$. Aus I) ergibt sich somit die Existenz eindeutig definierter Maße $P_j^* \in \mathbb{P}_j$, so daß

$$\psi(1_{A_1}, \ldots, 1_{A_N}) = \sum_{j=1}^{N} E_{P_j^*}[1_{A_j}] \quad \text{für } A_j \in \Im_{t_j} \quad .$$

□

Entsprechend Satz 2.1.1 und (2.1.7) besitzt ein diskontierter Auszahlungsstrom $\hat{x} \in \hat{X}$ einen Arbitragepreis, falls jede stetige lineare Fortsetzung ψ des Preisfunktionals q in $\hat{x}$ den gleichen Wert liefert. Aus Satz 2.1.2 folgt somit, daß ein Auszahlungsstrom $\hat{x} \in \hat{X}$ genau dann bewertbar ist unter Arbitrage, wenn sein Erwartungswert unter jedem äquivalenten Martingalmaß konstant ist. Dies führt unmittelbar auf den Begriff der Vollständigkeit eines Marktes.

Definition 2.1.3

Ein Markt M heißt t_j–vollständig, falls jeder Auszahlungsstrom $x \in \hat{X}^j = \Big\{x = (x_1, \ldots, x_j, 0, \ldots, 0) \in \hat{X}\Big\}$ unter Arbitrage bewertbar ist. Offensichtlich folgt aus der t_j–Vollständigkeit eines Marktes die t_i–Vollständigkeit für jedes $t_i \in \underline{\underline{T}}$ mit $t_i \leq t_j$. Darüberhinaus liefert Satz 2.1.2 die folgende wichtige Charakterisierung:

Proposition 2.1.1

Ein Markt M ist genau dann t_j–vollständig, falls die Menge der $\Im_{t_j}$–äquivalenten Martingalmaße $\mathbb{P}_j$ genau ein Element enthält.

Die Übertragung dieses wichtigen Satzes von Harrison, Kreps (1979) auf rein zinsabhängige Wertpapiere offenbart nun ein grundsätzliches Problem: Folgt aus der Definition der stochastischen Prozesse $\{r_i\}_{i=0}^{N-1}$ und $\left\{B_t(T)\right\}_{t\in\underline{\underline{T}}}$, daß $\mathbb{P}_N$ nur ein Element enthält, so existiert genau eine stetige, lineare und strikt positive Fortsetzung ψ des ursprünglichen Preissystems q auf ganz $\hat{X}$. Die Existenz eines eindeutigen Martingalmaßes ist demnach äquivalent zur t_N–Vollständigkeit. Jedes rein zinsabhängige Wertpapier $\hat{x} \in \hat{X}$ besitzt dann einen eindeutigen Arbitragepreis

$$\psi(x) = \sum_{j=1}^{N} E_{P_N^*}[\hat{x}_j]$$

da $\mathbb{P}_j = \mathbb{P}_N/\Im_j$.
Entsprechend sind in dieser Situation dann auch die Preisprozesse der Kupon– und Nullkuponanleihen mit Laufzeit $t_j \in \underline{\underline{T}} \setminus \{0, t_N\}$ eindeutig durch dieses Martingalmaß festgelegt. Umgekehrt bedingt die arbitragefreie Spezifikation der Preisprozesse verschiedener Anleihen die Existenz eines eindeutig bestimmten Martingalmaßes.

Dies ist aber genau das Problem der sogenannten kursorientierten Modelle, die in Kapitel 4 betrachtet werden. Typischerweise ist der Ausgangspunkt dieser Modelle die Spezifikation zweier Preisprozesse für Nullkuponanleihen mit Laufzeiten t und T $(t < T)$. Wird von der t–Vollständigkeit des Marktes ausgegangen, so bedeutet dies, daß u.a. die Preisprozesse aller Nullkuponanleihen mit Laufzeiten $t' < t$ sowie der Prozeß des kurzfristigen Zinssatzes bis zum Zeitpunkt t eindeutig festgelegt sind. Aufgrund der Annahmen sind deren Auszahlungsströme durch selbstfinanzierende Portfoliostrategien duplizierbar. Das Problem besteht nun darin, daß die aus der Duplizierung resultierenden Preisprozesse i.a. nicht in der Klasse der ursprünglich betrachteten Prozesse liegen. Aufgrund der Duplizierbarkeit der Anleihen kürzerer Laufzeiten $t' < t$ sind diese Modelle somit nicht arbitragefrei.

2.2 Einfache Folgerungen aus der Arbitragefreiheit

Im Rahmen eines diskreten Modells ergeben sich die folgenden definitorischen Zusammenhänge, wobei mit $t \in \underline{\underline{T}} \setminus \{t_N\}$ der aktuelle Zeitpunkt bezeichnet wird:

(a) Die Rendite $Y_t(t_j)$ einer Nullkuponanleihe entspricht dem durchschnittlichen periodischen Ertrag, der sich aus dem aktuellen Preis $B_t(t_j)$ der Anleihe und der verbleibenden Laufzeit $t_j - t$ ergibt, so daß

$$B_t(t_j) = \left[1 + Y_t(t_j)\right]^{(t-t_j)} \quad \text{für } t < t_j \in \underline{\underline{T}} \quad . \tag{2.2.1}$$

(b) Der (implizite) Terminzins $f_t(t_j, t_k)$ ist derjenige Zinssatz der aufgrund der aktuellen Preise der Nullkuponanleihen für das Intervall $[t_j, t_k]$ realisierbar ist, d.h.

$$f_t(t_j, t_k) = \frac{B_t(t_j)}{B_t(t_k)} - 1 \quad \text{für } t \leq t_j < t_k \in \underline{\underline{T}} \quad . \tag{2.2.2}$$

Sind die Transaktionskosten gleich Null, so läßt sich aus der Arbitragefreiheit ein einfacher Zusammenhang zwischen Nullkuponkursen, Terminzinsen, Kuponanleihen und Kuponzahlungen herleiten. Dieser ist für die Bestimmung der Eingangsdaten des Zinsstrukturmodells in Kapitel 5 von Interesse.

Proposition 2.2.1

Besteht zum Zeitpunkt $t_0 \in \underline{\underline{T}}$ keine Arbitragemöglichkeit und ist eine der folgenden Größen gegeben,

(a) Kurse der Nullkuponanleihen $B_0(t_j)$ für jede Laufzeit $t_j \in \underline{\underline{T}}$;

(b) Kurse $C_0(t_j)$ der Kuponanleihen mit Kuponzahlungen $c_t(t_j) > 0$ für jede Laufzeit $t_j \in \underline{\underline{T}}$; (Nennwert 1)

(c) Terminzinsen $f_0(t_i, t_{i+1})$ für alle $t_i \in \underline{\underline{T}} \setminus \{t_N\}$;

(d) Höhe der festen periodischen Kuponzahlungen $c(t_j) > 0$ zu pari notierter Kuponanleihen mit Nennwert 1 und Laufzeiten $t_j \in \underline{\underline{T}}$,

so sind die anderen eindeutig bestimmt.

Beweis

(a) ⇒(b)
Seien die aktuellen Preise der Nullkuponanleihen $B_0(t_1) \ldots B_0(t_N)$ gegeben, so folgt aus der Arbitragefreiheit, daß der Preis einer Kuponanleihe $C_0(t_j)$ mit Kuponzahlungen $c_{t_1}(t_j), \ldots, c_{t_j}(t_j) > 0$ für $t_j \in \underline{\underline{T}}$ gleich dem Wert des Portfolios

$$c_{t_1}(t_j)B_0(t_1) + \cdots + c_{t_j}(t_j)B_0(t_j) + B_0(t_j)$$

sein muß. Würde $C_0(t_j)$ den Wert des Portfolios übersteigen, so entspräche der Verkauf der Kuponanleihen und gleichzeitige Kauf des Portfolios einer Arbitragemöglichkeit. Umgekehrt ergäbe sich eine Arbitragemöglichkeit aus dem Kauf der Kuponanleihe und dem Verkauf des Portfolios, falls $C_0(t_j)$ kleiner als der Wert des Portfolios ist.

(b) $\Rightarrow$(a)
Sind die Preise von Kuponanleihen $C_0(t_1)\ldots C_0(t_N)$ gegeben, so ergeben sich die Preise der Nullkoupnanleihen aus:

$$B_0(t_1) = \frac{C_0(t_1)}{1+c_{t_1}(t_0)}$$

$$B_0(t_j) = \frac{C_0(t_j) - \sum_{i=1}^{j-1} c_{t_i}(t_j)\cdot B_0(t_i)}{1+c_{t_j}(t_j)} \qquad \forall t_j \in \underline{\underline{T}} \setminus \{t_1\}.$$

Andernfalls entspräche eine der obigen Strategien einer Arbitragemöglichkeit.

(a) $\Rightarrow$(c)
Aus den Preisen der Nullkuponanleihen ergeben sich die Terminzinsen zu

$$f_0(t_j, t_{j+1}) = \frac{B_0(t_j)}{B_0(t_{j+1})} - 1 \quad \forall t_j \in \underline{\underline{T}} \setminus \{t_N\}$$

Würde der Terminzins $f_0(t_j, t_{j+1})$ für einen Zeitpunkt $t_j \in \underline{\underline{T}} \setminus \{t_N\}$ den obigen Wert übersteigen, so würde die folgende Strategie zu einer Arbitragemöglichkeit führen:

		Kosten
Kaufe eine Nullkuponanleihe mit Laufzeit t_j und lege den den Nennwert zum Terminzins für eine weitere Periode bis zum Zeitpunkt t_{j+1} an	:	$-B_0(t_j)$
Verkaufe $\frac{B_0(t_j)}{B_0(t_{j+1})}$ Nullkuponanleihen mit Laufzeit t_{j+1}	:	$+B_0(t_j)$
		0

Zum Zeitpunkt t_{j+1} bedingt diese Strategie eine Auszahlung von $1 + f_0(t_j, t_{j+1})$, der eine Verpflichtung von $\frac{B_0(t_j)}{B_0(t_{j+1})}$ gegenübersteht.

(c) $\Rightarrow$(a)
Analog ergeben sich die Preise der Nullkuponanleihen aus

$$B_0(t_j) = \Pi_{i=0}^{j-1} \left(1 + f_0(t_i, t_{i+1})\right)^{-1} \quad . \tag{2.2.3}$$

(a) $\Rightarrow$(d)
Die konstante periodische Kuponzahlung $c(t_j)$ einer zu pari notierten Kuponanleihe mit Nennwert 1 und Laufzeit t_j ist bei gegebenen Nullkuponpreisen bestimmt durch

$$c(t_j) = \frac{1 - B_0(t_j)}{\sum_{i=1}^{j} B_0(t_i)} \quad . \tag{2.2.4}$$

Bei einer Verletzung dieser Identität würde eine der unter ($a \Rightarrow b$) skizzierten Strategien zu einer Arbitragemöglichkeit führen.

(d) $\Rightarrow$(a)
Seien $c(t_j)$ die konstanten periodischen Kuponzahlungen einer zu pari notierten Kuponanleihe mit Laufzeiten $t_j \in \underline{\underline{T}}$. Die Preise der Nullkuponanleihen sind dann bestimmt durch

$$\begin{aligned} B_0(t_1) &= [1+c(t_1)]^{-1} \\ B_0(t_j) &= \frac{1-c(t_j)\cdot\sum_{i=1}^{j-1} B_0(t_i)}{1+c(t_j)} \quad \text{für alle } t_j \in \underline{\underline{T}} \setminus \{t_0, t_1\} \quad . \end{aligned} \tag{2.2.5}$$

□

Im allgemeinen kann davon ausgegangen werden, daß eine positive Zinsstruktur vorliegt. Demzufolge wird eine langlaufende Nullkuponanleihe nicht über einer kurzlaufenden notiert oder äquivalent, der (implizite) Terminzins $f_0(t_j, t_k)$ für beliebige Intervalle $[t_j, t_k]$ ist positiv. Die nachfolgende Proposition 2.2.2 faßt die sich daraus ergebenden Implikationen zusammen.

Proposition 2.2.2

Die folgenden Aussagen sind äquivalent:

1. Die Kurse der Nullkuponanleihen in t_0 sind streng monoton fallend in der Laufzeit und positiv.

2. Die Terminzinsen sind positiv.

3. Die Renditen sind positiv und
$[1+Y_0(t_{j-1})]^{\frac{t_{j-1}}{t_j}} - 1 < Y_0(t_j) < [1+Y_0(t_{j+1})]^{\frac{t_{j+1}}{t_j}} - 1$.

4. Für die konstanten periodischen Kuponzahlungen $c(t_j) > 0$ zu pari notierter Kuponanleihen mit Nennwert 1 und Laufzeit $t_j \in \underline{\underline{T}} \setminus \{t_0\}$ gilt:

$$\begin{aligned} 0 &< c(t_{j-1})\frac{1+\sum_{k=1}^{j-2}\Pi_{i=1}^{k}[1+c(t_{j-1-i})]^{-1}}{2+[1-c(t_{j-1})]\sum_{k=1}^{j-2}\Pi_{i=1}^{k}[1+c(t_{j-1-i})]^{-1}} < c_{t_j} \\ &< c(t_{j+1})\frac{2+\sum_{k=1}^{j-1}\Pi_{i=1}^{k}[1+c(t_{j-i})]^{-1}}{1+[1+c(t_{j+1})]\sum_{k=1}^{j-1}\Pi_{i=1}^{k}[1+c(t_{j-i})]^{-1}} \end{aligned} \tag{2.2.6}$$

Beweis

(a) Die ersten Aussagen sind unmittelbare Folgen aus (2.2.1) bzw. (2.2.3). Aus (2.2.5) läßt sich induktiv ableiten:

$$B_0(t_j) = \frac{1}{1+c(t_j)} - \frac{c(t_j)}{1+c(t_j)} \cdot \left[\sum_{k=1}^{j-1}\prod_{i=1}^{k}[1+c(t_{j-i})]^{-1}\right] \quad \text{für } t_j \in \underline{\underline{T}} \setminus \{t_0, t_1\} \quad . \tag{2.2.7}$$

Gemäß (2.2.5) ist zu zeigen:

$$\sum_{i=1}^{j-1} B_0(t_i) = \sum_{k=1}^{j-1}\prod_{i=1}^{k}[1+c(t_{j-i})]^{-1} \quad \text{für alle } j \geq 2 \tag{2.2.8}$$

<u>Induktionsanfang</u>: $j = 2$

$$\sum_{i=1}^{j-1} B_0(t_i) = B_0(t_1) = \frac{1}{1+c(t_1)}$$

<u>Induktionsbehauptung</u>: (2.2.8) gelte für $j-1$.

<u>Induktionsschritt:</u>

$$\begin{aligned}
\sum_{i=1}^{j} B_0(t_i) &= B_0(t_j) + \sum_{i=1}^{j-1} B_0(t_i) \\
&\overset{(2.2.5)}{=} \frac{1}{1+c(t_j)} - \frac{c(t_j)}{1+c(t_j)} \cdot \sum_{i=1}^{j-1} B_0(t_i) + \sum_{i=1}^{j-1} B_0(t_i) \\
&= \frac{1}{1+c(t_j)} + \left[1 - \frac{c(t_j)}{1+c(t_j)}\right] \sum_{i=1}^{j-1} B_0(t_i) \\
&\overset{I.V.}{=} \frac{1}{1+c(t_j)} + \frac{1}{1+c(t_j)} \sum_{k=1}^{j-1}\prod_{i=1}^{k}[1+c(t_{j-1})]^{-1} \\
&= \sum_{k=1}^{j}\prod_{i=1}^{k}[1+c(t_{j+1-i})]^{-1}
\end{aligned}$$

Es gilt nun:

$$B_0(t_j) = \frac{1}{1+c(t_j)} - \frac{c(t_j)}{1+c(t_j)} \cdot \sum_{k=1}^{j-1}\prod_{i=1}^{k}[1+c(t_{j-i})]^{-1}$$

$$= \frac{1}{1+c(t_j)} - \frac{c(t_j)}{1+c(t_j)} \cdot \frac{1}{1+c(t_{j-1})} \cdot \left[1 + \sum_{k=1}^{j-2} \prod_{i=1}^{k} [1+c(t_{j-1-i})]^{-1}\right]$$

(b) Seien die Preise der Nullkuponanleihen positiv und streng monoton fallend, so folgt aus (2.2.5)

$$1 - c(t_j) \cdot \sum_{i=1}^{j-1} B_0(t_i) > 0 \quad \text{für alle } t_j \in \underline{\underline{T}} \setminus \{t_0\}$$

und es gilt

$$\begin{aligned}
& B_0(t_{j-1}) && > B_0(t_j) \\
\Leftrightarrow\ & \tfrac{1}{1+c(t_{j-1})} - \tfrac{c(t_{j-1})}{1+c(t_{j-1})} \cdot \textstyle\sum_{i=1}^{j-2} B_0(t_i) && > \tfrac{1}{1+c(t_j)} - \tfrac{c(t_j)}{1+c(t_j)} \cdot \tfrac{1}{1+c(t_{j-1})} \left[1 + \textstyle\sum_{i=1}^{j-2} B_0(t_i)\right] \\
\Leftrightarrow\ & c(t_j)\Big[2 + (1 - c(t_{j-1})) \cdot \textstyle\sum_{i=1}^{j-2} B_0(t_i)\Big] && > c(t_{j-1}) \left[1 + \textstyle\sum_{i=1}^{j-2} B_0(t_i)\right] \\
\Leftrightarrow\ & c(t_j) && > c(t_{j-1}) \cdot \frac{1+\sum_{k=1}^{j-2} \prod_{i=1}^{k} [1+c(t_{j-1-i})]^{-1}}{2+[1-c(t_{j-1})] \sum_{k=1}^{j-2} \prod_{i=1}^{k} [1+c(t_{j-1-i})]^{-1}}
\end{aligned}$$

Ebenso folgt aus

$$\begin{aligned}
& B_0(t_j) > B_0(t_{j+1}) \\
\Leftrightarrow\ & c(t_j) < c(t_{j+1}) \cdot \frac{2 + \sum_{k=1}^{j-1} \prod_{i=1}^{k} [1+c(t_{j-i})]^{-1}}{1 + [1+c(t_{j+1})] \cdot \sum_{k=1}^{j-1} \prod_{i=1}^{k} [1+c(t_{j-i})]^{-1}}
\end{aligned}$$

□

Bemerkung

Eine hinreichende Bedingung für streng monoton fallende Kurse der Nullkuponanleihen sind schwach monoton steigende Kuponzahlungen $c(t_j)$. Gemäß (2.2.5) ist $B_0(t_j)$ monoton fallend in $c(t_j)$ und für wachsende Kuponzahlungen $c(t_j) \leq c(t_{j-1})$ gilt:

$$B_0(t_j) = \frac{1 - c(t_j) \cdot \sum_{i=1}^{j-1} B_0(t_i)}{1 + c(t_j)} \leq \frac{1 - c(t_{j-1}) \sum_{i=1}^{j-1} B_0(t_i)}{1 + c(t_{j-1})}$$

$$
\begin{aligned}
&= \frac{1 - c(t_{j-1}) \sum_{i=1}^{j-2} B_0(t_i)}{1 + c(t_{j-1})} \\
&\quad - \frac{c(t_{j-1}) B_0(t_{j-1})}{1 + c(t_{j-1})} \\
&= B_0(t_{j-1}) - \frac{c(t_{j-1})}{1 + c(t_{j-1})} \cdot B_0(t_{j-1}) \\
&< B_0(t_{j-1}) \quad .
\end{aligned}
$$

Beispiel 2.2.1

In einem drei Perioden Modell sei zum Zeitpunkt t_0 die folgende Struktur gegeben:

	t_0	t_1	t_2	t_3
Kuponanleihe $C(t_1)$		$c(t_1)$		
Kuponanleihe $C(t_2)$		$c(t_2)$	$c(t_2)$	
Kuponanleihe $C(t_3)$		$c(t_3)$	$c(t_3)$	$c(t_3)$

Die folgenden drei Modellrechnungen sollen die bisherigen Ergebnisse verdeutlichen:

	t_1	t_2	t_3
periodische Kuponzahlungen zu pari notierter Anleihen	7,25%	7,5%	7,75%
Kurse der zugehörigen Nullkuponanleihen *	93,2401	86,5181	79,8782
periodische Kuponzahlungen zu pari notierter Anleihen	7,25%	7,5%	7%
Kurse der zugehörigen Nullkuponanleihen *	93,2401	86,5181	81,6981
periodische Kuponzahlungen zu pari notierter Anleihen	7,25%	7,5%	5%
Kurse der zugehörigen Nullkuponanleihen *	93,2401	86,5181	86,6782

* Nennwert 100

2.3 Erwartungswerthypothesen und Arbitragefreiheit

Ausgangspunkt der Überlegungen in 2.1 sind exogen vorgegebene stochastische Prozesse für den kurzfristigen Zinssatz und die Nullkuponanleihen. Es stellt sich nun die Frage, inwieweit die Spezifikation dieser Prozesse von den aktuell beobachteten Marktdaten abhängt. Typische Größen, die Informationen über die zukünftige Preisentwicklung des Anleihenmarktes beinhalten können und insofern die Modellierung der Prozesse beeinflussen können, sind die Rendite und der (implizite) Terminzins.

Die definitorischen Beziehungen für das diskrete wie stetige Modell werden in Tabelle 2.3.1 gegeben. Für das stetige Modell bezeichnen r_t den augenblicklichen, logarithmierten Zinssatz (d.h. konformen Zinsfuß) und $Y_t(T)$ die augenblickliche, logarithmierte, durchschnittliche Rendite.

Tabelle 2.3.1:

diskretes Modell $(t \leq t_j < t_k \in \underline{\underline{T}})$	stetiges Modell $(t < T)$
$B_t(T) = [1 + Y_t(T)]^{t-T}$	$B_t(T) = \exp\{-Y_t(T) \cdot (T - t)\}$
$f_t(t_j, t_k) = \frac{B_t(t_j)}{B_t(t_k)} - 1$	$f_t(T) = \frac{\partial B_t(T)}{\partial T} \cdot \frac{-1}{B_t(T)}$
$f_{t_j}(t_j, t_{j+1}) = Y_{t_j}(t_{j+1}) = r_{t_j}$	$f_t(t) = r_t = \lim_{T \to t} Y_t(T)$
$B_{t_j}(T) = \frac{1}{(1+r_j)\prod_{i=j+1}^{N-1}(1+f_{t_j}(t_i, t_{i+1}))}$	$B_t(T) = \exp\left\{-\int_t^T f_t(s)ds\right\}$

Wird von einer deterministischen Zinsentwicklung ausgegangen, so impliziert die Arbitragefreiheit die nachstehenden vier Beziehungen:

$$f_t(t_{N-1}, t_N) = r_{N-1} \quad \text{für } t \in \underline{\underline{T}} \setminus \{t_N\} \tag{2.3.1}$$

$$\frac{1}{B_{t_j}(T)} = \prod_{i=j}^{N-1} [1 + r_i] \quad \text{für } t_j \in \underline{\underline{T}} \setminus \{t_N\} \tag{2.3.2}$$

$$1 + Y_{t_j}(T) = \left(\prod_{i=j}^{N-1} [1 + r_i] \right)^{\frac{1}{T - t_j}} \quad \text{für } t_j \in \underline{\underline{T}} \setminus \{t_N\} \tag{2.3.3}$$

$$\frac{B_{t_j}(T)}{B_{t_{j+1}}(T)} = 1 + r_j \quad \text{für } t_j \in \underline{\underline{T}} \setminus \{t_N\} \tag{2.3.4}$$

Jede der genannten Arbitragebeziehungen kann nun als Grundlage für die Postulierung einer Erwartungswerthypothese gewählt werden. Die sich daraus ergebenden verschiedenen Hypothesen stellen jedoch nicht nur unterschiedliche Ansätze dar, sondern führen, wie noch gezeigt wird, auch zu sich gegenseitig ausschließenden Modellen für die Preisprozesse von Nullkuponanleihen. Die nachfolgende Formulierung der Erwartungswerthypothesen und ihre Terminologie ist der Arbeit von Ingersoll (1987, S. 387ff) entnommen.

Tabelle 2.3.2: Erwartungswerthypothesen für diskrete und stetige Modelle

Name	Diskretes Modell ($t_j \in \underline{\underline{T}} \setminus \{t_N\}$)	stetiges Modell ($t < T$)
Unbiased expectation hypothesis (U) (unverzerrte Erwartungswerthypothese)	$E[r_{N-1}]=f_{t_j}(t_{N-1},t_N)$ $\Rightarrow B_{t_j}(T)=\frac{1}{(1+r_j)\Pi_{i=j+1}^{N-1}E[1+r_i]}$	$B_t(T) = \exp\left\{-\int_t^T E[r_s]ds\right\}$
Return-to-maturity expectation hypothesis (RTM) (ertragsorientierte Erwartungswerthypothese)	$\frac{1}{B_{t_j}(T)}=E\left[\Pi_{i=j}^{N-1}(1+r_i)\right]$	$\frac{1}{B_t(T)} = E\left[\exp\{\int_t^T r_s ds\} \mid r_t\right]$
Yield-to-maturity expectation hypothesis (YTM) (renditenorientierte Erwartungswerthypothese)	$1+Y_{t_j}(T)=E\left[B_{t_j}(T)\right]^{\frac{-1}{T-t_j}}$ $=E\left[(\Pi_{i=j}^{N-1}(1+r_i))^{\frac{1}{T-t_j}}\right]$	$\log B_t(T) = E\left[-\int_t^T r_s ds \mid r_t\right]$
Local expectation hypothesis (L) (lokale Erwartungswerthypothese)	$B_{t_j}(T)=\frac{E[B_{t_{j+1}}(T)\mid r_j]}{1+r_j}$ $=E\left[\frac{1}{\Pi_{i=j}^{N-1}(1+r_i)} \mid r_j\right]$	$B_t(T) = E\left[\exp\{-\int_t^T r_s ds\} \mid r_t\right]$

Aus Tabelle 2.3.2 ist ersichtlich, daß der erwartete Kurs einer Nullkuponanleihe unter der Unbiased expectation hypothesis nur dann mit dem erwartenen Kurs der Return-to-maturity expectation hypothesis übereinstimmt, falls die kurzfristigen Zinssätze unkorreliert sind. Liegt eine z.B. positive Autokorrelation vor, so liegt der erwartete Kurs der Unbiased expectation hypothesis über dem der Return-to-maturity expectation hypothesis, d.h.

$$(U) - B > (RTM) - B \quad .$$

Aufgrund der Jensen–Ungleichung ist ersichtlich, daß für die anderen Erwartungswerthypothesen gilt[9]:

$$(L) - B \geq (YTM) - B \geq (RTM) - B \quad .$$

Aus der Definition der verschiedenen Erwartungswerthypothesen stellt sich nun die Frage, inwieweit sie mit der Bedingung der Arbitragefreiheit verträglich sind. Dazu sei angenommen, daß die Entwicklung des augenblicklichen Zinssatzes exogen durch die Differentialgleichung

$$dr = \mu(r,t)dt + \sigma(r,t)dW \tag{2.3.5}$$

gegeben ist, für die die Regularitätsbedingungen[10] erfüllt sind. Mit W wird hierbei ein eindimensionaler Wienerprozeß bezeichnet. Wird die Preisentwicklung der Nullkuponanleihen mit Restlaufzeit τ,

$$\frac{dB(\tau)}{B} = a(r,t,\tau)dt + \delta(r,t,\tau)dW \quad , \tag{2.3.6}$$

als ausschließlich durch die Zinsentwicklung beeinflußt angesehen, so führt das Itô–Lemma zu

$$\begin{aligned} a(r,t,\tau)B &= \frac{1}{2}\sigma^2(r,t)B_{rr} + \mu(r,t)B_r + B_t \\ \delta(r,t,\tau)B &= \sigma(r,t)B_r \quad . \end{aligned}$$

Die augenblickliche Risikoprämie der Nullkuponanleihen

$$[a(r,t,\tau) - r]$$

ist, da alle Nullkuponanleihen perfekt korreliert sind, im Gleichgewicht proportional zur augenblicklichen Standardabweichung. Aus der Arbitragefreiheit folgt, daß

[9] Es gilt im allgemeinen die strenge Ungleichheit wie aus dem von Ingersoll (1987, S. 392f.) diskutierten Beispiel hervorgeht.

[10] Die Existenz einer eindeutigen Lösung für (2.3.5) ist gesichert falls:

(a) $\mu, \sigma : [0,T] \times \mathbf{R} \to \mathbf{R}$ meßbare Funktionen sind.

(b) Eine Konstante $K_1 > 0$ existiert, so daß die Lipschitzbedingung erfüllt ist, d.h. für alle $t \in [0,T]; x, y, \in \mathbf{R}$ gilt

$$| \mu(t,x) - \mu(t,y) | + | \sigma(t,x) - \sigma(t,y) | \leq K_1 | x - y |$$

(c) Die Wachstumsbeschränkung erfüllt ist, d.h. es existiert eine Konstante $K_2 > 0$, so daß für $t \in [0,T]$ und $x \in \mathbf{R}$ gilt

$$| \mu(t,x) |^2 + | \sigma(t,x) |^2 \leq K_2(1 + | x |^2)$$

der Proportionalitätsfaktor unabhängig von der Laufzeit τ der Nullkuponanleihe ist, d.h.

$$\begin{aligned}[a(r,t,\tau)-r]B &= \lambda(r,t)\cdot\delta(r,t,\tau)B \\ &= \lambda(r,t)\cdot\sigma(r,t)B_r \quad .\end{aligned} \tag{2.3.7}$$

Die lokale Erwartungswerthypothese ist genau dann erfüllt, falls $\lambda(r,t)=0$ ist. Sie ist somit eine zulässige aber nicht notwendige Form einer Erwartungswerthypothese unter der Bedingung der Arbitragefreiheit.

Für die Yield-to-maturity expectation hypothesis muß der sich aus dem reziproken der Nullkuponanleihe ergebende Prozeß betrachtet werden. Mit dem Itô-Lemma folgt somit aus (2.3.6)

$$d\frac{1}{B}=\frac{1}{B}(-a(r,t,\tau)+\delta^2(r,t,\tau))dt-\frac{1}{B}\delta(r,t,\tau)dW \quad .$$

Im Gleichgewicht gilt für die Risikoprämie das gleiche Proportionalitätsargument wie zuvor, d.h.:

$$\begin{aligned} E\left[\frac{d\frac{1}{B}}{\frac{1}{B}}\right]+rdt &= k(r,t)\delta(r,t,\tau)dt \\ \Leftrightarrow \quad -a+\delta^2+r &= k(r,t)\delta \\ \Leftrightarrow \quad \delta^2 &= a-r+k(r,t)\delta \quad .\end{aligned}$$

Aus der Gleichgewichtsbedingung (2.3.7) erhält $\delta(r,t,\tau)$ die Form:

$$\begin{aligned} \delta^2(r,t,\tau) &= \lambda(r,t)\delta(r,t,\tau)+k(r,t)\delta(r,t,\tau) \\ \Leftrightarrow \quad \delta(r,t,\tau) &= \lambda(r,t)+k(r,t) \quad .\end{aligned}$$

Daraus folgt, daß die Standardabweichung der Renditen unabhängig von der Laufzeit der entsprechenden Nullkuponanleihen ist. Für $\tau=0$ ist die Standardabweichung jedoch gleich 0 und somit gilt $\delta(r,t,\tau)\equiv 0$. Die Yield-to-maturity expectation hypothesis ist demnach genau dann zulässig, falls die Zinsentwicklung deterministisch ist.

Ausgehend von der Unbiased oder Return-to-maturity expectation hypothesis lautet die Bedingung für die Risikoprämie

$$E[d\log B]=[r+l(r,t)\delta(r,t,\tau)]dt$$

wobei mit dem Itô-Lemma der stochastische Prozess der logarithmierten Nullkuponanleihen gegeben ist aus (2.3.6):

$$d\log B=[a(r,t,\tau)-\frac{1}{2}\delta^2(r,t,\tau)dt+\delta(r,t,\tau)dW \quad .$$

Dies führt wiederum zu

$$\begin{aligned} \tfrac{1}{2}\delta^2(r,t,\tau) &= a(r,t,\tau)-r-l(r,t)\delta(r,t,\tau) \\ \Leftrightarrow \quad \delta(r,t,\tau) &= 2\big(\lambda(r,t)-l(r,t)\big) \quad ,\end{aligned}$$

so daß ebenso die Unbiased und Return-to-maturity expectation hypothesis unter der Bedingung der Arbitragefreiheit nur dann zulässig sind, falls keine Unsicherheit über die zukünftige Zinsentwicklung vorliegt.

Die einzige zulässige Erwartungswerthypothese ist demnach die lokale Erwartungswerthypothese. Die unter ihr erzeugten Preisprozesse sind verträglich mit der Arbitragefreiheit. Umgekehrt folgt jedoch aus der Arbitragefreiheit nicht die lokale Erwartungswerthypothese. Die Arbitragefreiheit impliziert nur, daß die Prämie pro Risikoeinheit unabhängig von der Wahl des Wertpapieres ist. Sie können jedoch durchaus positiv sein.

Unter der lokalen Erwartungswerthypothese werden die Risikoprämien gleich 0 gesetzt. Der erwartete (augenblickliche) Ertrag ist somit unabhängig vom Wertpapier und ist gleich dem Ertrag aus dem (augenblicklichen) Zinssatz. Aus diesem Grund wird auch von der risikoneutralen Erwartungswerthypothese gesprochen. Der Preis einer Anleihe entspricht unter der lokalen Erwartungswerthypothese dem Erwartungswert des zukünftigen diskontierten Wertes. Entsprechend ist die zugehörige Wahrscheinlichkeitsverteilung durch das äquivalente Martingalmaß gegeben.

Im allgemeinen wird jedoch von positiven Risikoprämien ausgegangen und die lokale Erwartungswerthypothese scheint in diesem Zusammenhang zunächst als nicht gegeben. Mit Satz 2.1.2 ist jedoch aus der Arbitragefreiheit und der Vollständigkeit eines Marktes die Existenz eines eindeutigen äquivalenten Martingalmaßes gesichert. *Das Martingalmaß ist somit abhängig von der entsprechenden Risikoprämie.* Die Preisprozesse der Anleihen erfüllen dann unter dem Martingalmaß die lokale Erwartungswerthypothese. Darüberhinaus ist der Arbitragepreis eines Auszahlungsstroms durch den diskontierten Erwartungswert unter dem Martingalmaß eindeutig bestimmt, was die Interpretation als risikoneutrale Wahrscheinlichkeitsverteilung für das Martingalmaß nahelegt. Insofern garantiert Satz 2.1.2 die Existenz einer Transformation eines arbitragefreien Modells mit Risikoprämie in ein arbitragefreies Modell ohne Risikoprämie, in dem die Preisbildung unabhängig von Präferenzen durch das Martingalmaß erfolgt. Ist das ursprüngliche Modell vollständig, so ist die Transformation eindeutig bestimmt. Die lokale Erwartungswerthypothese stellt somit keine zusätzliche Bedingung in denjenigen Modellen dar, die die Existenz eines eindeutigen Martingalmaßes voraussetzen.

3 Zinssatzoptionen

Die Grundstruktur der Zinssatzoption ist verwandt mit derjenigen einer Aktienoption. Mittels einer Zinssatzoption wird ein zukünftiger Zahlungsstrom in Abhängigkeit von der Entwicklung des kurzfristigen Zinssatzes vereinbart. Es lassen sich hierbei zwei grundsätzliche Vertragsarten unterscheiden.

Der sogenannte Cap stellt eine Versicherung gegen eine steigende Zinssatzentwicklung dar. Übersteigt der Zinssatz an einem vorab festgelegten Bewertungstermin den vereinbarten Basislevel, so erhält der Käufer eines Cap die Zinsdifferenz bezogen auf einen festen Nennbetrag. Es erfolgt hingegen kein Zahlungstransfer, falls der Zinssatz den Basislevel nicht übersteigt.

Im allgemeinen sind mehrere Bewertungszeitpunkte während der Laufzeit eines Cap vereinbart. Ein Cap kann z.B. zur Absicherung eines Kredits auf kurzfristiger, variabler Zinsbasis benutzt werden. Er begrenzt dann den anfallenden Zinsendienst auf ein maximales Niveau, ohne den Vorteil zu beeinträchtigen, der sich aus einer fallenden Entwicklung des Zinssatzes für den Kreditnehmer ergeben würde. Dabei müssen natürlich der Nennwert und die Zinstermine des Kredits mit den Cap – Vereinbarungen übereinstimmen.

Die entsprechende Versicherung gegen eine fallende Entwicklung des Zinssatzes wird durch den sogenannten Floor erreicht. Ein Floor sichert dem Käufer die Zinsdifferenz, falls der Zinssatz an einem Bewertungszeitpunkt unterhalb des vereinbarten Basislevels liegt. Wird der Basislevel überstiegen, so erfolgt keine Zahlung. Anlagen in kurzfristige Zinstitel können mittels eines Floor auf einem bestimmten Mindestzinsniveau abgesichert werden, wobei natürlich die entsprechenden Vertragseigenschaften des Floor mit dem Zinstitel abgestimmt werden müssen.

3.1 Beschreibung der Vertragseigenschaften

Im Unterschied zu Aktienoptionen beziehen sich Cap– und Floor – Verträge auf die Entwicklung des Zinssatzes. Darüberhinaus bedingen Cap– und Floor – Verträge im allgemeinen während ihrer Laufzeit einen Zahlungsstrom zu verschiedenen Zeitpunkten. Die Vertragsmerkmale lassen sich wie folgt zusammenfassen:

1. Festlegung eines Zinssatzes r. In der Regel handelt es sich um einen kurzfristigen Zinssatz, z.B. LIBOR[11] bzw. LIBOR plus eine Konstante.

2. Vertragstenor $\underline{\underline{T}}' = \{t'_1 < ... < t'_n\}$: d.h. eine Folge von Bewertungszeitpunkten, zu denen ein Vergleich mit dem Basislevel erfolgt, z.B. vierteljährlich.

[11]LIBOR, Abkürzung für London Inter – Bank offered Rate. Londoner Zinssatz für Kredite in Eurowährungen über drei oder sechs Monate, der unter Banken gültig ist.

3. Auszahlungstenor: d.h. eine Folge von Auszahlungszeitpunkten, zu denen die Zahlung der Zinsdifferenz erfolgt. In der Regel handelt es sich um das jeweilige Ende der durch den Vertragstenor vorgegebenen Periodizität.

4. Basislevel $L \geq 0$. Es ist durchaus möglich, für jeden Bewertungszeitpunkt einen unterschiedlichen Basislevel zu vereinbaren.

5. Nennwert $V > 0$. Entsprechend dem Basislevel kann ebenso ein bezüglich der Bewertungszeitpunkte variierender Nennwert vereinbart werden. Denkbar wäre dies z.B., falls es um die Zinsabsicherung eines Kredites mit variabler Verzinsung geht, wobei der Kredit in mehreren größeren Teilzahlungen getilgt wird.

Wie zuvor wird mit $\underline{\underline{T}} = \{0 = t_0 < t_1 < ... < t_N\}$ die Menge der Handelszeitpunkte und mit $\{r_t\}$ die Entwicklung des kurzfristigen, periodischen Zinssatzes notiert. Zur Vereinfachung wird angenommen, daß $\Delta t = t'_i - t'_{i-1}$ für $t'_i, t'_{i-1} \in \underline{\underline{T}}' \subset \underline{\underline{T}} \setminus \{t_N\}$ unabhängig von i ist und die jeweilige Auszahlung immer am Ende des Zeitintervalls erfolgt. Neben dem Nennwert übt die Periodizität einen Einfluß auf die Höhe des Zahlungsstromes aus. Falls $\{r_t\}$ per anno notiert wird, muß die Auszahlung entsprechend dem Vertragstenor angepaßt werden. Um unnötige Notation zu vermeiden, wird davon ausgegangen, daß $\{r_t\}$ und L sich schon auf die entsprechende Periodenlänge beziehen.

Die Auszahlung eines Cap mit den obigen Vertragsmerkmalen zu einem Auszahlungszeitpunkt t'_i ist somit gegeben durch

$$V \cdot [r_{t'_{i-1}} - L]^+ := V \max\{0, r_{t'_{i-1}} - L\}. \tag{3.1.1}$$

Ist der kurzfristige Zinssatz für das Zeitintervall $[t'_{i-1}, t'_i[$ durch $r_{t'_{i-1}}$ zum Zeitpunkt $t'_{i-1} \in \underline{\underline{T}}'$ gegeben, so erfolgt in t'_i die Zahlung der Zinsdifferenz multipliziert mit dem Nennwert, falls diese positiv ist (Abb. 3.1.1). Die Höhe der Auszahlung am Ende einer Periode ist somit zu Beginn der Periode bekannt.

Analog ist die Auszahlung eines Floor zum Zeitpunkt t'_i (Abb. 3.1.2) gegeben durch

$$V \cdot [L - r_{t'_{i-1}}]^+ := V \max\{0, L - r_{t'_{i-1}}\}. \tag{3.1.2}$$

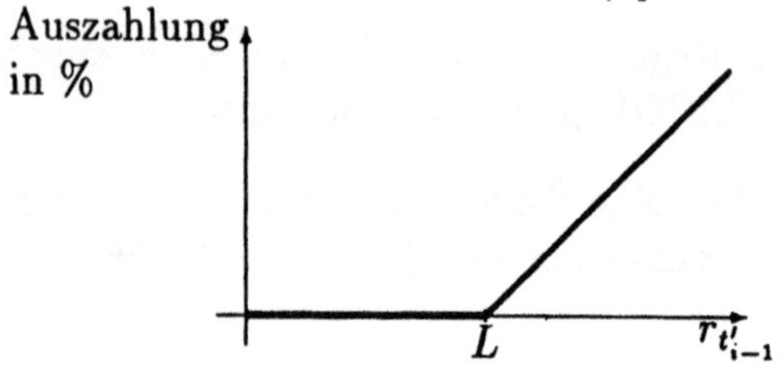

Abbildung 3.1.1: Auszahlung eines Cap in Prozent des Nennwertes.

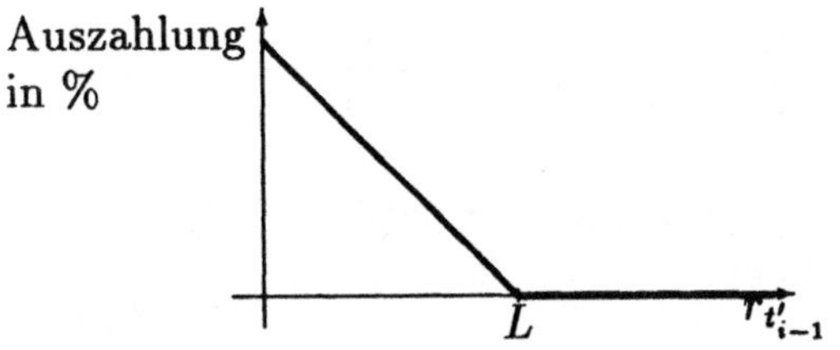

Abbildung 3.1.2: Auszahlung eines Floor in Prozent des Nennwertes.

Der Zusammenhang zwischen Cap– und Floor–Verträgen und Aktienoptionen wird deutlich, falls die Auszahlung (3.1.1) bzw. (3.1.2) zu Beginn der Periode betrachtet wird. Diese ergibt sich durch Diskontierung der ursprünglichen Auszahlung. Der diskontierte Wert der Auszahlung eines Cap in t'_i ist somit zum Zeitpunkt t'_{i-1} bestimmt durch:

$$\frac{V \cdot [r_{t'_{i-1}} - L]^+}{1 + r_{t'_{i-1}}} = V \cdot \left[1 - \frac{1+L}{1 + r_{t'_{i-1}}}\right]^+ . \tag{3.1.3}$$

Für die auf den Zeitpunkt t'_{i-1} diskontierte Auszahlung eines Floor folgt aus (3.1.2)

$$\frac{V \cdot [L - r_{t'_{i-1}}]^+}{1 + r_{t'_{i-1}}} = V \cdot \left[\frac{1+L}{1 + r_{t'_{i-1}}} - 1\right]^+ . \tag{3.1.4}$$

Der diskontierte Wert (3.1.3) der Auszahlung eines Cap zum Zeitpunkt t'_i entspricht somit der Auszahlung einer Europäischen Verkaufsoption (Put_E) mit Basispreis V und Laufzeit t'_{i-1}. Das Wertpapier $S = V \cdot \frac{1+L}{1+r}$ ist, da V und L konstante Größen des Vertrages sind, ausschließlich durch den unbekannten Wert des Zinssatzes r in t'_{i-1} bestimmt. S ist interpretierbar als der Wert einer Nullkuponanleihe in t'_{i-1}, die in t_i genau $V \times (1+L)$ Geldeinheiten ausschüttet. Unter der Bedingung der Arbitragefreiheit entspricht der Arbitragepreis für die Zinsabsicherung zum Zeitpunkt t'_i dem Preis der Europäischen Verkaufsoption, d.h.:

$$\text{Cap}[r, L, \underline{\underline{T}}' = \{t'_i\}, V] = V \cdot \text{Put}_E \left[\frac{(1+L)}{1+r}, 1, t'_{i-1}\right] . \tag{3.1.5}$$

Der Arbitragepreis der Zinsabsicherung zum Zeitpunkt t'_i eines Floor ist entsprechend durch den Preis einer Europäischen Kaufsoption (Call_E) gegeben, d.h.:

$$\text{Floor}[r, L, \underline{\underline{T}}' = \{t_i\}, V] = V \cdot \text{Call}_E \left[\frac{(1+L)}{1+r}, 1, t'_{i-1}\right] \tag{3.1.6}$$

Für konstanten Basislevel L und Nennwert V lassen sich aus (3.1.5) und (3.1.6) die folgenden Beziehungen zwischen Cap– Floor– Verträgen und Optionen bezüglich dem Wertpapier S herleiten ($t'_0 := t_0$):

$$\begin{aligned} \mathrm{Cap}[r, L, \underline{\underline{T}}' = \{t'_1, ..., t'_n\}, V] &= V \sum_{i=0}^{n-1} \mathrm{Put}_E \left[\frac{1+L}{1+r}, 1, t'_i \right] \\ &= V \sum_{i=0}^{n-1} \mathrm{Put}_E \left[(1+L) B(t'_{i+1}), 1, t'_i \right], \\ \mathrm{Floor}[r, L, \underline{\underline{T}}' = \{t'_1, ..., t'_n\}, V] &= V \sum_{i=0}^{n-1} \mathrm{Call}_E \left[\frac{1+L}{1+r}, 1, t'_i \right] \\ &= V \sum_{i=0}^{n-1} \mathrm{Call}_E \left[(1+L) B(t'_{i+1}), 1, t'_i \right]. \end{aligned} \tag{3.1.7}$$

Da der Nennwert V als multiplikativer Faktor in die Bewertung eingeht, wird im folgenden davon ausgegangen, daß $V = 1$ ist. Die resultierende Bewertung ist somit prozentual zum Nennwert zu verstehen.

Der Zusammenhang (3.1.7) ist nun auf mehrfache Weise von Interesse. Einmal wird deutlich, daß die Kosten die durch die jeweilige Zinssicherung entstehen, für jeden Bewertungszeitpunkt isoliert betrachtet werden können. Zum anderen legt die enge Beziehung zu Kauf- und Verkaufoptionen es nahe, die dort entwickelten Methoden der Analyse und dynamischen Bewertung direkt anzuwenden. Aus (3.1.7) folgt jedoch auch, daß es sich um ein Portfolio aus Rentenoptionen handelt und somit die Frage der Arbitragefreiheit der Modellierung verschiedener Rentenpapierprozesse von Bedeutung ist.

3.2 Kombinierte Vertragsformen

Aus den Auszahlungsprofilen (Abb.3.1.1 und Abb.3.1.2) für Cap- und Floor-Verträge lassen sich durch Kombination mit Anlagen bzw. Anleihen zu variablen Zinsen weitere Profile erzeugen. Die wichtigsten Vertragsformen sind die geschützte Verpflichtung (Capped Liability), die geschützte Anlage (Protected Asset) und die Tailored Liability. Eine geschützte Verpflichtung besteht aus einem Kredit mit variabler Verzinsung und einem Cap (Abb.3.2.1). Die Zinsverpflichtung und die Vertragseigenschaften des Cap müssen hierbei abgestimmt sein. So wird ein 12-monatiger Kredit mit dreimonatigem variablen Zinsendienst und ein 12-monatiger Cap mit dreimonatigen Bewertungszeitpunkten kombiniert. Der Nennwert des Cap stimmt dabei mit der Kredithöhe überein. Die maximale Zinsbelastung wird durch den Basislevel bei einer geschützten Verpflichtung begrenzt.

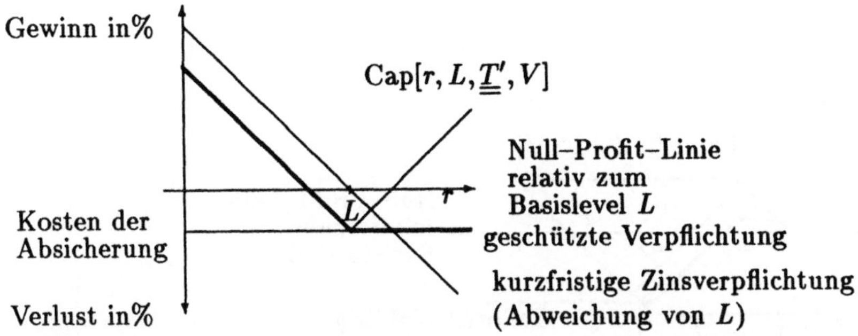

Abbildung 3.2.1: Auszahlungsprofil relativ zum Basislevel L einer geschützten Verpflichtung zum Auszahlungszeitpunkt t_i'.

Die geschützte Anlage (Abb. 3.2.2) ist eine Kombination aus einer zu variablen Zinsen begebenen Anleihe und einem Floor. Entsprechend wird durch eine geschützte Anlage ein Mindestzinssatz abgesichert. Im Unterschied zur festverzinslichen Anlage ermöglicht die geschützte Anlage eine uneingeschränkte Teilnahme an einer steigenden Zinsentwicklung.

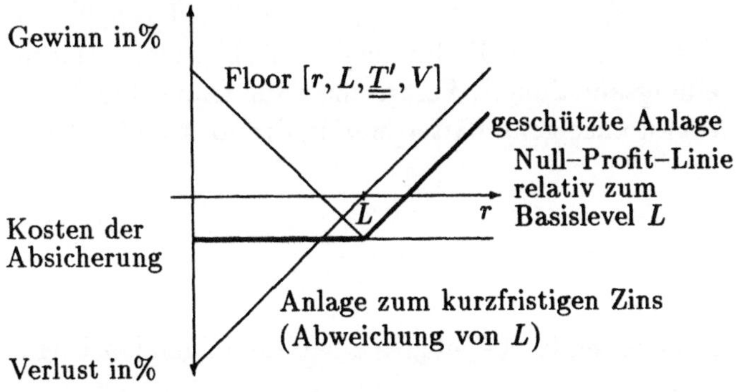

Abbildung 3.2.2: Auszahlungsprofil relativ zum Basislevel L einer geschützten Anlage zum Auszahlungszeitpunkt t_i'.

Der Kauf eines Cap und der gleichzeitige Verkauf eines Floor, die bezüglich ihrer Vertragseigenschaften übereinstimmen, wird als Collar bezeichnet. Die Basislevel können jedoch unterschiedlich sein. Die Kombination eines Collar mit einem Kredit zu variablen Zinsen beschränkt zu jedem Zeitpunkt den Gewinn und Verlust, der sich aus dem Vertragswerk ergibt (Abb. 3.2.3). Eine solche Kombination heißt Tailored Liability .

Die genannten Beispiele zeigen, daß Cap und Floor–Verträge es erlauben, individuell abgestimmte Auszahlungsprofile zu erzeugen, die den unterschiedlichsten Ansprüchen Rechnung tragen.

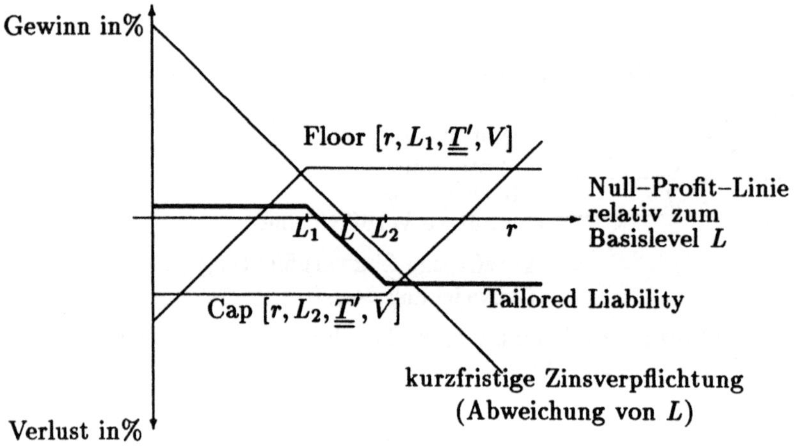

Abbildung 3.2.3: Auszahlungsprofil relativ zum Basislevel L einer Tailored Liability zum Auszahlungszeitpunkt t_i'.

3.3 Verteilungsunabhängige Wertgrenzen

Ausgehend von (3.1.7) ergeben sich unter der Bedingung der Arbitragefreiheit unabhängig von speziellen Verteilungsannahmen Wertgrenzen für Cap– und Floor–Verträge. Die naheliegenden Monotonieeigenschaften sind in Proposition 3.3.1 bzw. 3.3.2 zusammengestellt.

Proposition 3.3.1

Sind $L \in [0, \infty[$ und $V \in]0, \infty[$ so gelten für beliebiges $\varepsilon > 0$ die folgenden Ungleichungen für den Cap:

a) Cap $[r, L, \underline{\underline{T}}', V] <$ Cap $[r + \varepsilon, L, \underline{\underline{T}}', V]$

b) Cap $[r, L, \underline{\underline{T}}', V] >$ Cap $[r, L + \varepsilon, \underline{\underline{T}}', V]$

c) Cap $[r, L, \underline{\underline{T}}', V] \geq 0$

d) Cap $[r, L, \underline{\underline{T}}', V] >$ Cap $[r, L, \underline{\underline{T}}' \setminus \{t'_n\}, V]$

Beweis

Eine Verletzung der Ungleichungen (a) – (e) ergäbe eine Arbitragemöglichkeit. Gilt z.B.

$$\text{Cap } [r, L, \underline{\underline{T}}', V] - \text{Cap } [r + \varepsilon, L, \underline{\underline{T}}', V] \leq 0$$

für ein $\varepsilon > 0$, so kann durch den Kauf des Cap mit Referenzzinssatz $r + \varepsilon$ und den gleichzeitigen Verkauf des anderen Cap ein Portfolio gebildet werden, dessen Aufbau mit keinen Kosten verbunden ist (bei strikter Ungleichheit wird sogar eine Prämie gezahlt). Der Auszahlungsstrom des Portfolios ist jedoch nie negativ und für $r > L - \varepsilon$ sogar strikt positiv.

□

Proposition 3.3.2

Sind $L \in [0, +\infty[$ und $V \in]0, +\infty[$ so gelten für beliebiges $\varepsilon > 0$ für den Floor die folgenden Ungleichungen:

a) $\text{Floor}\ [r, L, \underline{\underline{T}}', V] > \text{Floor}\ [r + \varepsilon, L, \underline{\underline{T}}', V]$

b) $\text{Floor}\ [r, L, \underline{\underline{T}}', V] < \text{Floor}\ [r, L + \varepsilon, \underline{\underline{T}}', V]$

c) $\text{Floor}\ [r, L, \underline{\underline{T}}', V] \geq 0$

d) $\text{Floor}\ [r, L, \underline{\underline{T}}', V] > \text{Floor}\ [r, L, \underline{\underline{T}}' \setminus \{t'_n\}, V]$

Entsprechend den verteilungsunabhängigen Wertgrenzen für Europäische Kauf- und Verkaufoptionen[12] können analog für Cap- und Floor-Verträge die nachstehenden Aussagen hergeleitet werden.

Proposition 3.3.3

Sei $\underline{\underline{T}}' = \{t'_1 < t'_2 < \ldots < t'_n\} \subset \underline{\underline{T}} \setminus \{t_N\}$ die Menge der Bewertungszeitpunkte eines Cap-Vertrages, wobei für den letzten Bewertungszeitpunkt gelten soll: $t_N = t'_{n+1} := t'_n + \Delta t'$. Sind zum Zeitpunkt t_0 die Preise der Nullkuponaneihen $B_0(t'_i)$ mit Nennwert 1 und Laufzeit t'_i gegeben, so gilt

a) $\text{Cap}\ [r, 0, \underline{\underline{T}}', V] = V[1 - B(t_N)]$

b) $\text{Cap}\ [r, L, \underline{\underline{T}}', V] \leq V[1 - B(t_N)] \quad$ für alle $L \geq 0$

c) Für $L_1 < L_2$ gilt
$\text{Cap}\ [r, L_1, \underline{\underline{T}}', V] - \text{Cap}[r, L_2, \underline{\underline{T}}', V] \leq V(L_2 - L_1) \sum_{i=1}^{n+1} B(t'_i)$

d) $\text{Cap}\ [r, L, \underline{\underline{T}}', V] \geq V \max\left\{0, 1 - B_0(t_N) - L \sum_{i=1}^{n+1} B_0(t'_i)\right\}$

[12] In Cox, Rubinstein (1985) werden ausführlich die verteilungsunabhängigen Wertgrenzen für Europäische Kauf- und Verkaufoptionen auf Aktien diskutiert.

Beweis

ad a)
Das Auszahlungsprofil eines Cap mit Basislevel $L = 0$ entspricht den Zinszahlungen, die sich aus einer Anlage zum variablen Zinssatz ergeben. Folglich gilt zum Zeitpunkt t_0

$$\text{Cap}\,[r, 0, \underline{\underline{T}}', V] + V \cdot B_0(t_N) = V$$

ad b)
Dies ist eine Folgerung aus der Monotonieeigenschaft des Cap im Basislevel.

ad c)
Seien $L_1 < L_2$ gegebene Basislevel. Die Differenz der Cap–Verträge mit Basislevel L_1 bzw. L_2 führt zu jedem Auszahlungszeitpunkt zu dem folgenden Auszahlungsprofil:

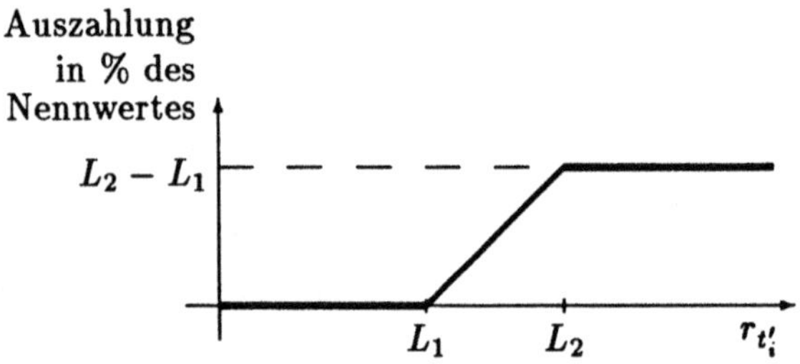

Die mögliche Auszahlung liegt immer unterhalb $L_1 - L_2$ und die Preisdifferenz der Cap–Verträge ist somit beschränkt durch $V(L_1 - L_2)\sum_{i=1}^{n+1} B_0(t'_i)$.

ad d)
Aus (a) und (c) läßt sich ableiten:

$$\begin{aligned} \text{Cap}\,[r, 0, \underline{\underline{T}}', V] - \text{Cap}\,[r, L, \underline{\underline{T}}', V] &\leq V \cdot L \textstyle\sum_{i=1}^{n+1} B_0(t'_i) \\ \Leftrightarrow \qquad \text{Cap}\,[r, L, \underline{\underline{T}}', V] &\geq V \left(1 - B_0(t_N) - L \textstyle\sum_{i=1}^{n+1} B_0(t'_i)\right) \end{aligned}$$

□

Proposition 3.3.4

Für den Floor ergeben sich mit den gleichen Bezeichnungen wie in Proposition 3.3.3 die folgenden verteilungsunabhängigen Randbedingungen:

(a) $\text{Floor}\,[r, 0, \underline{\underline{T}}', V] = 0$

(b) Für $L_1 < L_2$ gilt:
Floor $[r, L_2, \underline{\underline{T}}', V]$ − Floor $[r, L_1, \underline{\underline{T}}', V] \leq V(L_1 - L_2) \sum_{i=1}^{n+1} B_0(t'_i)$

(c) Floor $[r, L, \underline{\underline{T}}', V] \leq V \cdot L \sum_{i=1}^{n+1} B_0(t'_i)$

Beweis

ad b)
Wird die Differenz zweier Floor–Verträge mit Basislevel L_1 bzw. L_2 betrachtet, so ist der Auszahlungsstrom zu jedem Zeitpunkt $t'_i \in \underline{\underline{T}}' \cup \{t_N\}$ nach oben beschränkt durch $L_2 - L_1$:

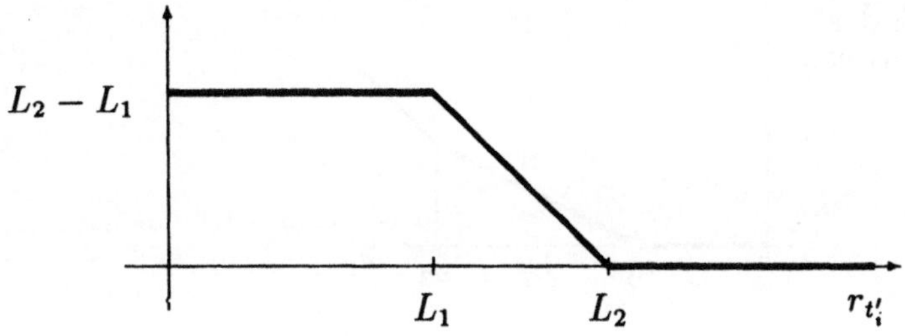

Entsprechend ist die Preisdifferenz nach oben beschränkt durch
$V(L_2 - L_1) \sum_{i=1}^{n+1} B_0(t'_i)$

□

Proposition 3.3.5

(a) Cap– und Floor–Verträge sind konvexe Funktionen des Basislevel.

(b) Für $L_1 < L_2 < L_3$ gilt speziell:

$$\text{Cap}\,[r, L_2, \underline{\underline{T}}', V] \leq \tfrac{L_3 - L_2}{L_3 - L_1}\text{Cap}\,[r, L_1, \underline{\underline{T}}', V] + \tfrac{L_2 - L_1}{L_3 - L_1}\text{Cap}\,[r, L_3, \underline{\underline{T}}', V]$$

$$\text{Floor}\,[r, L_2, \underline{\underline{T}}', V] \leq \tfrac{L_3 - L_2}{L_3 - L_1}\text{Floor}\,[r, L_1, \underline{\underline{T}}', V] + \tfrac{L_2 - L_1}{L_3 - L_1}\text{Floor}\,[r, L_3, \underline{\underline{T}}', V]$$

Beweis

ad a)
Seien $t'_i \in \underline{\underline{T}} \cup \{t_N\}$ ein Auszahlungszeitpunkt und $\lambda \in]0, 1[$. Für den Cap mit Basislevel $L_2 = \lambda \cdot L_1 + (1 - \lambda) \cdot L_3$, wobei $L_1 < L_3$, ergibt sich in t'_i das folgende Auszahlungsprofil:

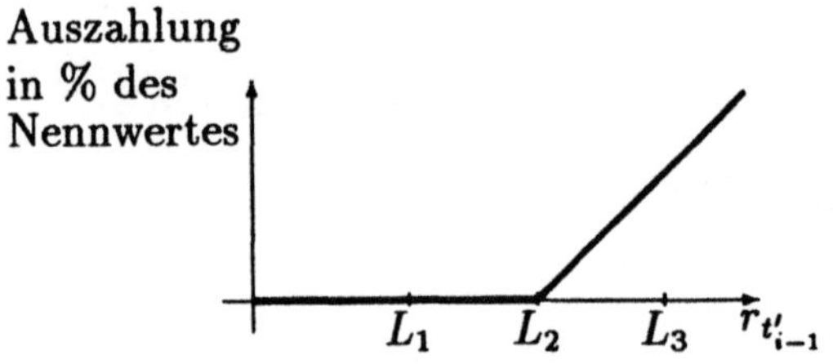

Wird hingegen das Portfolio $\lambda \cdot \text{Cap}\ [r, L_1, \underline{\underline{T}}', V] + (1-\lambda) \cdot \text{Cap}\ [r, L_3, \underline{\underline{T}}', V]$ betrachtet, so ist das Auszahlungsprofil gegeben durch:

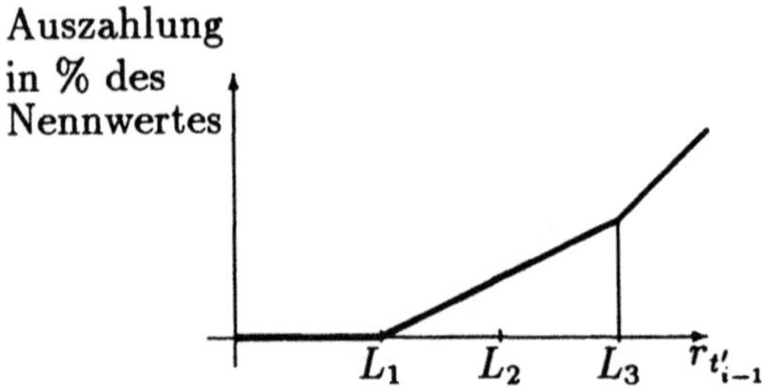

Das Portfolio dominiert demzufolge den einfachen Cap zu jedem Auszahlungszeitpunkt t'_i und aus der Arbitragefreiheit folgt:

$$\text{Cap}\ [r, L_2, \underline{\underline{T}}', V] \leq \lambda \text{Cap}\ [r, L_1, \underline{\underline{T}}', V] + (1-\lambda)\text{Cap}[r, L_3, \underline{\underline{T}}', V]$$

Für den Floor läßt sich die gleiche Argumentation anwenden und kann in der folgenden Skizze zusammengefaßt werden:

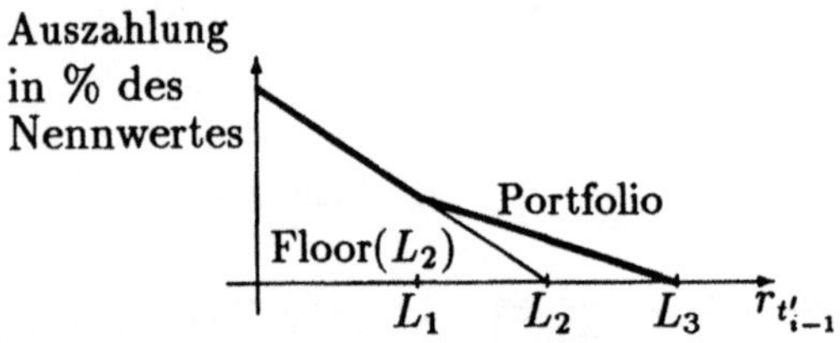

ad b)

Aus der Konvexität ergibt sich durch die Wahl $\lambda = \frac{L_3 - L_2}{L_3 - L_1}$ die Behauptung.

□

Proposition 3.3.6

Cap– und Floor–Verträge sind konvexe Funktionen im Zinssatz.

Beweis

(a) Sei $\lambda \in]0,1[$ eine konstante Zahl, so daß $r = \lambda \cdot r_1 + (1-\lambda)r_2$ und $r_1 < r_2$ für alle $t'_i \in \underline{\underline{T}}'$. Es wird das Portfolio

$$\begin{array}{rl} \text{kaufe} & \text{Cap } [r, L, \underline{\underline{T}}', V] \\ \text{verkaufe} & \lambda\text{Cap } [r_1, L, \underline{\underline{T}}', V] \\ \text{verkaufe} & (1-\lambda)\text{Cap } [r_2, L, \underline{\underline{T}}', V] \end{array}$$

betrachtet. Zu einem beliebigen Auszahlungszeitpunkt $t'_i \in \underline{\underline{T}}' \cup \{t_N\}$ läßt sich das Auszahlungsprofil des Portfolios durch die folgende Tabelle beschreiben:

t_0	Auszahlung in t'_i			
	$L \leq r_1^*$	$r_1^* < L \leq r^*$	$r^* < L \leq r_2^*$	$r_2^* < L$
kaufe Cap $[r]$ verkaufe λCap $[r_1]$ verkaufe $(1-\lambda)$Cap $[r_2]$	$V[r^* - L]$ $\lambda V[r_1^* - L]$ $-(1-\lambda)V[r_2^* - L]$	$V[r^* - L]$ 0 $-(1-\lambda)V[r_2^* - L]$	0 0 $-(1-\lambda)V[r_2^* - L]$	0 0 0
$\sum$	0	$V(r^* - L - (1-\lambda)r_2^*$ $+(1-\lambda)L)$ $= \lambda V[r_1^* - L] \leq 0$	< 0	0

Das Portfolio führt zu jedem Zeitpunkt t'_i zu einer nicht positiven Auszahlung. Unter der Bedingung der Arbitragefreiheit ist somit keine Investition zum Aufbau des Portfolios notwendig, d.h.

$$\text{Cap } [r, L, \underline{\underline{T}}', V] \leq \lambda \cdot \text{Cap } [r_1, L, \underline{\underline{T}}', V] + (1-\lambda)\text{Cap } [r_2, L, \underline{\underline{T}}', V]$$

(b) Unter den gleichen Annahmen wie in (a) gilt:

t_0	Auszahlung in t'_i			
	$L \leq r_1^*$	$r_1^* < L \leq r^*$	$r^* < L \leq r_2^*$	$r_2^* < L$
kaufe Floor $[r]$ verkaufe λFloor $[r_1]$ verkaufe $(1-\lambda)$Floor $[r_2]$	0 0 0	0 $-\lambda V[L - r_1^*]$ 0	$V[L - r^*]$ $-\lambda V[L - r_1^*]$ 0	$V[L - r^*]$ $-\lambda V[L - r_1^*]$ $-(1-\lambda)V[L - r_2^*]$
$\sum$	0	< 0	$= V(L - r^*) - \lambda VL$ $+\lambda V r_1^*$ $= (1-\lambda)V[L - r_2^*] \leq 0$	0

$$\Rightarrow \text{Floor } [r, L, \underline{\underline{T}}', V] \leq \lambda\text{Floor } [r_1, L, \underline{\underline{T}}', V] + (1-\lambda)\text{Floor } [r_1, L, \underline{\underline{T}}'V]$$

□

Entsprechend der Put–Call–Parität für Aktienoptionen kann eine Cap–Floor–Parität hergeleitet werden. Mit Hinblick auf die Modellierung des Zinssatzes als ein stochastischer Prozeß erfolgt die Verbindung von Cap– und Floor–Verträgen über einen Zinsswap[13]. Unter einem Zinsswap wird der Tausch (swap) der Zinsverbindlichkeiten verstanden, die sich aus einer Anleihe zu variablem und festem Zinssatz ergeben. Wird mit F der feste Zinssatz bezeichnet, so ist das Auszahlungsprofil eines Zinsswaps mit Nennwert V zu jedem Auszahlungszeitpunkt $t'_i \in \underline{\underline{T}}' \cup \{t_N\}$ gegeben durch

$$V[r_{t'_i} - F] \ . \tag{3.3.1}$$

Satz 3.3.1: Cap–Floor–Parität

Ein Cap entspricht einem Floor mit ansonsten gleichen Vertragseigenschaften und einem Zinsswap, wobei der feste Zinssatz F gleich dem Basislevel L der Zinssatzoptionen ist,

$$\text{Cap } [r, L, \underline{\underline{T}}', V] = \text{Floor } [r, L, \underline{\underline{T}}', V] + \text{Swap } [r, L, \underline{\underline{T}}', V] \ .$$

Beweis

Es wird das folgende Portfolio betrachtet:

$$\begin{array}{rl} \text{verkaufe} & \text{Cap } [r, L, \underline{\underline{T}}', V] \\ \text{kaufe} & \text{Floor } [r, L, \underline{\underline{T}}', V] \end{array}$$

[13]Vergleiche hierzu auch Wermuth, Ochynski (1987, S.187 ff). Für die Cap–Floor–Parität und im weiteren wird speziell der Zinsswap einer festen Verzinsung gegen eine variable Verzinsung betrachtet. Die umgekehrte Richtung des Zinsaustausches ist ebenso üblich, führt im Rahmen dieser Überlegungen jedoch nur zu einer Vorzeichenänderung.

Zu jedem Bewertungszeitpunkt $t'_i \in \underline{\underline{T}}' \cup \{t_N\}$ ist die Auszahlung des Portfolios gegeben durch

$$-V[r_{t'_i} - L]^+ + V[L - r_{t'_i}]^+ = V[r_{t'_i} - L] \ .$$

Die Auszahlung des Portfolios entspricht gerade derjenigen eines Zinsswaps mit den gleichen Vertragseigenschaften. Unter der Bedingung der Arbitragefreiheit stimmt somit der Preis des Portfolios mit dem des Swaps überein.

□

Unter Berücksichtigung der Cap–Floor Parität lassen sich die Bewertungsgrenzen für Caps und Floors (Proposition 3.3.3 und 3.3.4) präzisieren. Im einzelnen gilt:

Proposition 3.3.7

(a) Der Arbitragepreis eines Swap ist unabhängig von der Verteilungsannahme bestimmt durch:

$$\begin{aligned} \text{Swap} \quad & [r, L, \underline{\underline{T}}' = \{t'_1 < t'_2 < \ldots < t'_n\}, V] \\ & = V \cdot \left(1 - B_0(t_N) - L \sum_{i=1}^{n+1} B_0(t'_i)\right) \end{aligned}$$

wobei $t'_{n+1} = \Delta t + t'_n = t_N$.

(b) Für die Verteilungsunabhängigen Wertgrenzen eines Cap, Floor und Collar gilt:

$$\begin{aligned} \max\{0, \text{Swap}[r, L, \underline{\underline{T}}', V]\} &\leq \text{Cap}[r, L, \underline{\underline{T}}', V] &&\leq V[1 - B_0(t_N)] \\ \max\{0, -\text{Swap}[r, L, \underline{\underline{T}}', V]\} &\leq \text{Floor}[r, L, \underline{\underline{T}}', V] &&\leq V \cdot L \textstyle\sum_{i=1}^{n+1} B_0(t'_i) \\ \text{Swap}[r, \overline{L}, \underline{\underline{T}}', V] &\leq \text{Cap}[r, L_1, \underline{\underline{T}}', V] &&- \text{Floor}[r, L_2, \underline{\underline{T}}', V] \\ &\leq \text{Swap}[r, \underline{L}, \underline{\underline{T}}', V] \end{aligned}$$

wobei $\overline{L} = \max\{L_1, L_2\}$, $\underline{L} = \min\{L_1, L_2\}$.

Beweis

ad a)
Eine einfache Portfoliostrategie, den Auszahlungsstrom eines Swap zu duplizieren, kann gebildet werden durch den Verkauf einer Kuponanleihe mit Nennwert V und Kuponzahlungen L zu den Zeitpunkten $t'_i \in \underline{\underline{T}}' \cup \{t_{n+1}\}$ und gleichzeitiger Anlage des Nennwertes V zum kurzfristigen Zinssatz. Zu jedem

Zeitpunkt $t'_i \in \underline{\underline{T}}'$ ergibt sich für die Portfoliostrategie ein Auszahlungsstrom von

$$V(1 + r_{t'_{i-1}}) - V \cdot L = V[r_{t'_{i-1}} - L] + V \quad t'_i \in \underline{\underline{T}}' \ .$$

Der Nennwert V wird wiederum kurzfristig angelegt, und zum Zeitpunkt $t'_{n+1} = t_N$ ergibt sich

$$\begin{aligned} V(1 + r_{t'_n}) - V(1 + L) &= V(r_{t'_n} - L) \\ \Rightarrow \text{Swap}[r, L, \underline{\underline{T}}', V] &= V - V \cdot L \sum_{i=1}^{n} B_0(t'_i) - V(1 + L)B_0(t'_{n+1}) \\ &= V\left[1 - B(t_N) \cdot L \sum_{i=1}^{n+1} B_0(t'_i)\right] \ . \end{aligned}$$

ad b)

Die Aussagen für den Cap ergeben sich aus Proposition 3.3.3 . Die Auszahlung des Floor zu einem Zeitpunkt $t'_i \in \underline{\underline{T}}' \cup \{t_N\}$ ist gegeben durch:

$$[L - r_{t'_{i-1}}]^+ \geq L - r_{t'_{i-1}} = -[r_{t'_{i-1}} - L].$$

Mit Proposition 3.3.4 folgen hieraus die Bewertungsgrenzen für den Floor. Seien $0 < L_2 < L_1$, so ergibt sich für die Auszahlung eines Collar:

$$\begin{aligned} r_{t'_{i-1}} - L_1 &\leq [r_{t'_{i-1}} - L_1]^+ - [L_2 - r_{t'_{i-1}}]^+ \\ &\leq r_{t'_{i-1}} - L_2 \qquad \forall t'_i \in \underline{\underline{T}}' \cup \{t_N\} \end{aligned}$$

□

4 Bewertungsmodelle für Rentenoptionen

Die Bewertung von Cap- und Floor-Verträgen orientiert sich entsprechend (3.1.7) an der Darstellung als Portfolio aus Verkauf– bzw. Kaufoptionen:

$$\begin{aligned}\text{Cap}\left[r, L, \underline{\underline{T}}' = \{t'_1, \ldots, t'_n\}, 1\right] &= \sum_{i=0}^{n-1} \text{Put}_E\left[\frac{1+L}{1+r}, 1, t'_i\right] \\ &= \sum_{i=0}^{n-1} \text{Put}_E\left[(1+L)B_0(t'_{i+1}), 1, t'_i\right] \quad ,\end{aligned}$$

bzw.

$$\begin{aligned}\text{Floor}\left[r, L, \underline{\underline{T}}' = \{t'_1, \ldots, t'_n\}, 1\right] &= \sum_{i=0}^{n-1} \text{Call}_E\left[\frac{1+L}{1+r}, 1, t'_i\right] \\ &= \sum_{i=0}^{n-1} \text{Call}_E\left[(1+L)B_0(t'_{i+1}), 1, t'_i\right] \quad .\end{aligned}$$

Sind zum Zeitpunkt t_0 die Preise der Kauf– und Verkaufoptionen gegeben und besteht keine Arbitragemöglichkeit, so ist der Arbitragepreis des Cap– bzw. Floor-Vertrages durch den Preis des Portfolios eindeutig gegeben. Typischerweise kann jedoch von einer solchen Situation nicht ausgegangen werden. Es stellt sich somit die Frage nach der Anwendbarkeit der von der Optionsbewertungstheorie entwickelten Methode der dynamischen Verdoppelung auf die genannten Verträge. Grundsätzlich werden durch die obige Darstellung zwei mögliche Ansatzpunkte nahegelegt:

- Die erste Darstellung verdeutlicht den bestimmenden Einfluß des Prozesses des kurzfristigen Zinssatzes für die Bewertung.

  Wird ein solcher Prozeß als exogen vorgegeben angesehen, so wird von einer zinsorientierten Betrachtungsweise gesprochen. Es wird dabei unterstellt, daß der Zinssatz die bestimmende Variable des Modells ist. Die Kursprozesse der Anleihen ergeben sich aus dem exogenen Prozeß des Zinssatzes, entweder als Lösung einer Nutzenmaximierung oder im Gleichgewicht unter Berücksichtigung der lokalen Erwartungswerthypothese.

- Der zweite mögliche Ansatzpunkt unterstreicht die Bedeutung der Anleihenprozesse. Ausgangspunkt dieser kursorientierten Betrachtungsweise sind exogen vorgegebene Kursprozesse für Nullkuponanleihen, aus denen die Bewertung der entsprechenden Rentenoptionen dynamisch hergeleitet wird.

Die vorhandene Literatur gliedert sich gemäß der beiden skizzierten Ansätze, wobei zusätzlich eine Unterscheidung zwischen einer diskreten und einer stetigen Vorstellung der Zeitstruktur gemacht werden muß. Eine sicher nicht vollständige Übersicht der wichtigsten Arbeiten zu diesem Themenbereich wird in Tabelle 4.1 gegeben.

Tabelle 4.1: Grobe Übersicht der vorhandenen Literatur

		stetige Modelle		diskrete Modelle
kursorientierte Modelle	4.1	Ball, Torous (1983) Bühler (1987) Finucane (1987) Schaefer, Schwartz (1987) Schöbel (1987) Bühler, Käsler (1989) Kenna, Munnik, Vorst (1989) Locarek, Reißner (1990)	4.2	Pitts (1985)
zinsorientierte Modelle	4.3	Brennan, Schwartz (1979, 1982) Cox, Ingersoll, Ross (1979, 1981a, 1985b) Courtadon (1982)	4.4	Rendleman, Bartter (1980) Ho, Lee (1986) Ball (1989)
	4.5	Heath, Jarrow, Morton (1987) Artzner, Delbaen (1988) Carverhill (1988, 1989)		

In den nachfolgenden Abschnitten sollen kurz die bekannten Ansätze dargestellt und mit Rücksicht auf die Bewertung von Cap – und Floor – Verträgen diskutiert werden. Die Gliederung entspricht der in Tabelle 4.1 angegebenen Reihenfolge[14].

4.1 Stetige kursorientierte Modelle

4.1.1 Zugrundeliegende Vorstellung, Konzeption

Der Wert, Kurs einer Anleihe zu einem festen Zeitpunkt wird als eine von vielen Faktoren abhängige Variable aufgefaßt. Dabei handelt es sich zum einen um feste Faktoren wie die Laufzeit oder gegebenenfalls um die Höhe der Kuponzahlungen, zum anderen aber auch um sich verändernde Faktoren wie z.B. die Zinserwartung, die Inflationserwartung, die Wachstumserwartung der gesamtem Wirtschaft, das Bonitätsrisiko, die Haushaltssituation etc. Die Auflistung ließe sich noch beliebig fortsetzen.

[14] Die nachfolgende Diskussion wird sich ausschließlich auf die Darstellung der unterschiedlichen Kursprozesse konzentrieren. Für die Bewertung von Zinssatzoptionen kommt der Frage der Duplizierung von Rentenoptionen durch eine selbstfinanzierende Strategie eine untergeordnete Bedeutung zu. Die grundlegende Struktur der dynamischen Portfoliostrategie geht auf Merton (1973) zurück, vergleiche auch Schöbel (1987). Kapitel 6 dient der Herleitung für den Fall von Zinssatzoptionen.

Darüberhinaus sind die Faktoren eng miteinander verbunden, so daß keine noch so genaue Lupe, durch die die Welt betrachtet wird, letztendlich Sicherheit über die Kursentwicklung einer Anleihe gibt. Erklärungen, die den gestrigen Wert einer Anleihe zu rechtfertigen scheinen, erweisen sich oftmals als unzulänglich, um den heutigen oder zukünftigen Kurs zu bestimmen. Der Kurs einer Anleihe muß somit letzlich als eine vom Zufall beeinflußte Größe aufgefaßt werden.

Dies ist keine Kapitulation vor der Wirklichkeit, sondern die Erkenntnis, daß es kein Betrachtungs- und Erklärungsinstrumentarium gibt, das uns zu absoluter Sicherheit verhelfen kann. Es bedeutet jedoch nicht, daß es keine Erklärungsmodelle gibt, die es ermöglichen, die Auswirkung des Zufalls einzugrenzen. Der erste Schritt ist somit die Beschreibung der Kursentwicklung einer Anleihe als ein stochastischer Prozeß.

Seien $[0,T]$ das relevante Zeitintervall und $B_t(T)$ der Kurs einer Nullkuponanleihe mit Restlaufzeit $T-t$ und Nennwert 1 zum Zeitpunkt $t \in [0,T]$. Wird das Bonitätsrisiko vernachlässigt, so ergibt dies zum Zeitpunkt $t = T$ die Festsetzung $B_T(T) = 1$. Weiter sei $(\Omega, \Im, P)$ ein Wahrscheinlichkeitsraum, wobei Ω die Menge aller Zustände der Welt und $\Im$ die zugehörige σ- Algebra bezeichnen. Für jedes $t \in [0,T]$ sei $B_t(T)$ eine nicht negative Zufallsvariable, d.h.

$$B_t(T) \;:\; \Omega \longrightarrow \mathbb{R}_{\geq 0} \text{ mit } B_t(T) \text{ ist } (\Omega, \Im) - (\mathbb{R}_{\geq 0}, \mathcal{L}) \text{ meßbar.}$$

Die Familie der Zufallsvariablen $\{B_t(T)\}_{t\in[0,T]}$ auf $(\Omega, \Im, P)$ heißt dann ein stochastischer Prozeß.

Die erste einschränkende Vorstellung über die Kursentwicklung ist die Stetigkeit der Pfade, d.h. für jedes feste $\omega \in \Omega$, dessen Eintreten eine positive Wahrscheinlichkeit besitzt, ist die Preisentwicklung eine in der Zeit stetige Funktion. Wird von einer Filtration $\{\Im_t\}_t$ der Information ausgegangen und der stochastische Prozeß $\{B_t(T)\}_t$ als adaptiert angesehen, so beschreibt die Stetigkeit einen Aspekt der Reflektion von Information im Kurs. Formal bedeutet dies, für fast alle $\omega \in \Omega$ und für jeden Zeitpunkt $t \in [0,T]$ gibt es zu jeder Schranke $\varepsilon > 0$ eine Zahl $\delta = \delta(\varepsilon, t, \omega) > 0$, so daß

$$\left| B_t(T,\omega) - B_s(T,\omega) \right| < \varepsilon \qquad \text{für alle } |t-s| < \delta, \quad s \in [0,T] \;.$$

Zur Diskussion der weiteren Vorstellung über die Preisentwicklung ist es sinnvoll, die folgende Diskretisierung zu betrachten:

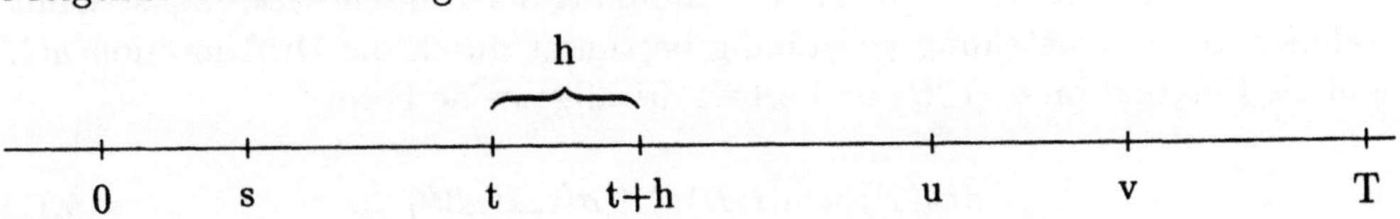

Desweiteren wird davon ausgegangen, daß der Preisprozeß die Markov–Eigenschaft besitzt, d.h.

$$P\Big[B_u(T) \in A | B_s(T) \quad \forall s \leq t\Big] = P\Big[B_u(T) \in A | B_t(T)\Big] \qquad \forall A \in \Im \ .$$

Eng verbunden mit der Markov–Eigenschaft ist die stochastische Unabhängigkeit der Zuwächse, die hier jedoch als eigenständige Vorstellung erwähnt wird.

Die nachfolgenden beiden Eigenschaften sind nun wesentlich für die Beschreibung der Kursentwicklung. Wurde bis jetzt nur eine sprunghafte Kursentwicklung ausgeschlossen und die Unabhängigkeit der Kursentwicklung von der Vergangenheit, falls die Gegenwart bekannt ist, gefordert, so wird durch das folgende die Richtung und die Abweichung der Kursentwicklung festgelegt. Werden die erwarteten Zuwächse des Kursprozesses $\{B_t(T)\}_{t\in[0,T]}$ betrachtet und sei der Kurs zum Zeitpunkt t bekannt, so wird gefordert, daß der erwartete Zuwachs bis zum Zeitpunkt $u > t$ annähernd proportional zur Zeit ist, d.h.

$$E_t\Big[B_u(T) - B_t(T) | B_t(T)\Big] = \mu(t,B)(u-t) + o(u-t) \ . \qquad (4.1.1.1)$$

$\mu(t,B)$ bezeichnet dann den Drift der Kursänderung unter der Voraussetzung, daß $B_t(T)$ bekannt ist. Für die Stärke der Fluktuation der Zuwächse wird entsprechend gefordert

$$E_t\Big[\Big(B_u(T) - B_t(T)\Big)^2 | B_t(T)\Big] = \sigma^2(t,B)(u-t) + o(u-t) \ . \qquad (4.1.1.2)$$

Ein Prozeß, der diesen Vorstellungen genügt, heißt Diffussionsprozeß. Die vom mathematischen Standpunkt entscheidende Eigenschaft der Diffussionsprozesse ist, daß ihre Übergangswahrscheinlichkeiten

$$P\Big[B_t(T) \in A | B_s(T) = b_0\Big] \qquad A \in \Im$$

unter gewissen Regularitätsvoraussetzungen (vgl. Fußnote 9) bereits durch die alleinige Vorgabe des Drifts und der Fluktuation eindeutig bestimmt sind. Das stochastische Grundmodell für die Beschreibung der Preisentwicklung ist somit im Rahmen dieser Vorstellung vollständig bestimmt durch die Driftfunktion $\mu(t,B)$ und die Fluktuation $\sigma^2(t,B)$ und erhält die allgemeine Form[15]

$$dB_t(T) = \mu(t,B)dt + \sigma(t,B)dW_t \ . \qquad (4.1.1.3)$$

[15]Zur Theorie der stochastischen Differentialgleichungen vergleiche Arnold (1973), Gihman, Skorohod (1972), Karlin, Taylor (1981) oder McKean (1969)

4.1.2 Die direkte kursorientierte Modellierung

Der ursprüngliche Ansatz zur Bewertung von Aktienoptionen geht auf Black und Scholes (1973) zurück. Ihr Ansatzpunkt ist die Modellierung der Preisentwicklung des Aktienkurses mittels einer geometrischen Brown'schen Bewegung mit konstantem Drift und konstanter Fluktuation. Darüberhinaus wird der Zinssatz für den interessierenden Bewertungszeitraum der Option als konstant angenommen, so daß das Modell durch die folgenden Differentialgleichungen gegeben ist:

$$\begin{aligned} \frac{dS}{S} &= \mu dt + \sigma dW \qquad S_{t_0} := S_0 \\ \frac{dB}{B} &= r dt \quad . \end{aligned} \tag{4.1.2.1}$$

Aus dem Black-Scholes Modell (4.1.2.1) leitet sich der Arbitragepreis einer europäischen Kaufoption bezüglich der Aktie S mit Basispreis E und Restlaufzeit $T - t$ her zu:

$$\begin{aligned} \mathrm{Call}_E[S, E, r, T-t] &= SN(d_1) - E \cdot e^{-r(T-t)} N(d_2) \\ d_1 &:= \frac{\log\left[\frac{S}{E \cdot e^{-r(T-t)}}\right] + \frac{1}{2}\sigma^2(T-t)}{\sigma\sqrt{T-t}} \quad , \\ d_2 &:= d_1 - \sigma\sqrt{T-t} \quad . \end{aligned} \tag{4.1.2.2}$$

wobei N die standardisierte Normalverteilung bezeichnet. Entsprechend dem Ansatz (4.1.2.1) wird der Ertrag der Aktie als eine lognormalverteilte Zufallsvariable mit konstanten Parametern μ und σ aufgefaßt. Die logarithmische Transformation stellt sicher, daß die gesamte Wahrscheinlichkeitsmasse sich auf der positiven Halbachse befindet, d.h. alle Pfade des betrachteten Prozesses im positiven Quadranten liegen.

Begründet durch die spezifischen Eigenschaften von Anleihen, ist die Black–Scholes–Modellierung (4.1.2.1) nicht direkt anwendbar auf die Bewertung von Rentenoptionen. Verantwortlich hierfür sind im wesentlichen die folgenden drei anleihenspezifischen Eigenschaften:

1. Im allgemeinen besitzen Anleihen eine feste Laufzeit und der Kurs am Fälligkeitstermin ist durch den Nennwert eindeutig festgelegt.

2. Wird eine positive Zinsstruktur während der gesamten Laufzeit unterstellt, so bildet der Nennwert plus gegebenenfalls die Summe der zukünftigen Kuponzahlungen eine obere Wertgrenze für den Anleihenkurs.

3. Eine weitere Wertgrenze für Anleihen ergibt sich aus dem Verhältnis der Anleihen unterschiedlicher Laufzeit zueinander. Unter der Annahme der Arbitragefreiheit bedeutet dies für die Kursprozesse der Nullkuponanleihen, daß

der Kurs einer langlaufenden zu keinem Zeitpunkt über dem einer kurzlaufenden liegt.

Der erste entscheidende Ansatz zur teilweisen Berücksichtigung des obigen Anforderungskatalogs (insbesondere Punkt 1) geht auf die Arbeit von Ball und Torous (1983) zurück. Analog den Überlegungen des Aktienkursprozesses betrachten Ball und Torous den logarithmierten Ertrag einer Nullkuponanleihe. Dieser setzt sich zusammen aus einer Richtungskomponente, der logarithmierten Rendite und einer Brownschen Brücke[16] , d.h.

$$\log \frac{B_t(T)}{B_0(T)} = -\frac{t}{T} \log B_0(T) + \eta(t,T) \qquad t \in [0,T] \tag{4.1.2.3}$$

$$\text{wobei} \qquad d\eta(t,T) = -\frac{\eta(t,T)}{T-t} dt + \sigma dW \qquad \sigma > 0 \ .$$

Die stochastische Differentialgleichung für den Preisprozeß einer Nullkuponanleihe mit Endfälligkeit T erhält somit die Form:

$$\frac{dB_t(T)}{B_t(T)} = \left(\mu(T) + \frac{1}{2}\sigma^2 + \frac{\log\left(\frac{B_0(T)}{B_t(T)}\right) + t\mu(T)}{T-t} \right) dt + \sigma dW \tag{4.1.2.4}$$

$$\text{wobei } \mu(T) = -\frac{1}{T} \log\Big(B_0(T)\Big) \ .$$

Die Beschreibung über eine Brownsche Brücke anstelle einer geometrischen Brown'schen Bewegung sichert, daß der Anleihenkurs am Ende der Laufzeit den Nennwert 1 annimmt. Somit genügt die Modellierung der Anforderung 1, die unter Vernachlässigung des Bonitätsrisikos gestellt werden muß. Ein typischer Verlauf der logarithmierten Gesamtrendite einer Nullkuponanleihe wird in Abbildung 4.1.2.1 gegeben.

Der entscheidende Vorteil der Ball–Torous Modellierung ist die Einhaltung der Wertgrenze am Ende der Laufzeit. Dies wird gesichert durch die entsprechende Formulierung des Driftterms der Differentialgleichung (4.1.2.3). Andererseits ist jedoch damit nicht ausgeschlossen, daß der Kurs der Anleihe den Nennwert übersteigt, so daß sich negative Zinssätze ergeben. Wird von mehreren Nullkuponanleihen ausgegangen, deren Differentialgleichungen durch die Form (4.1.2.3) mit unterschiedlichen Endfälligkeiten T gegeben sind, so ist diese Struktur nicht arbitragefrei, da die entsprechenden Bedingungen über das Verhältnis der Anleihenkurse zueinander nicht erfüllt sind.

Der Arbitragepreis einer europäischen Rentenoption mit Laufzeit $\tau < T$ über der Nullkuponanleihe $B(T)$ ergibt sich durch eine dynamische Portfoliostrategie (vergl.

[16]Zur Definition einer Brown'schen Brücke vergleiche insbes. Karlin u. Taylor (1981)

Merton (1973) oder Schöbel (1987)). Entsprechend der Ball–Torous Modellierung

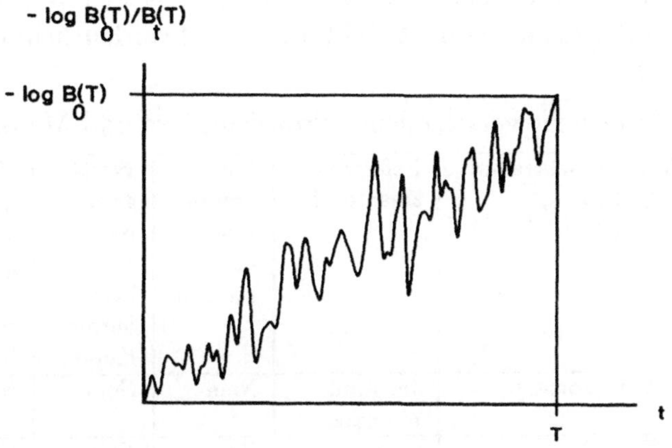

Abbildung 4.1.2.1: Verlauf der logarithmierten Rendite gemäß Ball u. Torous.

genügen die Kursprozesse der Nullkuponanleihen $B(\tau)$ und $B(T)$ der Differentialgleichung (4.1.2.4). Für einen europäischen Call ist der Arbitragepreis zum Zeitpunkt $t < \tau < T$ somit gegeben durch:

$$\begin{aligned} \text{Call}_E[B_t(T), E, \tau] &= B_t(T)N(d_1) - E \cdot B_t(\tau)N(d_2) \\ d_1 &:= \frac{\log\left[\frac{B_t(T)}{E \cdot B_t(\tau)}\right] + \frac{1}{2}v^2(\tau - t)}{v(\tau - t)} \\ d_2 &:= d_1 - v\sqrt{\tau - t} \\ v^2 &:= \sigma_\tau^2 + \sigma_T^2 - 2\rho\sigma_T\sigma_\tau \end{aligned} \tag{4.1.2.5}$$

wobei σ_T und σ_τ die Volatilität der Nullkuponanleihen mit Endfälligkeit T bzw. τ und ρ mit $E[dW_t(T)dW_t(\tau)]$ den momentanen Korrelationskoeffizienten bezeichnen.

Die Bewertung von Rentenoptionen mittels einer dynamischen Strategie aus den Kursprozessen zweier Nullkuponanleihen zeigt, daß deren Arbitragepreis unabhängig vom Drift ist, hingegen kommt der momentanen Varianz $V[\frac{dB_t}{B_t}/B_t]$ eine entscheidende Bedeutung zu. Die Ball–Torous–Modellierung nimmt die momentane Varianz σ^2 der prozentualen Änderung des Anleihenprozesses $B(T)$ als konstant an. Für den logarithmierten Ertrag bedeutet dies, daß dessen Schwankung kurz vor dem Verfallsdatum unbeschränkt ist. Dies scheint zumindest aus empirischer Sicht keine wünschenswerte Eigenschaft zu sein.

Die Grundidee der Modellierung von Ball und Torous, die Einbindung eines Brown'schen Brückenprozesses, ist von einer Reihe von Autoren aufgegriffen worden. Im Mittelpunkt der Diskussion steht dabei aus dem obigen Grund die Formulierung der Fluktuation, d.h. der momentanen Varianz.

Die nachfolgende Übersicht stellt die verschiedenen Ansätze dar, wobei das Verhalten der Preisprozesse bezüglich der anleihenspezifischen Wertgrenzen (entsprechend 1.–3.) charakterisiert wird. Abbildung 4.1.2.2 verdeutlicht die verschiedenen Ansätze graphisch.

Tabelle 4.1.2.1: Übersicht verschiedener Prozeßansätze und Modelleigenschaften

	Momentanstreuung $\sqrt{V\left[\frac{dB_t}{B_t}\middle\vert B_t\right]}$	Referenzzinsprozeß	Wertgrenze: Ende der Laufzeit	Wertgrenze: Nennwert bzw. Summe Kupon	Wertgrenze gegenüber Referenzbond[16]	Geschlossene Lösung für Rentenoptionen
Black, Scholes (Aktie)	$\sigma > 0$ (konst.)	konstant Zinssatz	Nein	Nein	Nein	Ja
Black, Scholes (modifiziert, Anleihe)	$\sigma(T-t)$	konstant Zinssatz	Nein	Nein	Nein	Ja
Ball, Torous	σ	stoch. Anleihe	Ja	Nein	Nein	Ja
Bühler[17 18]	$k \cdot D\left(B_t(T),t\right) \frac{B_{Max}(T)-B_t(T)}{B_{Max}(T)-RZK+\delta}$	konstant Zinssatz	Ja	Ja	Nein	Nein
Finucane	σ	konstant Zinssatz	Ja	Nein	Nein	Nein
Schaefer, Schwartz[17]	$kB_t(T)^{\alpha-1} D\left(B_t(T),t\right)$	konstant Zinssatz	Ja	Nein	Nein	Nein
Schöbel	σ	stoch. Anleihe	Ja	Nein	Ja	Ja
Bühler-Käsler[18]	$\sigma\frac{B_{Max}(T)-B_t(T)}{\text{Nennwert}}$	stoch. Anleihe	Ja	Ja	Ja	Ja
Kemna, Munnik, Vorst	$\sigma(T-t)$	stoch. Anleihe	Ja	Nein	Nein	Ja
Locarek, Reißner	σ	stoch. Anleihe	Ja	Nein	Ja	Ja

[16]Die Einhaltung der Wertgrenze bezieht sich nur auf den entsprechenden Referenzbond, so daß von einer konsistenten Zinsstruktur im allg. nicht gesprochen werden kann.

[17]Die Arbeiten von Schaefer, Schwartz (1987) und Bühler (1987) berücksichtigen die Duration $D(B_t(T),t)$ als Risikomaß; vergleiche hierzu insbesondere Cox, Ingersoll und Ross (1979). Für Nullkuponanleihen entspricht $D(B_t(T),t)$ der Restlaufzeit T-t, so daß der Schaefer–Schwartz Ansatz eine Verallgemeinerung der modifizierten Black–Scholes Formulierung darstellt.

[18]Die Formulierung von Bühler (1987) und Bühler–Käsler (1989) beinhaltet explizit die entsprechenden Wertgrenzen einer Anleihe während der Laufzeit. Dabei bezeichnen $B_{Max}(T)$ die maximale Obergrenze und RZK den Rückzahlungskurs. Für Kuponanleihen können beide Werte als Funktionen der Zeit aufgefaßt werden.

Aus Tabelle 4.1.2.1 kann entnommen werden, daß mit Hinblick auf ein Zinsstrukturmodell die Modellierungen von Schöbel (1987) sowie Bühler und Käsler (1989) und Locarek und Reißner (1990) von Interesse sind.

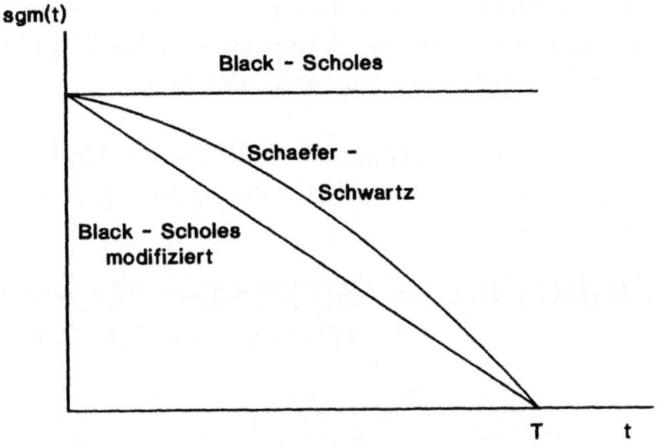

Abbildung 4.1.2.2: Schematischer Verlauf der Momentanstreuung gemäß Tabelle 4.1.2.1.

Schöbel geht von je einem stochastischen Prozeß für die Kursentwicklung einer Nullkuponanleihe mit Endfälligkeit T bzw. $\tau < T$ aus. Ziel seiner Arbeit ist die Bewertung europäischer Rentenoptionen mit Verfallsdatum τ über der langlaufenden Anleihe $B(T)$. Handelt es sich um eine Kaufoption mit Basispreis $E \leq 1$, so ergibt sich aufgrund einfacher Dominanzüberlegungen die folgende Abschätzung für die Option:

$$B_t(T) \leq \text{Call}_E\Big[B_t(T), E, \tau\Big] + EB_t(\tau) \leq B_t(\tau) \quad . \qquad (4.1.2.6)$$

Für die Rentenoption läßt sich (4.1.2.6) auch dynamisch interpretieren, so daß zu jedem Zeitpunkt $t \in [0, \tau]$ gilt:

$$\begin{aligned} \text{Call}_E[B_t(T), E, \tau] &\geq B_t(T) - EB_t(\tau) \\ \text{Call}_E[B_t(T), E, \tau] &\leq B_t(\tau)(1 - E) \quad . \end{aligned} \qquad (4.1.2.7)$$

Wird von der Situation $B_{t'}(T) = B_{t'}(\tau)$ für <u>ein</u> $t' \in [0, \tau]$ ausgegangen, so folgt aus (4.1.2.7) die für Schöbel entscheidende Randbedingung für die Bewertung der Rentenoption

$$\text{Call}_E[B_{t'}(T) = B_{t'}(\tau), E, \tau] = B_{t'}(\tau)(1 - E) \quad . \qquad (4.1.2.8)$$

Für die Bewertung der Rentenoption zieht Schöbel daraus den folgenden Schluß (S. 35)

> "Insbesondere gilt dieser Wert für $C(D, D, t)$ (Anmerkung: $\text{Call}_E[B_{t'}(T) = B_{t'}(\tau), E, \tau]$) unabhängig davon, ob B nach Erreichen des Randes $B = D$ diesen wieder verlassen kann (= "reflecting boundary") oder dort verbleibt (= "absorbing boundary"). Mit anderen Worten, wir benötigen keine Hypothese darüber, ob die forward-rate für die Zeitspanne von τ bis τ_B (Anmerkung: τ bis T), einmal zu Null geworden, wieder positiv werden kann oder nicht."

Schöbel verbessert somit das ursprüngliche Ball–Torous–Modell durch die zusätzliche Randbedingung (4.1.2.8) und erhält für den Arbitragepreis eines europäischen Call:

$$\begin{aligned} \text{Call}_E[B_t(T), E, \tau] &= B_t(T)N(d_1) - EB_t(\tau)N(d_2) \\ &\quad + B_t(\tau)N(d_3) - EB_t(T)N(d_4) \quad , \end{aligned} \tag{4.1.2.9}$$

wobei

$$\begin{aligned} d_1 &:= \frac{\log\left[\frac{B_t(T)}{EB_t(\tau)}\right] + \frac{1}{2}v^2(\tau - t)}{v\sqrt{\tau - t}} \\ d_2 &:= d_1 - v\sqrt{\tau - t} \\ d_3 &:= \frac{\log\left[\frac{B_t(T)\cdot E}{B_t(\tau)}\right] - \frac{1}{2}v^2(\tau - t)}{v\sqrt{\tau - t}} \\ d_4 &:= d_3 + v(\tau - t) \\ v^2 &:= \sigma_T^2 + \sigma_\tau^2 - 2\rho\sigma_T\sigma_\tau \quad . \end{aligned}$$

Zum Verständnis der Argumentation von Schöbel tragen wesentlich die Arbeiten von Locarek und Reißner (1990) sowie Sondermann (1986a) bei. Sondermann betrachtet im Rahmen der Bewertung von Aktienoptionen den Fall, daß subjektive obere und untere Wertschranken für den Aktienkursprozeß vorliegen. Der zugrundeliegende Kursprozeß besitzt weder eine absorbierende noch eine reflektierende Schranke, sondern wird durch eine geometrische Brown'sche Bewegung beschrieben. Realisationen des Aktienkursprozesses, die außerhalb der Wertgrenzen liegen, bzw. diese erreichen, werden jedoch von den Marktteilnehmern als unmöglich angesehen. Unter Berücksichtigung der oberen und unteren subjektiven Wertgrenze leitet Sondermann eine selbstfinanzierende Portfoliostrategie ab, die die Auszahlung einer europäischen Aktienoption dupliziert. Darüberhinaus zeigt Sondermann, daß eine eindeutig bestimmte Wahrscheinlichkeitsverteilung existiert, so daß die diskontierte erwartete Auszahlung der Option unter diesem Maß mit dem Initialwert der selbstfinanzierenden Portfoliostrategie übereinstimmt. Mathematisch zeigt sich, daß der an den Wertgrenzen absorbierte, diskontierte Aktienkursprozeß ein Martingal bzgl. diesem Maß ist. Entscheidend ist jedoch nicht diese mathematische Eigenschaft, sondern die a priori Einschätzung, daß die subjektiven Wertgrenzen nicht erreicht werden. Im Sinne der Untersuchungen von Harrison und Kreps (1979, vgl. auch Kapitel 2) werden durch die Wertgrenzen die Nullmengen beschrieben.

Locarek und Reißner (1990) übertragen die Überlegungen von Sondermann auf die Bewertung von Rentenoptionen und tragen somit wesentlich zu einem besseren Verständnis der Argumentation von Schöbel bei. Die obere Wertgrenze für die langlaufende Nullkuponanleihe $B_0(T)$ ergibt sich in natürlicher Weise durch die kurzlaufende Nullkuponanleihe $B_0(\tau)$, mit $\tau < T$. Für die Interpretation von Schöbel bedeutet dies, daß Realisationen der langlaufenden Nullkuponanleihe oberhalb der kurzlaufenden als unmöglich angesehen werden. Dies definiert einen Teil der Nullmengen, in denen somit negative Terminzinsen enthalten sind. Entsprechend der Bemerkung von Schöbel ist es demzufolge auch unerheblich für die Bewertung einer Rentenoption, ob der Kursprozeß der langfristigen Nullkpuonanleihe eine reflektierende oder absorbierende Schranke besitzt. In der gedanklichen Grenzsituation, daß beide Kurse der Nullkuponanleihen übereinstimmen, ergibt sich aus Arbitrageüberlegungen die Randbedingung (4.1.2.8) für die Rentenoption. Analog zu den Überlegungen bzgl. einer oberen Wertgrenze führen Locarek und Reißner eine untere Wertgrenze für die Kursentwicklung der langfristigen Nullkuponanleihe ein. Der Grundgedanke hierfür ist, daß die Kursentwicklung der langfristigen Nullkuponanleihe nicht beliebig unter der der kurzfristigen liegen kann oder äquivalent hierzu, daß der Terminzinssatz, der sich aus dem Quotienten der beiden Prozesse ergibt, nach oben beschränkt ist. Die untere Wertgrenze m des langfristigen Kursprozesses wird entsprechend definiert durch:

$$m = B(\tau)^{k \cdot \frac{T}{\tau}} \tag{4.1.2.10}$$

wobei $k > 0$ konstant ist. Wiederum wird durch m eine subjektive Wertgrenze definiert, deren Erreichen als unmöglich angesehen wird, und die somit in die Beschreibung der Nullmengen des zugehörigen Wahrscheinlichkeitsraumes eingeht. Für die Bewertung einer europäischen Call–Option ergibt sich unter Berücksichtigung dieser beiden Wertgrenzen die folgende Gleichung:

$$\begin{aligned} \text{Call}_E[B_t(T), E, \tau] &= B_t(T)N(d_1) - B_t(\tau)\cdot E\cdot N(d_2) \\ &\quad + B_t(\tau)N(d_3) - B_t(T)\cdot E\cdot N(d_4) \\ &\quad + B_t(T)B_t(\tau)\cdot E\cdot N(d_5)/m \ - m\cdot N(d_6) \end{aligned} \tag{4.1.2.11}$$

wobei $t < \tau < T$; d_1, d_2, d_3, d_4 entsprechend (4.1.2.9) definiert sind und

$$\begin{aligned} d_5 &:= \frac{\log\left[\frac{m^2}{E\cdot B_t(T)\cdot B_t(\tau)}\right] - \frac{1}{2}v^2(\tau - t)}{v\sqrt{\tau - t}} \\ d_6 &:= d_5 + \frac{1}{2}v\sqrt{\tau - t} \\ v^2 &:= \sigma_T^2 + \sigma_\tau - 2\rho\sigma_T\sigma_\tau \ . \end{aligned}$$

Die entsprechenden Bewertungsgleichungen für eine europäische Put–Option ergeben sich direkt über die Put–Call–Parität

$$\text{Put}_E[B_t(T), E, \tau] = \text{Call}_E[B_t(T), E, \tau] - B_t(T) + B_t(\tau) \cdot E \quad .$$

Die Bewertungsformel für eine Rentenoption gemäß Locarek und Reißner (4.1.2.11) verletzt jedoch die Arbitragebedingungen (4.1.2.7) und (4.1.2.8), falls die untere Schranke m zu groß gewählt wird, bzw. die Kurse der beiden Nullkuponanleihen nahe beieinander liegen. Bis auf die letzten beiden Terme sind die Bewertungsformeln von Schöbel (4.1.2.9) und diejenige von Locarek und Reißner identisch. Ergibt sich die untere Wertgrenze m zu Null, so gilt:

$$\begin{aligned} \lim_{m \to 0} \quad & B_t(T)N(d_1) - EB_t(\tau)N(d_2) + B_t(\tau)N(d_3) - EB_t(T)N(d_4) \\ & + B_t(T)B_t(\tau) \cdot E \cdot N(d_5)/m \ - m \cdot N(d_6) \\ = \quad & B_t(T)N(d_1) - EB_t(\tau)N(d_2) + B_t(\tau)N(d_3) - EB_t(T)N(d_4) \end{aligned}$$

und beide Bewertungsformeln stimmen für diesen Fall überein. Zur Überprüfung der Arbitragewertgrenzen (4.1.2.7) und (4.1.2.8) wird zunächst von der Grenzsituation $B_t(T) = B_t(\tau)$ ausgegangen. Der Arbitragepreis eines europäischen Call ist dann gemäß Locarek und Reißner gegeben durch:

$$\begin{aligned} \text{Call}_E[B_t(T) = B_t(\tau), E, \tau] \quad = \quad & B_t(T)[1 - E] \\ & B_t(T)^2 \cdot EN(d_5)/m \ - m \cdot N(d_6) \end{aligned}$$

Für $m \in \,]0, B_t(\tau)]$, bzw. $k < \infty$ $\left(m = B_t(\tau)^{k \cdot \frac{T}{\tau}}\right)$ ist

$$B_t(T)^2 \cdot EN(d_5)/m \ - m \cdot N(d_6) < 0^{17}$$

und somit ist die Randbedingung (4.1.2.8) nicht erfüllt. Der Arbitragepreis entsprechend Locarek und Reißner ist stetig in $B_t(T)$ und folglich existiert eine Zahl $b = b(m, \cdot) < B_0(\tau)$, so daß die Arbitragebedingung (4.1.2.7) für $b \leq B_0(T) < B_0(\tau)$ verletzt ist. Die Zahl b ist abhängig von der unteren Schranke m. Für eine hohe Wahl von m tritt eine Verletzung der Arbitragewertgrenzen entsprechend schnell auf.

Tabelle 4.1.2.2 faßt die Ergebnisse für die drei diskutierten Bewertungsmodelle nach Ball und Torous (1983), Schöbel (1987) sowie Locarek und Reißner (1990) nochmals zusammen. Es wird ein europäischer Call mit einer Laufzeit von einem Jahr betrachtet. Die zugrundeliegende Nullkuponanleihe[18] besitzt eine Laufzeit von fünf Jahren. Der Basispreis der Option sei mit 70 angenommen, der aktuelle

[17] Für $m = B_t(\tau)$ gilt $B_t(T)^2 \cdot EN(d_5)/m \ - m \cdot N(d_6) = B_t(T)[EN(d_5) - N(d_6)] < 0$ da $E < 1$ und $d_5 < d_6$. Darüberhinaus ist $B_t(T)^2 EN(d_5)/m \ - m \cdot N(d_6)$ stetig und monoton fallend in m mit $\lim_{m \to \infty} B_t(T)^2 \cdot EN(d_5)/m \ - m \cdot N(d_6) = 0$.

[18] Alle angegebenen Werte beziehen sich auf einen Nennwert von 100.

Kurs der Nullkuponanleihe mit 93,00 und die Volatilität v des Quotientenprozesses sei durch 0,5 gegeben. Abbildung 4.1.2.3 verdeutlicht die entsprechenden Ergebnisse graphisch.

Ein im Rahmen der kursorientierten Modelle sehr interessanter Ansatz geht auf eine Arbeit von Bühler und Käsler (1989) zurück. Ausgangspunkt ihrer Überlegungen ist die folgende Transformation des Kursprozesses der kurzlaufenden Nullkuponanleihe:

$$B_t(\tau) = \left[1 + \frac{1 - f(t)}{f(t)} \cdot \exp\left\{-\sigma_1 W_1(t)\right\}\right]^{-1} , \qquad (4.1.2.12)$$

wobei $f(t)$ eine deterministische Funktion der Zeit ist – mit den Eigenschaften $0 \leq f(t) \leq 1 \quad \forall t \in [0, \tau]$ und $f(\tau) = 1$ – und W_1 eine standardisierte Brown'sche Bewegung. Offensichtlich genügt der durch (4.1.2.12) definierte Prozeß den unter 1) und 2) angegebenen Bedingungen. Die Verteilung von $B_t(\tau)$ gehört zu der von

Tabelle 4.1.2.2: Arbitragepreise in Prozent zum Nennwert der Anleihe nach Ball und Torous (1983), Schöbel (1987), bzw. Locarek und Reißner (1990).

$B_0(5)$	Locarek – Reißner					Schöbel	Ball–Torous
K-Faktor:	1.8	1.9	2.0	2.1	2.2	∞	∞
u. Grenze:	52.04	50.19	48.40	46.67	45.01	0	0
Rendite:	17.73	18.81	19.89	20.98	22.08	∞	∞
35.00	U	U	U	U	U	1.1766	1.2039
40.00	U	U	U	U	U	2.1218	2.1893
45.00	U	U	U	U	U	3.4139	3.5563
50.00	U	U	0.7498	1.7006	2.4788	5.0482	5.3150
55.00	1.6912	2.8250	3.7631	4.5271	5.1390	6.9999	7.4565
60.00	5.0817	6.0235	6.7880	7.3983	7.8774	9.2317	9.9587
65.00	8.4506	9.2287	9.8488	10.3347	10.7089	11.6998	12.7917
70.00	11.8094	12.4497	12.9512	13.3374	13.6296	14.3585	15.9225
75.00	15.1590	15.6847	16.0897	16.3965	16.6246	17.1639	19.3168
80.00	18.4943	18.9253	19.2522	19.4959	19.6743	20.0756	22.9422
85.00	21.8067	22.1599	22.4238	22.6176	22.7573	23.0576	26.7680
90.00	25.0866	25.3759	25.5892	25.7435	25.8531	26.0791	30.7667
93.00	27.0348	27.2916	27.4793	27.6141	27.7090	27.9000	33.2386
95.00	U	U	U	U	U	U	34.9137
100.00	U	U	U	U	U	U	39.1877

Johnson (1949) studierten Klasse S_B auf die in Kapitel 7 näher eingegangen wird. Im Unterschied zu den bisherigen Ansätzen wird gemäß (4.1.2.12) im wesentlichen der Quotient $\frac{B_t(\tau)}{1-B_t(\tau)} = \left[\frac{1}{B_t(\tau)} - 1\right]^{-1}$ als eine lognormalverteilte Zufallsvariable definiert. Die Funktion $f(t)$ kann in diesem Zusammenhang als der deterministische Pfad angesehen werden, um den die möglichen Realisationen streuen. Wie Bühler und Käsler richtig bemerken, entspricht $f(t)$ nicht exakt dem erwarteten Kursverlauf, da (4.1.2.12) eine nicht lineare Transformation darstellt. Andererseits nimmt die aus (4.1.2.12) hervorgehende Dichtefunktion ihren Modalwert bei $f(t)$ an und da es sich für die hier interessierenden Parameterkonstellationen um näherungsweise symmetrische Dichtefunktionen handelt, ist die Interpretation von $f(t)$ als quasi erwarteter Pfad zulässig.

Der Kursprozeß für die langlaufende Nullkuponanleihe entspricht in seiner Grundstruktur demjenigen der kurzlaufenden:

$$B_t(T) = B_t(\tau) \cdot \left[1 + \frac{f(t) - g(t)}{g(t)} \cdot \exp\left\{-\sigma_2 W_2(t)\right\}\right]^{-1} \quad . \qquad (4.1.2.13)$$

Wesentlich ist jedoch, daß der Kursprozeß (4.1.2.13) direkt von der kurzlaufenden Nullkuponanleihe abhängt und somit auch von der Brown'schen Bewegung

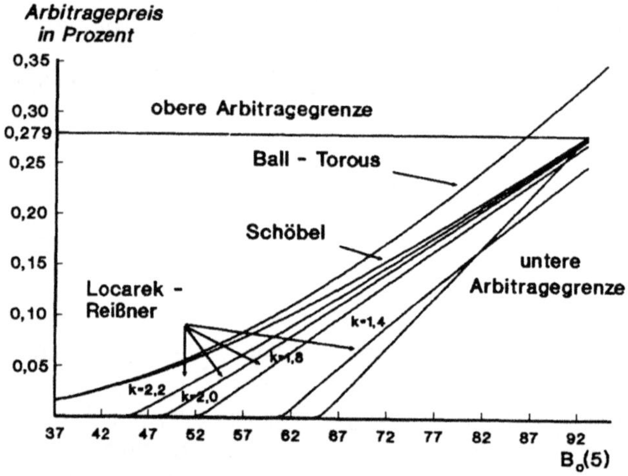

Abbildung 4.1.2.3: Arbitragepreise einer europäischen Kaufoption für unterschiedliche Anleihenkurse $B_0(5)$ nach Ball und Torous (1983), Schöbel (1987) sowie Locarek und Reißner (1990). (Basispreis: 70; Laufzeit: 1 Jahr; v=0,5; $B_0(1) = 93,00$).

W_1. Für $g(t) < f(t) \quad t \in [0, \tau]$ genügt der durch (4.1.2.13) definierte Prozeß den sich aus den spezifischen Eigenschaften von Nullkuponanleihen ergebenden Anforderungen.

Für die Bewertung von Rentenoptionen entscheidend ist der sich aus den Nullkuponanleihen ergebende Quotientprozeß $X_t = \frac{B_t(T)}{B_t(\tau)}$. X_t entspricht somit dem zum Zeitpunkt $t \in [0, \tau]$ realisierbaren reziproken Ertrag für die Zeitperiode τ bis T, d.h. $[1 + \text{Terminzins}\,]^{-1}$. Die Verteilung von X_t ist wiederum in der durch von Johnson (1949) untersuchten Klasse S_B enthalten. Gemäß (4.1.2.12) und (4.1.2.13) genügt $\{X_t\}_t$ der folgenden Differentialgleichung

$$dX = X(1-X)\cdot\left[\frac{f'(t)g(t)-g'(t)f(t)}{g(t)\Big(f(t)-g(t)\Big)}+\sigma_2^2\cdot\left(\frac{1}{2}-X\right)\right]dt+\sigma_2 X(1-X)dW_2. \tag{4.1.2.14}$$

Aus (4.1.2.14) ist ersichtlich, daß an den Schranken $\overline{X}=1$ und $\underline{X}=0$ der Prozeß $\{X_t\}_t$ absorbiert wird. Die über die dynamische Duplikationsstrategie bzw. über das äquivalente Martingalmaß sich ergebenden Lösungen für die Rentenoptionen lauten:

$$\begin{aligned}\mathrm{Call}_E\Big[B(T),E,\tau,t\Big] &= B_t(T)[1-E]N(h_1)-E\Big[B_t(\tau)-B_t(T)\Big]N(h_2)\\ &\qquad\qquad\qquad\qquad\qquad\qquad (4.1.2.15)\\ \mathrm{Put}_E\Big[B(T),E,\tau,t\Big] &= B_t(T)\Big[1-N(h_1)\Big]-EB_t(T)\Big[N(h_1)-N(h_2)\Big]\\ &\quad +EB_t(\tau)\Big[1-N(h_2)\Big]\quad ,\end{aligned}$$

wobei

$$h_1=\frac{\log\frac{(1-E)B_t(T)}{E(B_t(\tau)-B_t(T))}+\frac{(\tau-t){\sigma^2}_2}{2}}{\sigma_2\sqrt{\tau-t}}\quad ;$$

$$h_2=h_1-\sigma\sqrt{\tau-t}$$

Aus (4.1.2.15) ergibt sich für die Kaufoption

$$\lim_{B_t(T)\to B_t(\tau)}\mathrm{Call}_E\Big[B(T),E,\tau,t\Big]=B_t(\tau)[1-E]\quad ,$$

so daß die von Schöbel (1986) betrachtete Randbedingung (4.1.2.8) erfüllt ist.

Obwohl der von Bühler und Käsler vorgeschlagene Ansatz den anfangs formulierten Anforderungen genügt und insofern eine befriedigende Antwort bezüglich der arbitragefreien Modellierung von zwei Nullkuponanleihen darstellt, ist er für die Bewertung von Zinssatzoptionen nicht unmittelbar geeignet. Ausgehend von dem grundlegenden Zusammenhang (3.1.7) zwischen Caps und Floors sowie Rentenoptionen ist es notwendig, das Bühler–Käsler Modell auf mehr als zwei Nullkuponanleihen zu erweitern. Die Anzahl der notwendigen Prozesse ist durch die Anzahl der Bewertungszeitpunkte der Zinssatzoptionen gegeben. Das gleiche Problem ergibt sich, falls anstatt von Nullkuponanleihen von Kuponanleihen ausgegangen wird. Die Frage, ob ein derart verallgemeinertes Bühler–Käsler Modell zu einem konsistenten Zinsstrukturmodell erweitert werden kann, ist noch nicht beantwortet. Aus dem Grundansatz (4.1.2.12) und (4.1.2.13) ist jedoch ersichlich, daß die Verallgemeinerung erhebliche analytische Schwierigkeiten aufwirft.

4.2 Diskrete kursorientierte Modelle

Für die kursorientierte Modellierung ergibt sich kein analytischer Vorteil aus einer diskreten Formulierung. Es ist somit nicht verwunderlich, daß in der Literatur überwiegend für die kursorientierte Modellierung ein zeitstetiger Ansatz gewählt wurde. Die Arbeit von Pitts (1985) stellt insofern eine Ausnahme dar. Genaugenommen handelt es sich nicht um eine reine kursorientierte Formulierung. Statt direkt den Anleihenprozeß zu modellieren, konzentriert sich sein Modell auf den Ertrag einer Anleihe.

> Pitts (1985, S. 45) "Instead of constructing the binomial tree in terms of price, we construct it in terms of yield. The assumption that proportional changes in yield, rather than price, are normal distributed precludes the possibility of negative yield, but yields will have no bound on the upside."

Als Vorlage dient Pitts das bekannte Binomialmodell für den Aktienkurs von Sharpe (1978), Rendleman u. Bartter (1979) sowie Cox, Ross, Rubinstein (1979). Aus der direkten Übertragung des Binomialmodells folgt, daß der logarithmierte Ertrag normalverteilt ist. Dies bedeutet, daß der Ertrag einer Anleihe nicht negativ werden kann und somit der Anleihenkurs sich innerhalb der vorgegebenen Wertgrenzen bewegt. Ein Vorteil der von Pitts vorgeschlagenen Struktur ist, daß sie es erlaubt, in einfacher Weise den Kursprozeß einer Kuponanleihe darzustellen.

Die Grenzen dieses Ansatzes werden schon von Pitts in zwei Problemkreisen zusammengefaßt.

- Für die Bewertung von Optionsverträgen mittels einer Duplizierungsstrategie im Rahmen eines Binomialmodells ist es notwendig, eine Referenzanlage einzuführen. In diskreten Modellen bietet sich hierfür der kurzfristige, d.h. bezüglich der vorgegebenen Periodizität notierte Zinssatz an.

  Pitts geht in seinem Modell zunächst von einem konstanten Zinssatz aus. Diese Annahme kann nach Pitts abgeschwächt werden, indem der Zinssatz z.B. als eine deterministische Funktion des Anleihenkurses aufgefaßt wird. Eine stochastische Modellierung ist jedoch nicht möglich. Außerdem muß aus Gründen der Arbitragefreiheit die funktionale Spezifizierung berücksichtigen, daß zu keinem Zeitpunkt die Anleihe oder der Zinssatz zu einem dominierenden Wertpapier wird.

- Ein analoges Problem stellt sich, falls der über den Ertrag modellierte Anleihenprozeß in ein Zinsstrukturmodell eingebettet werden soll. Die Forderung der Arbitragefreiheit stellt Bedingungen an die konsistente Modellierung unterschiedlicher Anleihen.

Die genannten Problemkreise verdeutlichen, daß die angesprochene Herleitung der Preisstruktur nicht der geeignete Ansatz für die Bewertung von Zinssatzoptionen ist. Andererseits ist jedoch die Diskretisierung der Zeit eine bezüglich Zinssatzoptionen naheliegende Vorstellung, die es in natürlicher Weise erlaubt, zustandsabhängige Verträge zu bewerten, die zu mehreren Zeitpunkten Zahlungen versprechen.

4.3 Stetige zinsorientierte Modelle

Neben den sogenannten kursorientierten Modellen bietet es sich für die Analyse von Rentenoptionen an, die Momentanverzinsung bzw. kurz- und langfristige Zinssätze als exogene Prozesse zu betrachten. Diese Vorgehensweise wird als indirekt bezeichnet, da sowohl der Optionsvertrag wie auch die Anleihe aus den exogenen Zinsprozessen hergeleitet werden. Die Bezeichnung indirekt mag insofern für die Rentenoptionsbewertung gerechtfertigt sein. Mit Blick auf Zinssatzoptionen, die direkt vom Zinssatz abhängen, scheint das Etikett indirekt jedoch nicht angebracht.

Die einfachste Formulierung des zinsorientierten Modells geht von einem exogen vorgegebenen Prozeß für die Momentanverzinsung aus

$$dr = \mu(r,t)dt + \sigma(r,t)dW \quad ; r_{t_0} = r_0 \quad t \in [t_0, T], \tag{4.3.1}$$

wobei zunächst $\mu(r,t)$ und $\sigma(r,t)$ so gewählt sind, daß eine Lösung der Differentialgleichung (4.3.1) existiert. Der stochastische Prozeß einer Nullkuponanleihe mit Nennwert 1 und Laufzeit $T - t_0$ wird als zweimal stetig differenzierbare Funktion der Momentanverzinsung und der Kalenderzeit aufgefaßt. Nach dem Itô-Lemma genügt $B(T)$ dann einer stochastischen Differentialgleichung [19]

$$\begin{aligned} dB(T) &= B_t(T)dt + B_r(T)dr + \frac{1}{2}B_{rr}(T)(dr)^2 \qquad (4.3.2)\\ &= \left[B_t(T) + \mu(r,t)B_r(T) + \frac{1}{2}\sigma^2(r,t)B_{rr}(T)\right] dt + \sigma(r,t)B_r(T)dW. \end{aligned}$$

Aufgrund der Arbitragefreiheit muß die mögliche Prämie pro Risikoeinheit der Anleihe unabhängig von ihrer Laufzeit sein, d.h.

$$\frac{E\left[\frac{dB}{B}|t\right] - rdt}{\sqrt{V\left[\frac{dB}{B}|t\right]}} = \lambda(r,t) \ . \tag{4.3.3}$$

Aus (4.3.2) und (4.3.3) ergibt sich für die Nullkuponanleihe

$$\frac{1}{2}\sigma^2(r,t)B_{rr}(T) + \Big[\mu(r,t) - \lambda(r,t)\sigma(r,t)\Big]B_r(T) + B_t(T) - rB = 0 \tag{4.3.4}$$

[19] Abweichend von der bisherigen Notation werden die partiellen Ableitungen nach t bzw. r mit B_t, B_r bzw. B_{rr} bezeichnet.

mit der Randbedingung:

$$B_T(T) = 1 \quad .$$

Die Lösung von (4.3.4) ist abhängig von der Prozeßspezifikation (4.3.1) und der Risikoprämie $\lambda(r,t)$. Die Frage, welche Festlegung von Risikonutzenfunktionen zu einer bestimmten Form der drei Funktionen führen, ist wichtig. Die Schlußfolgerung, daß die Modellbildung (4.3.1)–(4.3.3) somit im Unterschied zur kursorientierten Vorgehensweise präferenzabhängig sei, ist jedoch zu einfach. Die parallele Argumentation bezüglich der Festlegung der funktionalen Form der Fluktuation und der Momentanstreuung für die kursorientierte Modellierung muß dann notwendigerweise zur gleichen Schlußfolgerung führen. Letztendlich wird bei beiden Formulierungen davon ausgegangen, daß die jeweils spezifizierten Prozesse im Gleichgewicht erzeugt werden. Die entscheidende Frage ist somit nicht eine vor diesem Hintergrund künstliche Präferenzfreiheit, sondern inwieweit der Gleichgewichtsprozeß des zu bewertenden Finanztitels erschöpfend durch die Prozeßspezifikation beschrieben wird. Es kann insofern nicht als Nachteil der indirekten Methode aufgefaßt werden, wenn sie ein zusätzliches Interpretationsmoment zuläßt, das durch die direkte Methode nur geschickt verdeckt wird. Die Risikoprämie ist gemäß des kursorientierten Ansatzes in der Prozeßspezifikation enthalten. Von einer Endogenisierung kann auch hier keine Rede sein.

Der Preisprozeß eines beliebigen, bedingten Finanztitels F[20] ergibt sich über die Mertonsche Duplizierungsstrategie (vergl. Merton 1973) aus der folgenden Gleichung

$$\frac{1}{2}F_{rr}\sigma^2(r,t) + \Big(\mu(r,t) - \lambda(r,t)\sigma(r,t)\Big)F_r + F_t - F \cdot r = 0 \tag{4.3.5}$$

und den zugehörigen Randbedingungen.

Die Lösung ist abhängig von der funktionalen Form von μ, σ und λ. Im allgemeinen ist nicht zu erwarten, daß eine geschlossene Lösung existiert.

Eine vom analytischen Standpunkt sehr interessante Lösung wird von Ingersoll, Cox und Ross (1985 b) mit dem sogenannten "Quadratwurzel–Prozeß" vorgeschlagen. Die explizite Formulierung der Momentanverzinsung ist hierbei gegeben durch

$$dr = k(\mu - r)dt + \sigma\sqrt{r}dW \quad , k, \mu, \sigma > 0 \text{ konstant} \quad . \tag{4.3.6}$$

Dieser Prozeß besitzt nun im wesentlichen zwei wünschenswerte Eigenschaften

- Es werden keine negativen kurzfristigen Zinsen erzeugt. Da (4.3.6) einen Prozeß mit stetigen Pfaden beschreibt, muß r, falls es negativ wird, zuvor

[20] Unter einem bedingten Finanztitel F wird hier ein Vertrag verstanden, dessen Auszahlung nur von der Anleihe $B(T)$ und der Kalenderzeit abhängt, z.B. eine Rentenoption

den Wert Null annehmnen. Für $r = 0$ gilt aber $E\left[dr|r=0\right] = k \cdot \mu > 0$ und $V\left[dr|r=0\right] = 0$

- Langfristig schwankt der Momentanzinssatz um den Wert μ. Außerdem erlaubt die Formulierung (4.3.6) eine explizite Lösung für die Nullkuponanleihe und die Rentenoption, falls die Prämie pro Risikoeinheit $\lambda(t,r) = \lambda \cdot r$ ($\lambda \geq 0$ konst) festgesetzt wird.[21]

$$B_t(T) = \left[\frac{2\gamma \exp\left\{\frac{(T-t)[k+\lambda+\gamma]}{2}\right\}}{(\gamma+\lambda+k)(e^{\gamma(T-t)}-1)+2\gamma}\right]^{\frac{2\mu k}{\sigma^2}} \cdot \exp\left\{-A(t,T)r\right\} \qquad (4.3.7)$$

wobei:

$$A(t,T) = \left[\frac{2(e^{\gamma(T-t)}-1)}{(\lambda+k+\gamma)(e^{\gamma(T-t)}-1)+2\gamma}\right]$$

$$\gamma = \left[(k+\lambda)^2 + 2\sigma^2\right]^{\frac{1}{2}} .$$

Aus (4.3.7) ergeben sich die logarithmierte durchschnittliche Rendite und die Terminzinsen zu

$$Y(r,t,T) = -\frac{1}{T-t}\log B_t(T)$$

$$f(r,t,T) = -\frac{\partial B_t(T)}{\partial T} \cdot \frac{1}{B_t(T)} .$$

An die bisher dargestellte zinsorientierte Modellierung schließen sich drei Bemerkungen unmittelbar an:

- Die Herleitung der Kursprozesse für die Nullkuponanleihen verschiedener Laufzeit erfolgte ausschließlich aus einer Zustandsvariablen, der Momentanverzinsung r. Brennan und Schwartz (1982) haben dies erweitert für zwei Zustandsvariablen, wobei sie neben der Momentanverzinsung als zweiten exogenen Prozeß die sogenannte ewige Rente (consol bond) betrachten. Prinzipiell ist damit gezeigt, daß durchaus mehrdimensionale exogene Prozesse im Rahmen der Modellbildung zulässig sind. Einfache Lösungen sind in diesem Zusammenhang jedoch nicht mehr zu erwarten.

[21] vergl. Cox, Ingersoll, Ross (1985b) u. Schöbel (1987)

- Wird von einem einzigen exogenen Prozeß ausgegangen, so sind die Momentanerträge der Anleihen unabhängig von ihrer Restlaufzeit über diesen exogenen Prozeß miteinander verbunden. In diesem Sinn handelt es sich um ein Ein–Faktor–Modell, da die Unsicherheit durch den exogenen Prozeß vollständig beschrieben wird. Daraus ergibt sich, daß für die Duplizierungsstrategie einer europäischen Kaufoption nicht notwendigerweise die Momentanverzinsung, sondern ebenso eine weitere Nullkuponanleihe verwendet werden kann.

- Die verbreitete Ansicht, daß die Duplizierungsstrategie gemäß der zinsorientierten Methode auf einem nichthandelbaren Wertpapier beruht, ist entsprechend der zweiten Bemerkung falsch.

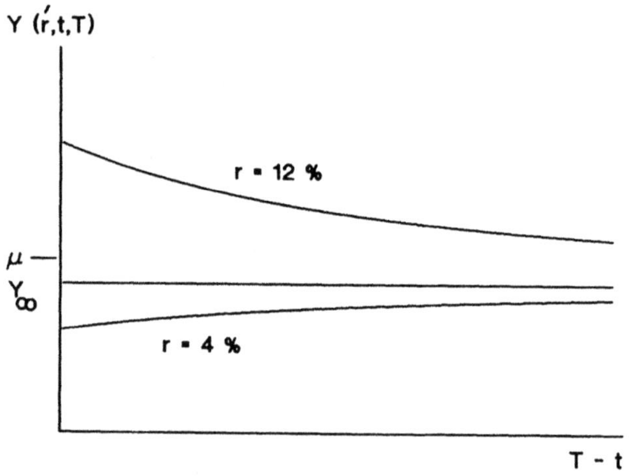

Abbildung 4.3.1: Rendite einer Nullkuponanleihe aus dem Cox, Ingersoll und Ross Modell für $\lambda = 0; \sigma = 0,25; \mu = 6\%$ und $k = 4$.

4.4 Diskrete zinsorientierte und Zinsstrukturmodelle

Die prinzipiellen Vorteile eines diskreten Ansatzes sind zum einen darin zu sehen, daß eine durchsichtige Interpretation der ökonomischen Situation möglich ist. So liegt das Hauptgewicht der diskreten Formulierung auf der Herleitung der duplizierenden Portfoliostrategie, die es ermöglicht, durch entsprechende Portfolioumschichtungen einen vorgegebenen Auszahlungsstrom zu erzeugen. Insofern ergeben sich für den diskreten Ansatz keine zusätzlichen methodischen Schwierigkeiten, falls der zu bewertende Auszahlungsstrom von der Entwicklung des Kurses abhängt. Dies ist z.B. gegeben, wenn eine Option ein vorzeitiges Ausüben erlaubt und der zugrundeliegende Finanztitel Dividenden ausschüttet. Des weiteren scheint eine

Modellierung mit diskreter Zeitstruktur den beobachtbaren Marktgegebenheiten eher zu entsprechen als Modelle mit einer zeitstetigen Betrachtung. Dies muß jedoch insofern eingeschränkt werden, als die diskrete Formulierung von einer ex ante festgelegten Reihenfolge von Handelszeitpunkten ausgeht, die sich nicht ex post an die Marktgegebenheiten anpaßt. Die Frage, in welcher Weise die Bewertung von der Diskretisierung abhängt, bzw. welche zeitstetige Struktur sich im Grenzwert ergibt, ist in diesem Zusammenhang wichtig. Darüberhinaus hat sich gezeigt, daß eine geschlossene Lösung bei zeitstetigen Modellen nur in Spezialfällen zu erwarten ist. Die Lösung muß somit nachträglich durch eine Diskretisierung der Zeitachse numerisch angenähert werden. In einer solchen Situation wird zumindest deutlich, daß die oftmals scharfe Trennung diskreter und stetiger Modelle nicht unbedingt gerechtfertigt ist.

Die ersten Formulierungen eines zinsorientierten Modells für eine diskrete Zeitstruktur orientieren sich an dem Binomialmodell für die Kursentwicklung von Aktien. Rendleman und Bartter (1980) greifen diese Vorstellung in ihrer Modellierung der Entwicklung des kurzfristigen Zinssatzes auf (Abb. 4.4.1)

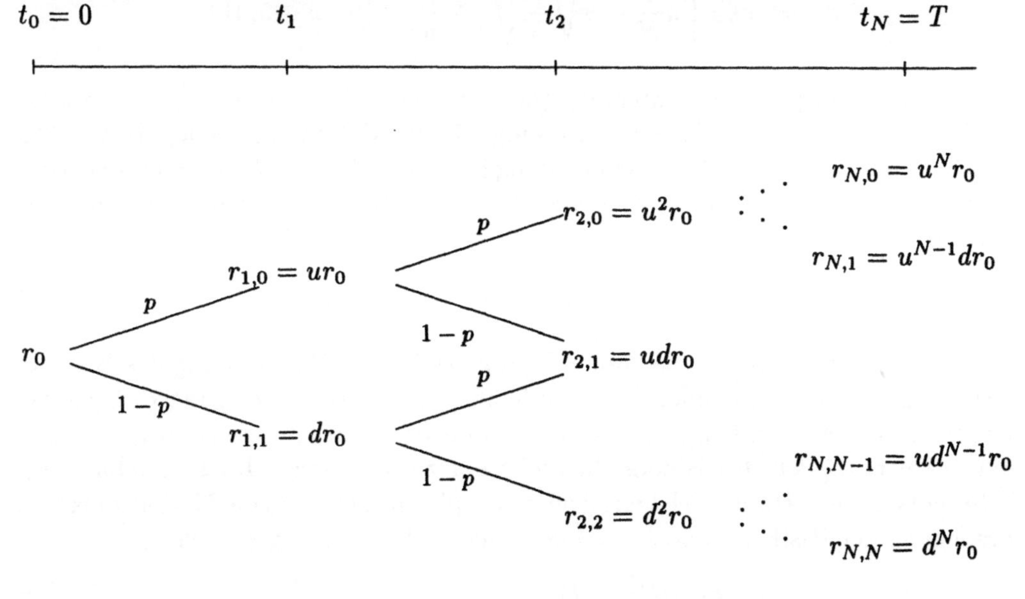

Abbildung 4.4.1: Entwicklung des kurzfristigen Zinssatzes nach Rendleman und Bartter (1980).

Aus dem bekannten kurzfristigen Zinssatz r_0 zum Zeitpunkt t_0 ergibt sich, daß der Zinssatz zum Zeitpunkt t_1 entweder $u \cdot r_0$ oder $d \cdot r_0$ entspricht. Dabei wird ohne Einschränkung angenommen, daß $u > d$ gilt. Wie aus Abbildung 4.4.1 ersichtlich ist, werden u und d als von der Zeit unabhängige Konstanten aufgefaßt. Somit bestimmt sich der Zinssatz zum Zeitpunkt t_i allein aus der Anzahl der Aufbzw. Abwärtsbewegungen:

$$r_{i,j} = u^{i-j} d^j r_0 \quad \text{für} \quad j = 0, \cdots, i \tag{4.4.1}$$

Für die logarithmierte Zinsänderung folgt aus der Binomialverteilungsannahme

$$\begin{aligned} \mu T &:= E\left[\log \frac{r_{N,\cdot}}{r_0} | r_0\right] = N\left[p \log u + (1-p)\log d\right] \\ \sigma^2 T &:= V\left[\log \frac{r_{N,\cdot}}{r_0} | r_0\right] = Np(1-p)\left[\log u - \log d\right]^2 \quad . \end{aligned} \tag{4.4.2}$$

Aus (4.4.2) ergeben sich die Konstanten u und d zu

$$\begin{aligned} u &= \exp\left\{\mu \frac{T}{N} + \sigma \sqrt{\frac{T}{N}} \sqrt{\frac{1-p}{p}}\right\} \\ d &= \exp\left\{\mu \frac{T}{N} - \sigma \sqrt{\frac{T}{N}} \sqrt{\frac{p}{1-p}}\right\}, \qquad p \in]0,1[\quad , \end{aligned}$$

wobei T die Länge des Zeitintervalls ($t_0 = 0$) und $T/N = t_{i+1} - t_i$ ist. Mit dieser Festlegung folgt, daß für ein wachsendes N die Verteilung der logarithmierten Zinsänderung gegen eine Normalverteilung konvergiert. Das Rendleman und Bartter entsprechende Modell der Zinssatzentwicklung für eine stetige Zeitstruktur ist somit gegeben durch:

$$dr = r\mu dt + r\sigma dW_t \quad \mu, \sigma > 0 \text{ konstant.} \tag{4.4.3}$$

Entsprechend der zeitstetigen Modellierung erfolgt die Bestimmung des Kursprozesses einer Nullkupon- oder Kuponanleihe unter Berücksichtigung des Auszahlungsstromes am Endfälligkeitsdatum. Um diesen Auszahlungsstrom zu duplizieren, wäre bezüglich des Binomialmodells ein zweiter von r linear unabhängiger Titel notwendig. Dieser Schwierigkeit wird wie im zeitstetigen Modell durch die Festlegung der Risikoprämie $\lambda(r, t_i)$ der Anleihe Rechnung getragen

$$\frac{E_P\left[\frac{B_{t_{i+1}}(T) - B_{t_i}(T)}{B_{t_i}(T)}\right] r_{t_i}\right] - r_{t_i}}{\sqrt{V_P\left[\frac{B_{t_{i+1}}(T) - B_{t_i}(T)}{B_{t_i}(T)}\right] r_{t_i}\right]}} = \lambda(r, t_i) \quad . \tag{4.4.4}$$

Rendleman und Bartter setzen $\lambda(r, t_i) \equiv 0$ und erhalten so, daß der diskontierte Kursprozeß der Nullkuponanleihe unter dem Maß P ein Martingal ist, d.h.

$$B_{t_i}(T) = \frac{1}{1 + r_{t_i}} E_P\left[B_{t_{i+1}}(T)] r_{t_i}\right] \quad . \tag{4.4.5}$$

Gemeinsam mit der Endfälligkeitsbedingung $B_t(T) = 1$ läßt sich aus (4.4.5) der Kursprozeß der Nullkuponanleihe bestimmen.

Die konstruktive Vorgehensweise von Rendleman und Bartter (1980) wirft nun eine Reihe von Problemen auf. Zunächst ist die Annahme konstanter proportionaler Änderungen u und d des Zinssatzes wesentlich für die Herleitung. Entsprechend (4.4.2) reflektieren u und d nicht die zum Zeitpunkt t_0 vorgegebene Kurse der Nullkuponanleihen. Diese ergeben sich hingegen endogen aus dem Modell. Alternativ wäre es möglich, u und d aus dem vorgegebenen Kurs der Nullkuponanleihe $B_0(T)$ zu bestimmen. In diesem Fall wäre jedoch nicht zu erwarten, daß der aktuelle Kurs einer Nullkuponanleihe mit kürzerer Laufzeit $\tau < T$ mit dem endogenen im Modell bestimmten übereinstimmt. Im Hinblick auf ein Zinsstrukturmodell vernachlässigt das Rendleman-Bartter-Modell somit einen nicht unwesentlichen Teil der vorliegenden Information. Darüberhinaus ist die durch p exogen vorgegebene Wahrscheinlichkeitsverteilung wesentlich für die Bestimmung des Kursprozesses $\{B_t(T)\}$.

Ein weiterer interessanter Ansatz für die Modellierung des kurzfristigen Zinssatzes stammt von Ball (1989). Im Unterschied zu Rendleman und Bartter (1980) betrachtet Ball als Zustandsvariable nicht den kurzfristigen Zinssatz sondern leitet diesen aus einer weiteren Zustandsvariable her. Dabei werden die Übergangswahrscheinlichkeiten so definiert, daß der zugrundeliegende Prozeß sowohl eine obere wie untere reflektierende Schranke besitzt. Ausgangspunkt ist das sogenannte Ehrenfest-Modell. Sei dazu $k \in \{0, \pm 1, \pm 2, \cdots \pm M\}$, wobei M eine von der entsprechenden Diskretierung der Zeitachse abhängige ganzzahlige Konstante ist. Die zugrundeliegende Zustandsvariable X nimmt Werte $k \cdot \eta$ an ($\eta > 0$ konstant). Sei $X_{t_i} = k \cdot \eta$ die Realisation der Zustandsvariablen zum Zeitpunkt t_i, so wird ihre Dynamik durch den folgenden Binomialprozeß beschrieben (Abbildung 4.4.2):

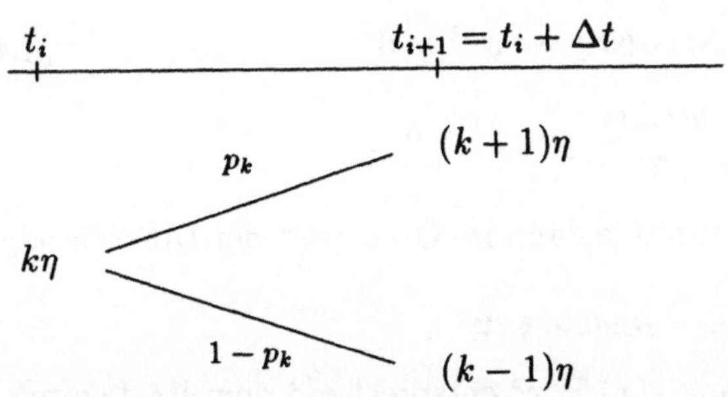

Abbildung 4.4.2: Binomialprozeß der Zustandsvariable X im Ehrenfest–Modell nach Ball (1989).

Die Übergangswahrscheinlichkeiten p_k sind nun gegeben durch

$$p_k = \frac{1}{2} - \frac{1}{2}\frac{k}{M} \qquad k \in \{0, \pm 1, \ldots \pm M\} \ . \tag{4.4.6}$$

Aus der Definition der Übergangswahrscheinlichkeiten (4.4.6) folgt unmittelbar, daß der Prozeß $\{X_t\}_{t\in\underline{\underline{T}}}$ eine reflektierende Schranke in $\pm\eta \cdot M$ besitzt. Für die lokale Erwartung und Varianz ergeben sich

$$\begin{aligned} \frac{1}{\Delta t}E\left[X_{t_{i+1}} - X_{t_i}|X_{t_i} = k\cdot\eta\right] &= -\frac{1}{\Delta t}\frac{k\eta}{M} = -\frac{1}{\Delta t\cdot M}\cdot X_{t_i} \\ \frac{1}{\Delta t}V\left[X_{t_{i+1}} - X_{t_i}|X_{t_i} = k\cdot\eta\right] &= \frac{\eta^2}{\Delta t} - \frac{1}{\Delta t}\left(\frac{X_{t_i}}{M}\right)^2 \ . \end{aligned} \tag{4.4.7}$$

Der Prozeß $\{X_t\}_{t\in\underline{\underline{T}}}$ dient nun zur Definition des stochastischen Prozesses der Momentanverzinsung. Wird speziell $r(X) = X^2$ gesetzt, so ergibt sich für den kurzfristigen Zinssatz jeweils eine reflektierende Schranke in Null und $M^2\eta^2$. Entsprechend der Definition der Zustandsvariablen X sind die lokale Erwartung und Varianz des kurzfristigen Zinssatzes charakterisiert durch

$$\begin{aligned} \frac{1}{\Delta t}E\left[r_{t_{i+1}} - r_{t_i}|r_{t_i} = k^2\eta^2\right] &= \frac{\eta^2}{\Delta t} - 2\frac{k^2\eta^2}{\Delta t\cdot M} = \frac{\eta^2}{\Delta t} - 2\frac{r_{t_i}}{\Delta t\cdot M} \\ \frac{1}{\Delta t}V\left[r_{t_{i+1}} - r_{t_i}|r_{t_i} = k^2\eta^2\right] &= 4\frac{\eta^2}{\Delta t}r_{t_i}\left[\frac{M^2 - k^2}{M^2}\right] \ . \end{aligned} \tag{4.4.8}$$

Aus dieser von Ball vorgeschlagenen Formulierung geht deutlich der Einfluß der drei bestimmenden Parameter Δt, M und η auf die Prozeßmodellierung hervor. Darüberhinaus kann der Prozeß des kurzfristigen Zinssatzes $\{r_{t_i}\}_{t_i}$ als Diskretisierung des von Cox, Ingersoll und Ross (4.3.6) untersuchten Quadratwurzelprozesses interpretiert werden. Dazu seien M und η von der Diskretisierung Δt abhängige Parameter für die gilt

$$\begin{aligned} \lim_{\Delta t\to 0} M(\Delta t)\cdot\Delta t &= \beta^{-1} > 0 \\ \lim_{\Delta t\to 0}\frac{\eta^2(\Delta t)}{\Delta t} &= \delta^2 > 0 \ . \end{aligned} \tag{4.4.9}$$

Aus (4.4.7) folgt, daß die Zustandsvariable dann im Grenzwert der Differentialgleichung

$$dx = -\beta x dt + \delta dW$$

genügt und die Momentanverzinsung $r(x) = x^2$ entsprechend dem Itô-Lemma gegeben ist durch

$$dr = 2\beta\left(\frac{\delta^2}{2\beta} - r\right)dt + 2\delta\sqrt{r}dW \ . \tag{4.4.10}$$

Die von Ball (1989) vorgeschlagene Formulierung trägt somit wesentlich zum Verständnis des Quadratwurzelprozesses für den kurzfristigen Zinssatz bei. Im Rahmen des diskreten Ansatzes wirft die Bewertung von Optionen auf Kuponanleihen mit vorzeitigem Ausübungsrecht keine grundlegenden Probleme auf. Die Lösung der aus dem stetigen Modell resultierenden Differentialgleichung ist entsprechend dem Ball-Modell approximativ gegeben.

Ist auch das Ball-Modell in vielerlei Hinsicht befriedigender als der Ansatz von Rendleman-Bartter, so ergeben sich dennoch bezüglich der Kursprozesse der Nullkuponanleihen die gleichen Probleme. Insbesondere werden auch hier die aktuellen Kurse endogen bestimmt und haben somit keinen direkten Einfluß auf die Prozeßmodellierung. Es entsteht daraus der Eindruck, daß zuviel Gewicht auf die Modellierung des Momentanzinses gelegt wird und seine Verbindung zu den langfristigen Zinssätzen etwas vernachlässigt wird. Es stellt sich somit die Frage, wie lang- und kurzfristige Zinssätze in einem Schritt modelliert werden können, ohne dabei wesentliche Eigenschaften von Anleihen zu verletzen. Eine erste Antwort auf dies Frage wird durch das Zinsstrukturmodell von Ho und Lee (1986) gegeben.

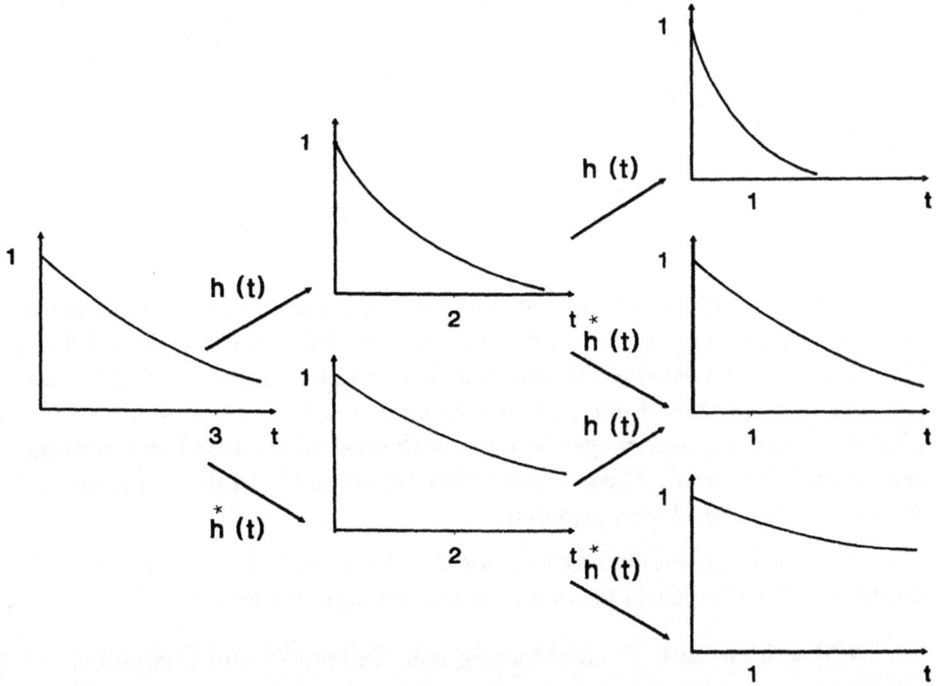

Abbildung 4.4.3: Schematische Darstellung des Binomialprozesses für die Nullkuponanleihen gemäß Ho und Lee (1986).

Ho und Lee gehen davon aus, daß zum Zeitpunkt t_0 die Kurse der Nullkuponanleihen $B_0(t_i)$ mit Restlaufzeit $t_i \in \underline{\underline{T}} = \{t_0 < t_1 < \cdots < t_N = T\}$ bekannt sind.

Unter Sicherheit wären somit die Kurse der Nullkuponanleihe zum Zeitpunkt t_1 mit Restlaufzeit $t_i - t_1$ eindeutig gegeben durch den Terminzinssatz:

$$B_{t_1}(t_i) = \frac{B_{t_0}(t_i)}{B_{t_0}(t_1)} \quad \text{für } t_i \in \underline{\underline{T}} \setminus \{t_0\} \ . \tag{4.4.11}$$

Der Grundgedanke ist nun, in einem Binomialmodell die Kursentwicklung aller Nullkuponanleihen gleichzeitig zu modellieren. Dazu wird angenommen, daß die Kursentwicklung prozentual um den Terminertrag streut. Mit $h(\tau)$ und $h^*(\tau)$ werden zwei von der Restlaufzeit abhängige Störfunktionen eingeführt, so daß sich der Kursprozeß jeder Nullkuponanleihe aus dem unter Sicherheit eingetretenen Kurs multipliziert mit einer der beiden Störfunktionen ergibt. Sind die Störfunktionen $h(\tau)$ und $h^*(\tau)$ gegeben, so wird dadurch ein Binomialmodell für die Kursentwicklung aller Nullkuponanleihen gleichzeitig beschrieben. (Abb. 4.4.3)
Wird die Nullkuponanleihe $B(T)$ mit Fälligkeitsdatum $t_N = T$ isoliert betrachtet, so ist der resultierende Binomialprozeß gegeben durch:

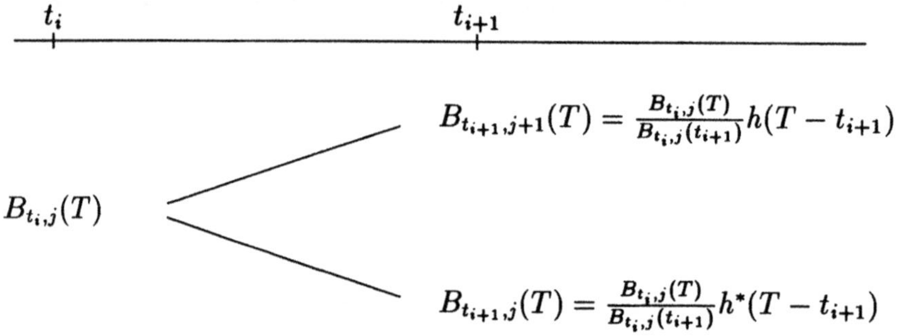

Zu jedem Zeitpunkt t_i verbleiben $N - i$ Nullkuponanleihen, die betrachtet werden müssen. Unter der zusätzlichen Annahme der Pfadunabhängigkeit des gesamten Binomialprozesses ist das System zum Zeitpunkt t_i durch $i + 1$ Zustände charakterisiert. Entsprechend der Formulierung ist das Ho–Lee–Modell ein Ein–Faktor–Modell, da die zugrundeliegende Unsicherheitsstruktur durch einen exogenen Prozeß beschrieben wird. Diese Eigenschaft ist ebenfalls in den anderen diskutierten zinsorientierten Modellen gegeben.

Aus der Endfälligkeitsbedingung der Nullkuponanleihen (Nennwert gleich eins) ergibt sich für die Störfunktionen die notwendige Forderung:

$$h(0) = h^*(0) = 1 \qquad \text{unabhängig vom Zeitpunkt und Zustand} \ . \tag{4.4.12}$$

Darüberhinaus läßt sich aus der Arbitragefreiheit eine weitere wesentliche Anforderung an die Störfunktion ableiten. Zu einem beliebigen Zeitpunkt- und Zustandstupel $(t_{i,j})$ wird ein Portfolio bestehend aus zwei Nullkuponanleihen unterschiedlicher Restlaufzeit betrachtet, dessen Auszahlung in t_{i+1} unabhängig vom Zustand ist. Aus der Arbitragefreiheit folgt, daß der Wert des Portfolios in t_i mit dem Kurs der einperiodischen Nullkuponanleihe übereinstimmen muß. Für die Störfunktionen ergibt sich hieraus, daß zu jedem Zeitpunkt- und Zustandstupel $(t_{i,j})$ eine von der Restlaufzeit und der Ausgangszinsstruktur unabhängige Zahl $\pi = \pi(t_{i,j}) \in]0,1[$ existiert mit

$$1 = \pi h(\tau) + (1-\pi)h^*(\tau) \qquad \text{für alle } \tau = T - t_k \quad (k = i, \cdots, N) \ . \tag{4.4.13}$$

Durch π ist analog zum Binomialmodell für Aktien das eindeutig bestimmte äquivalente Martingalmaß bestimmt. Die Arbitragefreiheit verlangt, daß in (4.1.13) π unabhängig von der speziellen Nullkuponanleihe ist und somit unabhängig von der Restlaufzeit. Für vorgegebene Störfunktionen ist das Martingalmaß somit eindeutig bestimmt. Gemäß Satz 2.1.2 ist somit der Arbitragepreis eines zustandabhängigen Zahlungsstromes durch den diskontierten Erwartungswert unter dem Maß π gegeben.

Zwei zusätzliche Annahmen ermöglichen es nun, aus (4.1.12) und (4.1.13) die funktionale Form der Störfunktionen in Abhängigkeit vom Martingalmaß zu bestimmen. Die in Abbildung 4.4.3 vorweggenommene Pfadunabhängigkeit des Binomialprozesses und die zusätzliche Forderung, daß die Störfunktion nur von der Restlaufzeit abhängen[22], führen zu der Bedingung

$$\frac{h(\tau + \Delta t)}{h^*(\tau + \Delta t)} = \frac{h(\tau)}{h^*(\tau)} \cdot \frac{h(1)}{h^*(1)} \ . \tag{4.4.14}$$

Aus (4.4.13), (4.4.14) und der Anfangsbedingung (4.4.12) bestimmen sich h und h^* unter der zusätzlichen Unabhängigkeitsforderung zu

$$\begin{aligned} h(\tau) &= \frac{1}{\pi + (1-\pi)\cdot\delta^\tau} \\ h^*(\tau) &= \frac{\delta^\tau}{\pi + (1-\pi)\cdot\delta^\tau} \ , \\ \text{wobei} \quad \delta &= \frac{1-\pi h(1)}{(1-\pi)h(1)} = \frac{h^*(1)}{h(1)} \ . \end{aligned} \tag{4.4.15}$$

Die Formulierung (4.1.15) zeigt, daß das Ho-Lee-Modell im wesentlichen von zwei Parametern abhängt. Einerseits wird die Modellstruktur beeinflußt vom konstanten Martingalmaß π, das exogen vorgegeben wird und andererseits von δ, das die Breite der prozentualen Abweichung festlegt. Es stellt sich somit die Frage, welche Vorstellung mit einem speziellen π verbunden ist und welche Folgerungen sich für den Arbitragepreis der zu bewertenden Auszahlungsströme daraus ergeben. Darüberhinaus ist es naheliegend, den Einfluß von δ auf die Volatilität der kurzfristigen Erträge zu untersuchen.

[22] Sind $h(\tau)$ und $h*(\tau)$ abhängig vom Zustand und Zeitpunkt, so würde eine (4.4.14) entsprechende Beziehung gelten, die vom Zustandspfad abhängig wäre. Die Zustandsunabhängigkeit garantiert, daß das Maß π unabhängig vom Zustand und Zeitpunkt und somit für das gesamte Modell konstant ist.

Wird die Volatilität der kurzfristigen Erträge zum Zeitpunkt t_i und Zustand j mit $\sigma(t_i, j)$ bezeichnet, so ergibt sich die folgende Beziehung:

$$\begin{aligned} \sigma^2(t_i, j) = V[\log 1 + r_{t_{i+1},\cdot} | r_{t_i,j}] &= V[-\log B_{t_{i+1}}(t_{i+2}) | r_{t_i,j}] \\ = \pi(1-\pi)\left[\log \frac{h(1)}{h^*(1)}\right]^2 &= \pi(1-\pi)[\log \delta]^2 \qquad (4.4.16) \\ \Leftrightarrow \delta = \exp\left\{\frac{\sigma^2}{\sqrt{\pi(1-\pi)}}\right\} &\geq 1 \qquad \forall \sigma > 0 \ . \end{aligned}$$

Das Ho-Lee-Modell gemäß der Formulierung (4.4.15) impliziert somit eine konstante Volatilität der kurzfristigen Erträge, wobei sich der Parameter δ entsprechend (4.4.16) bestimmt. Aus $\delta \geq 1$ folgt $h^*(\tau) \geq h(\tau)$ für alle τ.

Neben diesen Eigenschaften ist das Hauptproblem des Ho-Lee-Modells jedoch in seinem Konstruktionsprinzip zu sehen. Ausgehend von (4.4.11) wird ein Modell für die Änderung der Terminerträge $1 + f$ beschrieben. Entsprechend dem multiplikativen Ansatz sind die resultierenden Prozesse nach oben unbeschränkt, besitzen jedoch eine absolute untere Schranke in der Null. Daraus ergibt sich, daß die Terminzinsen f durchaus negative Realisationen besitzen. Die Kursprozesse der Nullkuponanleihen sind entsprechend während der Restlaufzeit nicht durch ihren Nennwert beschränkt. Für die Bewertung von Zinssatzoptionen im Ho-Lee-Modell bedeutet dies, daß negative Zinssätze im Modell erzeugt werden und somit einen Einfluß auf die Bewertung erhalten. Dieser Effekt kann natürlich durch Übergehen solcher Realisationen für die Bewertung mittels einer zusätzliche Randbedingung unterdrückt werden. Jedoch wird dadurch keine befriedigende Lösung des tieferliegenden Problems erreicht, da insbesondere eine derartige Randbedingung nicht einer Projektion der Wahrscheinlichkeitverteilung entspricht.

4.5 Stetige Zinsstrukturmodelle

Im Unterschied zu den kursorientierten Ansätzen, die sich direkt an der Bewertung eines Optionsvertrages orientieren, steht bei den nachfolgenden Modellen die Analyse der Zinsstruktur (Term Structure) im Vordergrund. Im wesentlichen sind zwei Modelle zu nennen: das von Artzner und Delbaen (1988) diskutierte Modell und der Ansatz von Heath, Jarrow und Morton (1987)[23]. Artzner und Delbaen betten die

[23] Beide Modelle verfolgen den sogenannten relativen Bewertungsansatz, d.h. ausgehend von einer Menge von Zustandsvariablen, die einen vollständigen Markt erzeugen, werden die Optionsverträge relativ hierzu bewertet. Diese Klasse von Modellen besitzt die grundlegende Eigenschaft, daß sie von beobachtbaren Größen ausgehen. Sie sind in diesem Sinn partiell, da die Prozesse als im Gleichgewicht resultierend angesehen werden. Rubinstein (1987) hat diese Vorstellung, die für die moderne Optionsbewertungstheorie seit Black und Scholes (1973) grundlegend ist, als "Derivative Asset Analysis" bezeichnet. Aufgrund dieser Vorstellung werden die Gleichgewichtsansätze (vgl. z.B. Cox, Ingersoll, Ross (1985 a)) für die vorliegende Untersuchung nicht berücksichtigt.

Zinsstruktur in den von Harrison und Kreps (1979) und Harrison und Pliska (1981, 1983) eröffneten Modellrahmen ein. Die Kernfrage ist, welche Bedingungen an die exogen vorgegebenen Kursprozesse von Nullkuponanleihen und die Momentanverzinsung gestellt werden müssen, so daß sich keine Arbitragemöglichkeiten ergeben. Wird davon ausgegangen, daß die Zustandsvariablen (Nullkuponanleihen und Momentanverzinsung) durch Differentialgleichungen beschreibbar sind, so entspricht dies der Frage nach dem für die Preisbewertung entscheidenden Martingalmaß. Unter der üblichen Annahme, daß die Informationsstruktur des zugrundeliegenden Wahrscheinlichkeitsraumes $(\Omega, \Im, P)$ durch eine Brown'sche Bewegung $\{W_t\}_t$ erzeugt wird und der Kursprozeß einer Nullkuponanleihe $\{B_t(T)\}_t$ durch die folgende Differentialgleichung gegeben ist,

$$dB_t(T) = \mu_t B_t(T)dt + \sigma_t B_t(T)dW_t \ , \tag{4.5.1}$$

wobei $(\mu_t, \sigma_t)_t$ vorhersehbare Prozesse sind, mit

$$\int_0^T \sigma_t^2 dt < \infty \quad \text{und} \quad \int_0^T |\mu_t| dt < \infty \quad P\text{–fast sicher,}$$

zeigen Artzner und Delbaen, daß das Martingalmaß P^* eindeutig bestimmt ist durch die Radon–Nikodym–Dichte

$$\begin{aligned} \frac{dP^*}{dP} &= g(T) = \exp\left\{\int_0^T q(t)dW_t - \frac{1}{2}\int_0^T q(t)^2 dt\right\} \\ \text{mit } q(t) &= \frac{\mu_t - r_t}{\sigma_t} \qquad (r_t \text{ Momentanzinssatz}) \ . \end{aligned} \tag{4.5.2}$$

Der Arbitragepreis einer Option und die Kursprozesse der Nullkuponanleihen kürzerer Laufzeit sind dann durch den diskontierten Erwartungswert unter dem Martingalmaß eindeutig gegeben. Die Formulierung weist somit nochmals deutlich auf das Problem der kursorientierten Ansätze hin. Durch die Festlegung zweier Prozesse (hier Nullkuponanleihe mit Endfälligkeit T und Momentanzins) wird unter den üblichen Annahmen an die Informationsstruktur das Martingalmaß eindeutig festgelegt. Insbesondere bedeutet dies, daß bezüglich der Modellierung weiterer Prozesse keine Freiheit besteht.

Heath, Jarrow und Morton (1987) greifen die Modellierung von Ho und Lee (1986) auf. Entsprechend dem Ho–Lee-Modell ist ihr Ausgangspunkt nicht die Kursentwicklung der Nullkuponanleihe, sondern die Veränderung der Terminzinsen. Für jeden festen Zeitpunkt $\tau \in [0, T]$ sei der stochastische Prozeß des Terminzinssatzes $\{f_t(\tau)\}_{t \in [0,\tau]}$ gegeben durch die Differentialgleichung

$$df_t(\tau) = \mu(t, \tau, \cdot)dt + \sigma\Big(f_t(\tau)\Big)dW_t \qquad t \in [0, \tau] \ , \tag{4.5.3}$$

wobei $\Big\{f_0(\tau) \text{ für } \tau \in [0, T]\Big\}$ eine gegebene Initialkurve der Terminzinsen ist. Gemäß (4.5.3) wird die gesamte Struktur der Terminzinsen für jeden Zeitpunkt

$\tau \in [0,T]$ festgelegt, deren Fluktuation analog zum Ho-Lee-Modell durch eine einzige Brown'sche Bewegung beschrieben wird.

Zwei Fragen sind in diesem Zusammenhang von Interesse:

- Welche gemeinsamen Anforderungen an die Familie der Driftfunktion $\Big\{\mu(t,\tau,\cdot)]\tau \in [0,T], t \in [0,\tau]\Big\}$ und die Volatilität $\sigma : \mathbb{R} \longrightarrow \mathbb{R}$ ergeben sich aus der Arbitragefreiheit?
- Welche zusätzlichen Annahmen an die Volatilitätsfunktion $\sigma : \mathbb{R} \longrightarrow \mathbb{R}$ sind für die Existenz einer Familie von Driftfunktionen $\{\mu\,(t,\tau,\cdot)]\tau \in [0,T]\}$ notwendig, so daß das gesamte System arbitragefrei ist?

Aus (4.5.3) lassen sich die Kursprozesse für Nullkuponanleihen mit Endfälligkeit $\tau \in [0,T]$ und der Prozeß der Momentanverzinsung herleiten. Für den diskontierten Kursprozeß $\hat{B}_t\,(\tau)$ einer Nullkuponanleihe $B_t\,(\tau)$ mit Endfälligkeit τ ergibt sich

$$\begin{aligned} \frac{d\hat{B}_t(\tau)}{\hat{B}_t(\tau)} &= \left[-\int_t^{\tau} \mu(t,s)ds + \frac{1}{2}\left(\int_t^{\tau} \sigma\Big(f(t,s)\Big)ds\right)^2\right] dt \\ &\quad - \left[\int_t^{\tau} \sigma\Big(f(t,s)\Big)ds\right] dW_t \qquad (4.5.4) \\ &=: b(t,\tau)dt + a(t,\tau)dW_t \ . \end{aligned}$$

Dieser Prozeß ist abhängig vom Pfad der Terminzinsentwicklung. Die Existenz eines eindeutigen Martingalmaßes und hiermit die Arbitragefreiheit zwischen einer beliebigen Nullkuponanleihe $B_t\,(\tau)$ und der Momentanverzinsung $\{r_t\}_t = \{f_t(t)\}_t$ ist gesichert, falls

$$\begin{aligned} \int_0^{\tau} \gamma\,(t,\tau)^2\,dt &< +\infty \quad \text{für jedes } \tau \in [0,T] \text{ fast sicher} \\ E\left[\exp\left\{\frac{1}{2}\int_0^{\tau} \gamma(t,\tau)^2 dt\right\}\right] &< \infty \quad \text{für jedes } u \in [0,\tau] \text{ fast sicher} \qquad (4.5.5) \\ \text{mit } \gamma(t,\tau) = -\frac{b\,(t,\tau)}{a\,(t,\tau)} & \ . \end{aligned}$$

Unter (4.5.5) ist das äquivalente Martingalmaß bestimmt durch die Dichte

$$g_{\tau}(u) = \exp\left\{\int_0^u \gamma\,(t,\tau)\,dW_t - \frac{1}{2}\int_0^u \gamma\,(t,\tau)^2\,dt\right\} \quad u \in [0,\tau] \ .$$

Über die Darstellung (4.5.4) läßt sich γ interpretieren als Prämie der Nullkuponanleihe bezüglich der Momentanverzinsung pro Risikoeinheit

$$\gamma\,(t,\tau) = \frac{E\left[\frac{dB_t(\tau)}{B_t(\tau)}\right] - r\,(t)\,dt}{\sqrt{V\left[\frac{dB_t(\tau)}{B_t(\tau)}\right]}} \ .$$

Die Existenz eines Martingalmaßes ist entsprechend (4.5.5) gesichert, falls die sich aus (4.5.4) ergebende Risikoprämie beschränkt ist, so daß keines der beiden Wertpapiere dominant werden kann. Aus (4.5.5) folgt jedoch noch nicht, daß keine Arbitragemöglichkeit zwischen Nullkuponanleihen mit verschiedener Endfälligkeit möglich ist. Notwendig und hinreichend hierfür ist, daß das Martingalmaß unabhängig vom Endfälligkeitstermin ist, d.h.

$$\begin{aligned} \gamma(t,\tau) &= \gamma(t,T) \quad \forall \tau \in [0,T] \qquad (4.5.6) \\ \Leftrightarrow \quad \mu(t,\tau) &= -\sigma\Big(f(t,\tau)\Big)\cdot\gamma(t,T) + \sigma\Big(f(t,\tau)\Big)\cdot\int_t^\tau \sigma\Big(f(t,s)\Big)ds \\ &\quad \text{für alle } \tau \in [0,T] \quad t \in [0,\tau] \ . \end{aligned}$$

Über (4.5.6) ist die Risikoprämie durch die Prozeßspezifikation der Terminzinsen endogenisiert und präferenzunabhängig. Das resultierende System der Nullkuponanleihen ist somit genau dann arbitragefrei, wenn zwischen der Familie der Driftfunktion $\{\mu(t,\tau)]\tau \in [0,T]\}$ und der Fluktuationsfunktion $\sigma : \mathbf{R} \longrightarrow \mathbf{R}$ eine gemäß (4.5.6) definierte funktionale Beziehung besteht. Die sich aus (4.5.6) ergebende Frage ist, unter welchen Bedingungen an $\sigma(.)$ die Existenz einer Familie von Driftfunktionen $\{\mu(t,\tau)]\tau \in [0,T]\}$ gesichert ist, so daß (4.5.6) gilt. Es zeigt sich, daß genau dann eine solche Familie existiert, falls eine Lösung in der „risikoneutralen" Formulierung existiert, d.h. $\gamma(t,T) \equiv 0$.

Heath, Jarrow und Morton (1987) beweisen, daß für die Existenz einer Driftfamilie die folgende Bedingung hinreichend ist:

$$\sigma : \mathbf{R} \longrightarrow \mathbf{R} \text{ sei eine positive, beschränkte und Lipschitz–stetige Funktion.} \qquad (4.5.7)$$

Drei Bemerkungen schließen sich im wesentlichen an die hinreichenden Existenzbedingungen an:

- Wird die Fluktuationsfunktion $\sigma\Big(f_t(\tau)\Big)$ als konstant angenommen, so genügt sie den Existenzbedingungen. Es zeigt sich jedoch, daß die Terminzinsen entsprechend der Differentialgleichung

  $$df_t(\tau) = \mu(t,\tau,.)\,dt + \sigma dW_t$$

  nach unten nicht beschränkt sind und somit negative Zinssätze nicht ausgeschlossen sind.

- Die einfachste Formulierung der Driftfunktion, die negative Zinssätze ausschließen würde, entspräche $\sigma\Big(f_t(\tau)\Big) = \sigma \cdot f_t(\tau)$ mit $\sigma > 0$. Diese Funktion ist jedoch unbeschränkt, so daß die Existenzaussage nicht anwendbar ist. Darüberhinaus zeigen Heath, Jarrow und Morton, daß für die so definierte proportionale Fluktuationsfunktion keine Familie von Driftfunktionen existiert, so daß (4.5.6) erfüllt ist. Die Bedingung der Beschränktheit an $\sigma(\cdot)$ kann insofern nicht vernachlässigt werden.

- Eine Fluktuationsfunktion, die sowohl (4.5.7) genügt, als auch negative Zinssätze ausschließt, ist durch $\sigma\Big(f_t(\tau)\Big) = \sigma \cdot \min\{f_t(\tau), \lambda\}$ mit $\sigma, \lambda > 0$ gegeben.

Insbesondere scheinen die Ergebnisse bezüglich der proportionalen Driftfunktion $\sigma\Big(f_t(\tau)\Big) = \sigma \cdot f_t(\tau)$ zu verdeutlichen, daß die von Heath, Jarrow und Morton untersuchte Modellierung starke strukturelle Grenzen besitzt. Im Unterschied zu zinsorientierten Modellen werden die Strukturanforderungen gemäß (4.5.3) für die gesamte Familie der Terminzinsprozesse gemacht. Der Momentanzinssatz $r_t = f_t(t)$ ist in gewisser Weise nur die 'Diagonale' dieser Prozesse, er besitzt jedoch für die Bewertung eine herausragende Bedeutung. Es ist bekannt, daß eine direkte Modellierung des stochastischen Prozesses für den Momentanzins auch dann zu einer Lösung führt, wenn die Driftfunktion unbeschränkt ist (vgl. Cox, Ingersoll und Ross (1985 b) oder Brennan und Schwartz (1977)). Es liegt somit nahe zu vermuten, daß die einheitlichen Strukturannahmen bezüglich der Driftfunktion der Terminzinssätze das Modell zu sehr einschränken und somit interessante Prozesse des zinsorientierten Ansatzes nicht berücksichtigt werden können.

4.6 Zusammenfassung

Die Darstellung von Caps und Floors als ein Portfolio aus Rentenoptionen (3.1.7) dient als Ausgangspunkt für die Bewertung dieser Verträge. Unter der Bedingung der Arbitragefreiheit ist es daher notwendig, ein konsistentes Zinsstrukturmodell zu betrachten. Unter den diskutierten kursorientierten Ansätzen genügt jedoch nur die Modellierung von Bühler–Käsler (1989) im Fall von zwei Nullkuponanleihen dieser Anforderung. Das zu betrachtende Modell für Caps und Floors verlangt jedoch einerseits eine größere Anzahl von Nullkuponanleihen und andererseits die Beschreibung eines kurzfristigen Zinssatzes. Insofern muß eine Verallgemeinerung des Bühler–Käsler–Modells von mehreren Zustandsvariablen ausgehen und wirft erhebliche analytische Schwierigkeiten auf, die nicht notwendigerweise dem Verständnis der zugrundeliegenden Struktur nützlich sein müssen.

Einen einfacheren Zugang unter Umgehung dieser Schwierigkeiten bieten die Zinsstrukturmodelle von Ho und Lee (1986) und Heath, Jarrow und Morton (1987). Das Ho–Lee–Modell schließt jedoch nicht negative Zinssätze aus, was für die Bewertung von Zinssatzoptionen zu nicht unerheblichen Problemen führen kann. Die Formulierung von Heath, Jarrow und Morton zeigt darüberhinaus, daß unter Arbitragefreiheit den Annahmen bezüglich der Entwicklung der Terminzinssätze einschränkende strukturelle Grenzen gesetzt sind. Beide Ansätze berücksichtigen jedoch die exogen gegebene Zinsstruktur zum Zeitpunkt t_0.

Die bisherigen Überlegungen zeigen, daß ein zu formulierendes Zinsstrukturmodell für die Bewertung von Caps und Floors den folgenden drei Anforderungen genügen sollte:

- Arbitagefreie Modellierung aller Kursprozesse für Nullkuponanleihen unterschiedlicher Laufzeit.
- Arbitragefreie Modellierung des Prozesses des kurzfristigen Zinssatzes unter Ausschluß negativer Zinssätze.
- Explizite Berücksichtigung der zum Zeitpunkt t_0 vorliegenden Zinsstruktur.

5 Neuformulierung eines diskreten Zinsstrukturmodells

Zur Neuformulierung des Zinsstrukturmodells werden zunächst die folgenden Grundannahmen gemacht:

- Es ist eine vorab festgelegte Folge von Handelszeitpunkten $\underline{\underline{T}} = \{0 = t_0 < \ldots < t_N = T\}$ gegeben. Möglicher Handel in Wertpapieren kann nur zu den Zeitpunkten $t_i \in \underline{\underline{T}}$ stattfinden. Zur Vereinfachung wird angenommen, daß die Handelszeitpunkte äquidistant gewählt wurden, d.h. $\Delta t = t_i - t_{i-1} = \frac{T}{N} \quad \forall i = 1, \ldots, N$.
- Transaktionskosten und Steuern werden nicht erhoben.
- Leerverkäufe von Wertpapieren unterliegen keiner Beschränkung.
- Wertpapiere können in beliebig teilbaren Einheiten gehandelt werden.
- Ein Bonitätsrisiko besteht nicht.

Diese Grundannahmen verdeutlichen die idealisierte Vorstellung der Marktstruktur. Einerseits ergeben sich hieraus klare Grenzen für die Interpretation des Modells. Andererseits ist die Formulierung des Zinsstrukturmodells somit von teilweise unnötigem Ballast befreit. Darüberhinaus ist die Bedeutung der einzelnen Annahmen unterschiedlich zu gewichten. Die Vorstellung der diskreten Zeitstruktur wird die Frage des Grenzverhaltens aufwerfen, die gesondert im Abschnitt 7 untersucht werden soll. Transaktionskosten und Steuern lassen sich durchaus in ein diskretes Modell einbetten, solange ihre Höhe keine vom Zufall abhängige Größe ist[24]. Sind Leerverkäufe nicht oder nur in eingeschränktem Umfang erlaubt, so hat dies für die Formulierung des Zinsstrukturmodells zunächst keine Bedeutung. Vielmehr ergibt sich hieraus eine Beschränkung der Klasse der Portefoliostrategien, die für die Duplizierung eines bestimmten Vertrages zur Verfügung stehen. Dies stellt jedoch im allgemeinen kein Problem dar, falls genügend Alternativanlagen vorhanden sind. Ebenso wird durch eine Einschränkung der vierten Grundannahme die Klasse der möglichen Portfoliostrategien beeinträchtigt, so daß hier jedoch im allgemeinen keine perfekte Duplizierbarkeit mehr zu erwarten ist.

Die Berücksichtigung eines Bonitätsrisikos würde den angestrebten Rahmen keinesfalls verlassen, da eine Einbindung in Form der üblichen Risikoprämie sich durchaus in das Modell integrieren läßt.

---

[24]Cox und Rubinstein (1985) z.B. berücksichtigen im Rahmen des Binomialmodells für die Aktienkursentwicklung eine zum Kurs proportionale Dividende. Analog zu ihrer Modellierung ließe sich eine zum Kurs proportionale Steuer bzw. proportionale Transaktionskosten betrachten.

Ein wesentlicher Aspekt des Ho–Lee–Modells (1986) und des Ansatzes von Heath, Jarrow und Morton (1987) ist die Berücksichtigung der zum Zeitpunkt $t_0 = 0$ vorliegenden Zinsstruktur. Analog zu der dortigen Modellierung wird im folgenden davon ausgegangen, daß die Kurse der Nullkuponanleihen für beliebiges Endfälligkeitsdatum $t_i \in \underline{\underline{T}}$ zum Zeipunkt t_0 bekannt sind. Entsprechend Proposition 2.2.1 besteht ein eindeutiger Zusammenhang zwischen den Kursen der Nullkupon– sowie Kuponanleihen und den Terminzinssätzen. An die Modellierung des Prozesses der kurzfristigen, d.h. periodischen Verzinsung $\{r_i\}_{i=0}^{N-1}$ werden nun die folgenden Anforderungen gestellt:

- Die aktuelle Marktinformation, d.h. die beobachteten Kurse der Nullkuponanleihen beeinflussen wesentlich die Prozeßentwicklung.
- Das Modell soll so formuliert werden, daß negative Zinssätze nicht erzeugt werden.
- Die Kursprozesse der Nullkuponanleihen ergeben sich aus dem Prozeß der kurzfristigen Verzinsung unter der lokalen Erwartungswerthypothese. Diese Forderung stellt sicher, daß aus der Beschreibung des kurzfristigen Zinssatzes ein arbitragefreies Zinsstrukturmodell abgeleitet werden kann. Alternativ könnte von einer bekannten Risikoprämie ausgegangen werden, die aufgrund von Arbitrageüberlegungen jedoch unabhängig vom jeweiligen Endfälligkeitsdatum der Nullkuponanleihen sein muß.

Im Rahmen einer diskreten Formulierung wird der Prozeß der kurzfristigen Verzinsung $\{r_i\}_{i=0}^{N-1}$ als ein pfadunabhängiger Binomialprozeß modelliert:

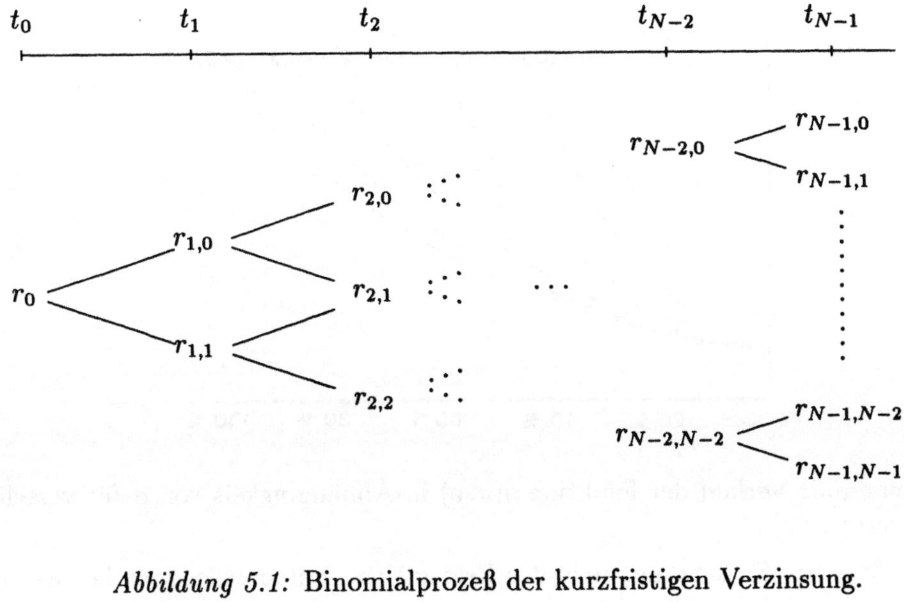

Abbildung 5.1: Binomialprozeß der kurzfristigen Verzinsung.

Zum Zeitpunkt t_0 ist der kurzfristige Zinssatz gegeben durch r_0. Zu Beginn der nächsten Periode entspricht der kurzfristige Zinssatz entweder $r_{1,0}$ oder $r_{1,1}$. Ist die Übergangswahrscheinlichkeit p bekannt und ist darüberhinaus die lokale Volatilität des kurzfristigen Zinssatzes $\sigma(t_1)$ für die erste Periode gegeben, so läßt sich hieraus ein Zusammenhang zwischen den möglichen zukünftigen Zinssätzen herleiten:

$$\begin{aligned} \sigma^2(t_1) &:= V_p[\log r_{1,\cdot}|r_0] = p(1-p)\left[\log \frac{r_{1,0}}{r_{1,1}}\right]^2 \qquad (5.1) \\ \Leftrightarrow \quad r_{1,0} &= r_{1,1} \cdot \exp\left\{\frac{\sigma(t_1)}{\sqrt{p \cdot (1-p)}}\right\} =: r_{1,1} \cdot g\Big(\sigma(t_1), p\Big) \end{aligned}$$

Sind die Übergangswahrscheinlichkeiten p und die lokale Volatilität σ unabhängig vom Zeitpunkt t_j, so ergibt sich analog zu (5.1)

$$r_{n,j} = r_{n,j+1} \cdot g(\sigma, p) \quad \text{für alle } n = 1, \ldots, N-1; \quad j = 0, \ldots, n-1 \ .$$

Aus der Pfadunabhängigkeit des Prozesses des kursfristigen Zinssatzes ist der Binomialprozeß bestimmt durch

$$r_{n,j} = r_{n,n} \cdot g(\sigma, p)^{n-j} \quad \text{für alle } j = 0, \ldots, n \qquad (5.2)$$

Die Funktion $g(\sigma, p) = \exp\left\{\frac{\sigma}{\sqrt{p(1-p)}}\right\}$ bestimmt für gegebenes p und σ die Spannbreite der zukünftigen Zinsentwicklung. Sie tritt somit an die Stelle der Störfunktion $h(1)$ und $h^*(1)$ im Ho–Lee–Modell. Im Unterschied zum Ho–Lee–Modell

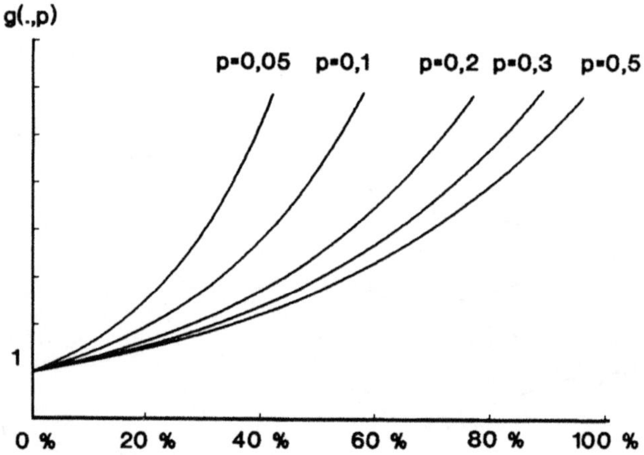

Abbildung 5.2: Verlauf der Funktion $g(\sigma, p)$ in Abhängingkeit von σ für verschiedene Werte von p.

beeinflußt g den Zinssatz und nicht den Ertrag $1+r$. Entsprechend ist das Maß des

Risikos durch die Volatilität der kurzfristigen Zinsen definiert und nicht durch die Volatilität des kurzfristigen Ertrages.Die Störfunktion g ist stetig auf $\mathbb{R}_{\geq 0} \times]0,1[$ und für festes $p \in]0,1[$ monoton wachsend in σ. Wie aus Abbildung 5.2 ersichtlich ist, besitzt g für konstantes σ ein absolutes Minimum in $p = \frac{1}{2}$, d.h. $g(\sigma, p) \geq g(\sigma, \frac{1}{2}) = \exp\{2\sigma\} \quad \forall \sigma \geq 0, p \in]0,1[$.

Offensichtlich nimmt der Einfluß einer Änderung in der Übergangswahrscheinlichkeit p mit wachsendem σ zu, für eine relativ kleine Volatilität ist er jedoch fast unerheblich. Da sich die Volatilität auf eine bestimmte Periodenlänge Δt bezieht, kann durch die Wahl kleiner Perioden der Einfluß der Übergangswahrscheinlichkeit auf die Zinsänderung der folgenden Periode beliebig eingeschränkt werden. Für kleine Perioden gilt somit die Approximation

$$\frac{r_{t+\Delta t,j}}{r_{t+\Delta t,j+1}} \doteq g\left(\sigma(\Delta t), \frac{1}{2}\right) = \exp\{2 \cdot \sigma(\Delta t)\} \quad .$$

Dies ist exakt die Beziehung, die sich für das Verhältnis der Aktienkurse im Binomialmodell ergibt[25].

Wird vorausgesetzt, daß die Übergangswahrscheinlichkeit p und die Volatilität des Zinsprozesses konstante bekannte Größen sind, so ist der Binomialprozeß $\{r_i\}_{i=0}^{N-1}$ durch (5.2) genau dann eindeutig beschrieben, falls die niedrigste Zinsausprägung $r_{n,n}$ für jede Periode $t_n \in \underline{\underline{T}} \setminus \{t_{N-1}\}$ bekannt ist. Im Unterschied zum Ho-Lee-Modell wird jedoch kein proportionaler Zusammenhang zwischen heutigen und zukünftigen Ausprägungen unterstellt. Vielmehr erfolgt die Verbindung über die zum Zeitpunkt t_0 bekannten Kurse der Nullkuponanleihen. Der kurzfristige Zinssatz zum Zeitpunkt t_0 ist durch den Kurs der Nullkuponanleihe mit Endfälligkeit t_1 gegeben: $r_0 = \frac{1}{B_0(t_1)} - 1$.
Aus dem Binomialprozeß des kurzfristigen Zinssatzes ergibt sich für den Kurs einer Nullkuponanleihe mit Endfälligkeit t_2 die folgende Darstellung:

---

[25]Vergl. hierzu Cox und Rubinstein (1985). Wird der Aktienkursprozeß als Binomialmodell mit konstanten prozentualen Änderungen u und d pro Periode formuliert

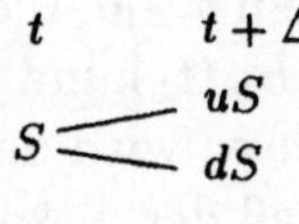

so ergibt sich die Konvergenz zu einem Diffusonsprozeß mit konstanter proportionaler Varianz für $u = \exp\left\{\sigma\sqrt{\Delta t}\right\}$ und $d = \frac{1}{u}$. Somit gilt $\frac{uS}{dS} = \frac{u}{d} = \exp\left\{2\sigma\sqrt{\Delta t}\right\}$.

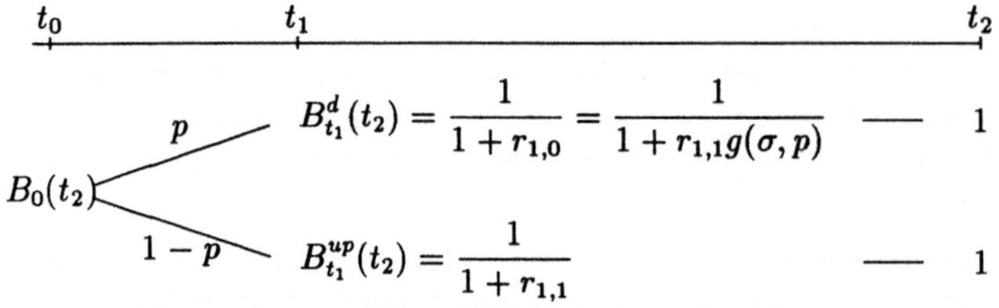

Unter der lokalen Erwartungswerthypothese entspricht der aktuelle Kurs der Nullkuponanleihe dem Erwartungswert seines diskontierten Nennwertes. Im Fall der Nullkuponanleihe mit Endfälligkeit t_2 führt dies zu

$$\begin{aligned} B_{t_0}(t_2) &= \frac{1}{1+r_0} E_p\left[\frac{1}{1+r_{1,\cdot}}|r_0\right] \\ &= \frac{1}{1+r_0}\left[\frac{p}{1+r_{1,1}\cdot g(\sigma,p)} + \frac{1-p}{1+r_{1,1}}\right] . \end{aligned} \tag{5.3}$$

Für festes $p \in]0,1[$ und $\sigma \geq 0$ besitzt (5.3) genau dann eine eindeutige positive Lösung $r_{1,1}$, falls $B_0(t_2) < B_0(t_1) = \frac{1}{1+r_0}$ ist. Für ein Zwei–Perioden Modell folgt somit aus der Arbitragebedingung $B_0(t_2) < B_0(t_1)$ die Existenz eines durch p und σ eindeutig bestimmten Zinsbaumes. $r_{1,1}$ und $r_{1,0}$ ergeben sich aus (5.3) bzw. (5.2).

Beispiel 5.1

$B_{t_0}(t_1) = 0,9615 \qquad p = \frac{1}{2}$
$B_{t_0}(t_2) = 0,9155 \qquad \sigma = 0,25$

Aus (5.2) und (5.3) ergibt sich für den Zinsbaum die Lösung

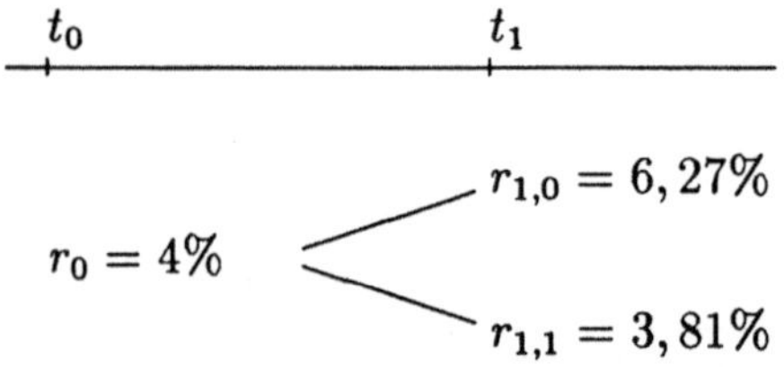

Folgt der Zinsprozeß einem Binomialprozeß, so ergibt sich zu jedem $p \in]0,1[$ ein eindeutiger Zinsbaum, der durch die Kurse der Nullkuponanleihen $B_{t_0}(t_1)$ und $B_{t_0}(t_2)$ gestützt wird. Entsprechend der lokalen Erwartungswerthypothese wird der Kursprozeß der Nullkuponanleihe mit Endfälligkeit t_2 so gewählt, daß der diskontierte Prozeß zu einem Martingal unter p wird. Die Kenntnis des Kursprozesses ist unter der vorliegenden Struktur äquivalent zur Kenntnis des Martingalmaßes p. Sind die

Kurse $B_{t_1}^{up}(t_2)$ und $B_{t_1}^{d}(t_2)$ bekannt, so ist das Martingalmaß p festgelegt und umgekehrt. Unter der Annahme der Pfadunabhängigkeit des Zinsprozesses kann das Modell direkt um eine Periode erweitert werden. Der um eine Periode verlängerte Zinsbaum ergibt sich aus dem ursprünglichen und dem Kurs der Nullkuponanleihe $B_{t_0}(t_3)$ mit Endfälligkeit t_3. Werden p und σ weiterhin als konstant angenommen, so folgt aus der lokalen Erwartungswerthypothese für $B_t(t_3)$

$$\begin{aligned} B_{t_0}(t_3) &= E\left[\prod_{n=0}^{2} \frac{1}{1+r_{n,\cdot}} | r_0\right] \\ &= \frac{1}{1+r_0}\left[\frac{p}{1+r_{1,0}}\left(\frac{p}{1+r_{2,0}} + \frac{1-p}{1+r_{2,1}}\right) + \frac{1-p}{1+r_{1,1}}\right. \\ &\quad \left. \cdot \left(\frac{p}{1+r_{2,1}} + \frac{1-p}{1+r_{2,2}}\right)\right] \\ &= \frac{1}{1+r_0}\left[\frac{p}{1+r_{1,0}}\left(\frac{p}{1+r_{2,2}g^2(\sigma,p)} + \frac{1-p}{1+r_{2,2}g(\sigma,p)}\right)\right. \\ &\quad \left. + \frac{1-p}{1+r_{1,1}}\left(\frac{p}{1+r_{2,2}g(\sigma,p)} + \frac{1-p}{1+r_{2,2}}\right)\right] . \end{aligned} \tag{5.4}$$

Beispiel 5.2

$B_{t_0}(t_1) = 0,9615 \qquad p = \frac{1}{2}$
$B_{t_0}(t_2) = 0,9155 \qquad \sigma = 0,25$
$B_{t_0}(t_3) = 0,8761$

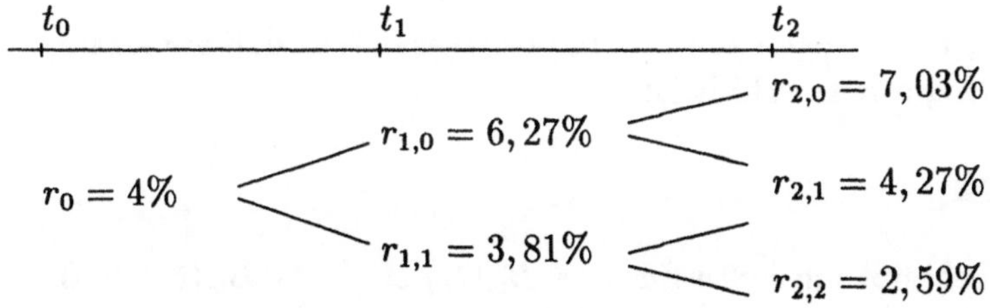

5.1 Existenz und Eindeutigkeit

Es soll die Frage untersucht werden, unter welchen Bedingungen an die Kurse der Nullkuponanleihen $B_{t_0}(t_i), t_i \in \underline{\underline{T}}$ die Existenz und Eindeutigkeit eines Zinsprozesses gesichert ist, der die aktuell beobachteten Kurse stützt. Dazu wird zunächst von der Annahme ausgegangen, daß die Übergangswahrscheinlichkeit p und die lokale Volatilität des kurzfristigen Zinssatzes konstant sind.

Satz 5.1.1

Seien $1 > B_{t_0}(t_1) > \ldots > B_{t_0}(t_N) > 0$ die Kurse der Nullkuponanleihen zum Zeitpunkt t_0. Dann existiert zu jedem Paar $(\sigma, p) \in \mathbb{R}_{\geq 0} \times]0,1[$ ein eindeutig bestimmter Zinsstrukturbaum gemäß (5.2) mit nicht negativen Zinssätzen, so daß die lokale Erwartungswerthypothese für die Kursprozesse der Nullkuponanleihen erfüllt ist.

Beweis

Der Beweis erfolgt mittels Induktion.

1. Induktionsanfang:

Seien $N = 2$ und $1 > B_{t_0}(t_1) > B_{t_0}(t_2)$ die gegebenen Kurse der Nullkuponanleihen. Aus $B_{t_0}(t_1) = \frac{1}{1+r_0}$ folgt, daß der kurzfristige Zinssatz zum Zeitpunkt t_0 positiv ist. Gemäß der lokalen Erwartungswerthypothese entspricht der Kurs der Nullkuponanleihe $B_{t_0}(t_2)$ dem Erwartungswert seines diskontierten Nennwertes.

$$\begin{aligned} B_{t_0}(t_2) &= \frac{1}{1+r_0}\left[\frac{p}{1+r_{1,0}} + \frac{1-p}{1+r_{1,1}}\right] \\ &= \frac{1}{1+r_0}\left[\frac{p}{1+r_{1,1}\cdot g(\sigma,p)} + \frac{1-p}{1+r_{1,1}}\right] \quad . \end{aligned}$$

Nach Voraussetzung ist $g(\sigma,p) = \exp\left\{\frac{\sigma}{\sqrt{p(1-p)}}\right\} > 1$.
Da $B_{t_0}(t_2) < B_{t_0}(t_1) = \frac{1}{1+r_0}$, existiert ein positives $r_{1,1}$, so daß die lokale Erwartungswerthypothese erfüllt ist.

2. Induktionsannahme:

Die Induktionsbehauptung gelte für $1 > B_{t_0}(t_1) > \ldots > B_{t_0}(t_n) > 0$ für alle $n \leq N$.

3. Induktionsschritt:

Sei $B_{t_0}(t_{N+1})$ der Preis einer Nullkuponanleihe mit Endfälligkeit $t_{N+1} = t_N + \Delta t$, so daß $B_{t_0}(t_N) > B_{t_0}(t_{N+1})$ ist. Aus der Pfadunabhängigkeit und der konstanten Volatilität pro Periode ergibt sich für die Zinseffekte im Binomialbaum zum Zeitpunkt t_N der folgende Zusammenhang:

$$r_{N,j} = r_{N,N} \cdot \left[g(\sigma,p)\right]^{N-j} \qquad \text{für } j = 0, \ldots, N \quad .$$

Der Kurs der Nullkuponanleihe $B_{t_0}(t_{N+1})$ entspricht unter der lokalen Erwartungswerthypothese dem Nennwert, diskontiert über alle Zinspfade. Die Menge der Zinspfade, innerhalb des Binomialmodells bis zum Zeitpunkt t_N, kann beschrieben werden durch:

$$K(N) = \{i = (0, i_1, \ldots, i_N) \in \{0\} \times \{0,1\}^N\}$$

$$S(n,i) := \sum_{j=0}^{n} i_j \;\hat{=}\; \text{Anzahl der „Aufwärtsbewegungen" des Pfades } i \in K(N) \text{ bis zum Zeitpunkt } t_n, n \leq N$$

mit

$$n - S(n,i) \;\hat{=}\; \text{Anzahl der „Abwärtsbewegungen" des Pfades } i \in K(N) \text{ bis zum Zeitpunkt } t_n, n \leq N$$

Wird nun $r_{0,0} := r_0$ und $x := r_{N,N}$ gesetzt, so ist x Lösung der Gleichung:

$$B_{t_0}(t_{N+1}) = \sum_{i \in K(N)} \left[p^{S(N,i)}(1-p)^{N-S(N,i)} \frac{1}{\prod_{n=0}^{N-1}(1 + r_{n,n-S(n,i)})} \cdot \frac{1}{1 + x[g(\sigma,p)]^{S(N,i)}} \right].$$

Durch

$$G(x, N+1) := \sum_{i \in K(N)} \left[p^{S(N,i)}(1-p)^{N-S(N,i)} \frac{1}{\prod_{n=0}^{N-1}(1 + r_{n,n-S(n,i)})} \cdot \frac{1}{1 + x[g(\sigma,p)]^{S(N,i)}} \right] - B_{t_0}(t_{N+1})$$

wird eine in $x \geq 0$ streng monoton fallende, stetige Funktion definiert, für die gilt:

$$\lim_{x \to +\infty} G(x, N+1) = -B_{t_0}(t_{N+1}) < 0$$

$$G(0, N+1) = \sum_{i \in K(N)} \left[p^{S(N,i)}(1-p)^{N-S(N,i)} \cdot \frac{1}{\prod_{n=0}^{N-1}(1 + r_{n,n \cdot S(n,i)})} \right] - B_{t_0}(t_{N+1})$$

$$\overset{\text{i.A.}}{=} B_{t_0}(t_N) - B_{t_0}(t_{N+1}) > 0 \Leftrightarrow B_{t_0}(t_N) > B_{t_0}(t_{N+1})$$

□

Die Aussage des Existenz- und Eindeutigkeitssatzes ist nun verallgemeinerbar auf den Fall, daß sowohl die Übergangswahrscheinlichkeiten als auch die lokale Volatilität zeit- und zustandsabhängig sind. Zur Verdeutlichung wird die folgende Notation eingeführt:

Sei zum Zeitpunkt t_{n-1} der kurzfristige Zinssatz durch $r_{n-1,j}$ gegeben, so ergibt sich aus der Annahme des Binomialprozesses für den Zinssatz zum Zeitpunkt t_n die Darstellung

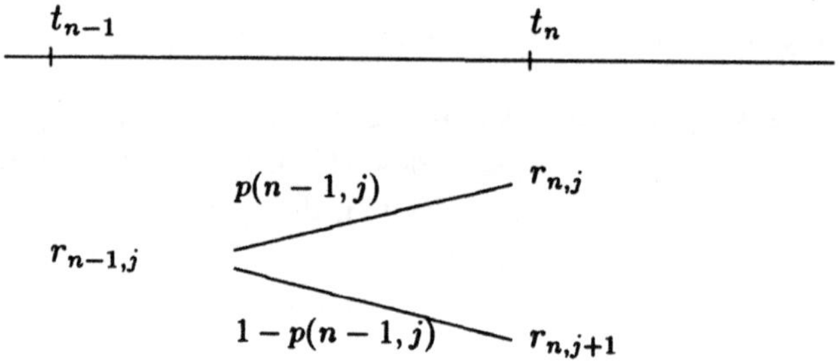

Mit $\sigma : \underline{\underline{T}} \times \mathbb{R}_{\geq 0} \longrightarrow \mathbb{R}_{\geq 0}$ wird dann die lokale Volatilitätsfunktion bezeichnet, wobei $\sigma(t_n; r_{n-1,j})$ die lokale Volatilität des kurzfristigen Zinssatzes zum Zeitpunkt t_n angibt, falls der Zinssatz zum Zeitpunkt t_{n-1} durch $r_{n-1,j}$ gegeben ist. Entsprechend definiert $p : A \longrightarrow]0,1[$ für $A = \{(n,j)]t_n \in \underline{\underline{T}} \quad , \quad j = 0 \ldots n\}$ die Übergangswahrscheinlichkeiten. Analog zu den bisherigen Überlegungen gilt somit

$$
\begin{aligned}
r_{n,j} &= r_{n,j+1} \exp \cdot \left\{ \frac{\sigma(t_n; r_{n-1,j})}{\sqrt{p\Big(n-1,j\Big) \cdot \Big(1 - p(n-1,j)\Big)}} \right\} \\
&= r_{n,j+1} \cdot g\Big(\sigma(t_n; r_{n-1,j}); p(n-1,j)\Big) \quad .
\end{aligned}
\tag{5.1.1}
$$

Unter der Annahme der Pfadunabhängigkeit läßt sich aus (5.1.1) wiederum induktiv der (5.2) entsprechende Zusammenhang zwischen den möglichen Realisationen des kurzfristigen Zinssatzes zum Zeitpunkt t_n herleiten:

$$
r_{n,j} = r_{n,n} \cdot \prod_{i=j}^{n-1} g\Big(\sigma(t_n; r_{n-1,i}); p(n-1,i)\Big) \quad \text{für } j = 0, \ldots, n-1 \quad . \tag{5.1.2}
$$

Es folgt somit unmittelbar aus Satz 5.1.1:

Satz 5.1.2

Seien $1 > B_{t_0}(t_1) > \ldots > B_{t_0}(t_N)$ gegebene Kurse der Nullkuponanleihen zum Zeitpunkt t_0. Zu jeder Volatilitätsfunktion $\sigma : \underline{\underline{T}} \times \mathbb{R}_{\geq 0} \longrightarrow \mathbb{R}_{\geq 0}$ und Familie von Übergangswahrscheinlichkeiten $p : A \longrightarrow], 0, 1[$ mit $A = \Big\{(n,j)]t_n \in \underline{\underline{T}}, j = 0 \ldots, n\Big\}$ existiert genau ein Zinsstrukturbaum gemäß (5.1.1) und (5.1.2) mit ausschließlich positiven Realisationen, so daß die lokale Erwartungswerthypothese für die Preisprozesse der Nullkuponanleihen erfüllt ist.

Beweis

Der Beweis zu Satz 5.1.2 ist analog zu dem Beweis zu Satz 5.1.1. Im Unterschied zu Satz 5.1.1 berücksichtigt die Definition der Funktion g die Beziehung (5.1.2), so daß

$$\begin{aligned} G(x, N+1) \;:=\; & \sum_{i \in K(N)} \Bigg[\prod_{n=0}^{N} p\Big(n, S(n,i)\Big)^{i_n} \cdot \Big(1 - p\Big(n, S(n,i)\Big)\Big)^{1-i_n} \\ & \cdot \frac{1}{\prod_{n=0}^{N-1} (1 + r_{n,n-S(n,i)})} \\ & \cdot \frac{1}{1 + x \cdot \prod_{j=N-S(N,i)}^{N-1} g\Big(\sigma(t_N, r_{N-1,j}); p(N-1, j)\Big)} \Bigg] \\ & - B_{t_0}(t_{N+1}) \quad , \end{aligned}$$

wobei $\prod_{j=N}^{N-1} g\Big(\sigma(.,.), p(.,.)\Big) := 1$ gesetzt wird. Die so definierte Funktion G besitzt bezüglich x die gleichen Eigenschaften wie in Satz 5.1.1. Speziell gilt:

$$\begin{aligned} \lim_{x \to +\infty} G(x, N+1) &= -B_{t_0}(t_{N+1}) < 0 \\ G(0, N+1) &= B_{t_0}(t_N) - B_{t_0}(t_{N+1}) > 0 \Leftrightarrow B_{t_0}(t_N) > B_{t_0}(t_{N+1}) \end{aligned}$$

□

Zusammenfassend läßt sich aus Satz 5.1.2 nun folgendes schließen:
Sind die Übergangswahrscheinlichkeiten und die lokale Volatilität gegeben, so folgt aus der strengen Monotonie der Kurse der Nullkuponanleihen bezüglich ihres Endfälligkeitsdatums, die Existenz und Eindeutigkeit eines Binomialprozesses als Modell für den kurzfristigen Zinssatz mit positiven Realisationen. Der so definierte Prozeß stützt unter der lokalen Erwartungswerthypothese die gegebenen Kurse der Nullkuponanleihen. Darüberhinaus sind deren Kursprozesse unter der lokalen Erwartungswerthypothese eindeutig bestimmt. Nach Konstruktion ist durch die Übergangswahrscheinlichkeiten $p : A \longrightarrow]0,1[$ das Martingalmaß eindeutig definiert, so daß keine Arbitragemöglichkeit innerhalb des Modells besteht. Das Modell erfüllt somit die Anforderungen, die an ein konsistentes Zinsstrukturmodell gestellt wurden.

Im Unterschied zum Ho–Lee-Modell (1986) werden jedoch keine negativen Zinssätze erzeugt. Dies wird im wesentlichen dadurch erreicht, daß der entsprechende Risikoparameter über die lokale Volatilität des kurzfristigen Zinssatzes definiert wird und nicht über die lokale Volatilität des kurzfristigen Ertrages. Parallel zu Ho–Lee (1986) wird von exogen vorgegebenen Übergangswahrscheinlichkeiten ausgegangen, die das Martingalmaß definieren. Hierdurch sind die Kursprozesse der Nullkuponanleihen, die sich unter Arbitragefreiheit ergeben, eindeutig festgelegt. Gemäß Satz 2.1.2 ist dies äquivalent zur exogenen Vorgabe der Kursprozesse. Die Diskussion zu den kursorientierten Modellen (Kapitel 4.1.) hat jedoch gezeigt, daß dieser Ansatz zu keiner befriedigenden Formulierung eines arbitragefreien Zinsstrukturmodells geführt hat. Das grundlegende Problem dieser Modelle ist, daß sie für eine beliebige Anzahl von Nullkuponanleihen die Existenz eines eindeutigen Martingalmaßes nicht garantieren können. Die Exogenisierung des Martingalmaßes stellt somit zumindest eine vernünftige Alternative dar, dieses Problem zu umgehen. Die entsprechend Satz 5.1.2 zugelassene Klasse von Übergangswahrscheinlichkeiten und Volatilitätsfunktionen ist genügend allgemein, um zunächst im Rahmen eines diskreten Modells eine ausreichend große Klasse von konsistenten Kursprozessen zu erzeugen. Die Frage des stetigen Übergangs wird jedoch für den Augenblick zurückgestellt und für einen interessanten Spezialfall in Kapitel 7 untersucht werden.

6 Arbitragefreie Bewertung von Zinssatzoptionen

Die Bewertung von Zinssatzoptionen erfolgt in zwei Schritten. Zunächst wird das Zinssstrukturmodell entsprechend der Überlegungen zu Kapitel 5 entwickelt. In jedem Zustandsknoten kann dann die Auszahlung der Zinssatzoption aufgrund ihrer Vertragseigenschaften bestimmt werden. Die eigentliche Bewertung der Zinssatzoption innerhalb des Modells erfolgt schließlich über eine selbstfinanzierende den Auszahlungsstrom duplizierende Portfoliostrategie.

Handelt es sich bei der Zinssatzoption z.B. um einen Cap mit einer Laufzeit von drei Perioden, einem Basislevel von $L > 0$ und Bewertungszeitpunkten t_0, t_1, t_2, so ist der Auszahlungsstrom durch Abbildung 6.1 gegeben:

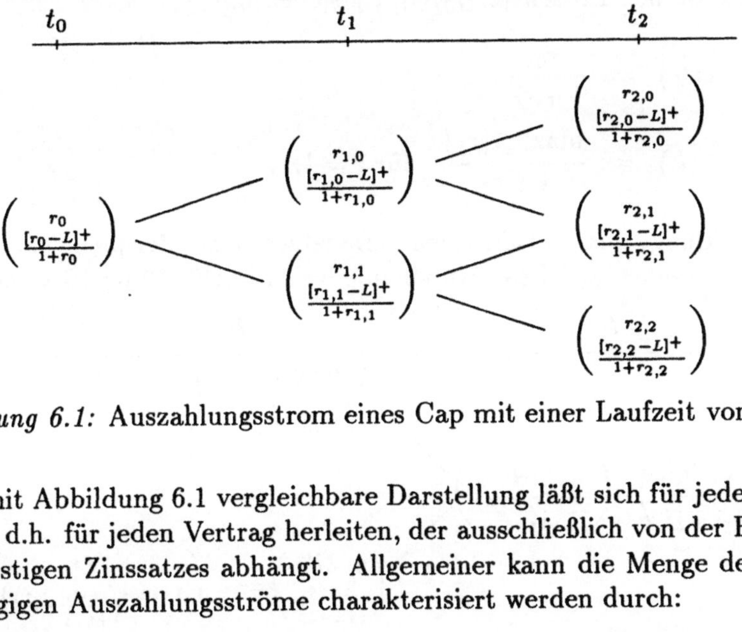

Abbildung 6.1: Auszahlungsstrom eines Cap mit einer Laufzeit von drei Perioden.

Eine mit Abbildung 6.1 vergleichbare Darstellung läßt sich für jeden Auszahlungsstrom, d.h. für jeden Vertrag herleiten, der ausschließlich von der Entwicklung des kurzfristigen Zinssatzes abhängt. Allgemeiner kann die Menge der rein zinssatzabhängigen Auszahlungsströme charakterisiert werden durch:

Definition 6.1

Ein rein zinsabhängiger Auszahlungsstrom ist ein stochastischer Prozeß $H = \{H_t\}_{t \in \underline{\underline{T}}}$ mit

$$H \in X = \left\{ x : \underline{\underline{T}} \setminus \{t_N\} \times \Omega \longrightarrow \mathbf{R} \mid x_{t_i} \text{ ist } \Im_{t_i}\text{meßbar für alle } t_i \in \underline{\underline{T}} \setminus \{t_N\} \right\} \quad (6.1)$$

wobei $\underline{\underline{T}} \setminus \{t_N\} = \{t_0 < \ldots < t_{N-1}\}$ die Menge der Bewertungszeitpunkte und $\Im_{t_i}$ die durch die Entwicklung des kurzfristigen Zinssatzes bis zum Zeitpunkt $t_i \in \underline{\underline{T}} \setminus \{t_N\}$ erzeugte σ–Algebra bezeichnen.

Bemerkung

Aus (6.1) folgt, daß Caps und Floors in der Menge X enthalten sind. Es muß jedoch nicht notwendig zu jedem Zeitpunkt eine Bewertung erfolgen, da für einige $t_i \in \underline{\underline{T}} \setminus \{t_N\}$ $H_{t_i}(w) \equiv 0 \quad \forall \omega \in \Omega$ sein darf. Entsprechend der Konstruktion des Zinsstrukturmodells sind die Kursprozesse der Nullkuponanleihen bezüglich der Informationsstruktur $\{\Im_t\}_{t\in\underline{\underline{T}}\setminus\{t_n\}}$ adaptiert und somit sind auch Rentenoptionen in X enthalten. Darüberhinaus kann der Auszahlungsstrom durchaus bezüglich der Entwicklung des kurzfristigen Zinssatzes pfadabhängig sein, so daß auch kompliziertere Vertragsformen in X enthalten sind. Beispielsweise wäre als Vertrag eine Kuponanleihe mit Nennwert 1 denkbar, deren Kuponzahlungen sich am jeweiligen kurzfristigen Zinssatz orientieren, jedoch durch die Höhe der vorangegangenen Kuponzahlungen von unten beschränkt sind. Eine solche Look–Back–Option ist durch den stochastischen Prozeß $\{c_t\}_{t\in\underline{\underline{T}}\setminus\{t_N\}}$ gegeben mit:

$$
\begin{aligned}
c(t_0) &= \frac{r_0}{1+r_0} \\
c(t_i) &= \frac{\max_{j=0}^{i}\{r_j\}}{1+r_{t_i}} \quad \text{für } i = 1,\dots,N-1 \quad .
\end{aligned}
$$

Für die Entwicklung des kurzfristigen Zinssatzes aus Beispiel 5.2 ist der Auszahlungsstrom einer solchen Kuponanleihe in Abbildung 6.2 gegeben.

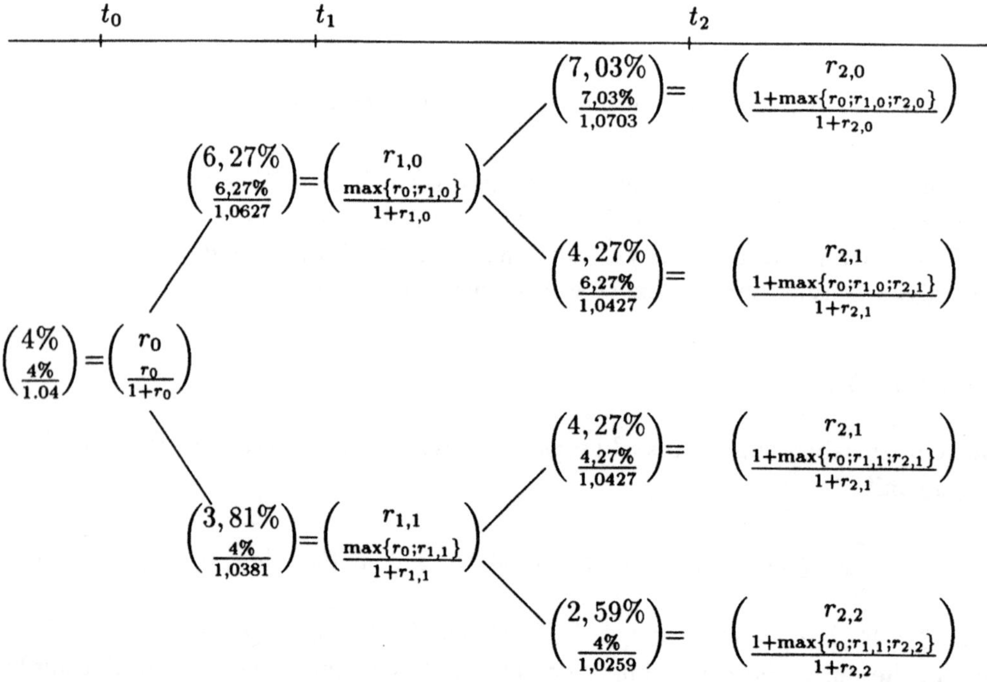

Abbildung 6.2: Auszahlungsstrom einer Kuponanleihe mit Look–Back–Option.

Die Frage nach dem Arbitragepreis einer Zinssatzoption oder allgemeiner eines rein zinsabhängigen Auszahlungsstromes ist nun zweigeteilt.

Zum einen stellt sich die Frage nach der Existenz und Eindeutigkeit des Arbitragepreises. Aus der Definition des Zinsstrukturmodells ist das Martingalmaß eindeutig durch die Funktion der Übergangswahrscheinlichkeiten festgelegt. Somit existiert gemäß Satz 2.1.2 ein eindeutiger Arbitragepreis für jeden rein zinsabhängigen Auszahlungsstrom (vergleiche hierzu auch Harrison und Kreps (1979)). Dieser ist gegeben durch den Erwartungswert der diskontierten Auszahlungen unter dem Martingalmaß.

Im Unterschied zu den Modellen mit konstanter kurzfristiger Verzinsung ist die Diskontierung pfadabhängig. Seien a und b zwei abhängige Zufallsvariablen, so gilt für den Erwartungswert des Produktes:

$$\begin{aligned} E[a \cdot b] &= E\Big[(a - E[a])(b - E[b]) + aE[b] \\ &\quad + E[a]b - E[a]E[b]\Big] \\ &= cov[a,b] + E[a] \cdot E[b] \\ &= corr(a,b)\sigma_a\sigma_b + E[a] \cdot E[b] \ . \end{aligned}$$

Wird mit b die Auszahlung eines Cap zu einem festen Zeitpunkt verbunden und mit a der zugehörige Diskontierungsfaktor, der sich aus den Zinspfaden bis zu diesem Zeitpunkt ergibt, so besteht eine negative Korrelation zwischen beiden Zufallsvariablen. Der erwartete diskontierte Wert der Auszahlung eines Cap ist somit größer als der diskontierte erwartete Wert für diesen Zeitpunkt. Da sich die gesamte Auszahlung eines Cap als Summe über seine Auszahlungstermine darstellen läßt, gilt dies für den gesamten Auszahlungsstrom. Entsprechend ist aufgrund der positiven Korrelation zwischen der Auszahlung eines Floor und dem Diskontierungsfaktor der erwartete diskontierte Wert geringer als der diskontierte erwartete Wert des Floor.

Die zweite sich in diesem Zusammenhang stellende Frage betrifft die Duplizierbarkeit der Auszahlungen mittels einer dynamischen selbstfinanzierenden Portfoliostrategie. Der Initialwert dieser Portfoliostrategie zum Zeitpunkt t_0 stimmt mit dem Arbitragepreis überein. Ihre explizite Form hängt jedoch außer von dem betrachteten Vertrag auch von den zur Verfügung stehenden Wertpapieren ab. Innerhalb des definierten Zinsstrukturmodells bieten sich neben dem kurzfristigen Zinssatz u.a. Nullkuponanleihen, Kuponanleihen und Zinsswaps zum Aufbau einer Portfoliostrategie an. Der nachfolgende Satz faßt die Ergebnisse bezüglich Caps und Floors zusammen und beschreibt die Struktur der Portfoliostrategien.

Satz 6.1

(a) Der Arbitragepreis eines Cap entspricht der Summe der erwarteten diskontierten Auszahlungen unter dem Martingalmaß P, das durch die Funktion der Übergangswahrscheinlichkeiten

$$p : A \longrightarrow]0,1[\text{ mit } A = \{(n,j)] t_n \in \underline{\underline{T}}, \quad j = 0, \ldots, n\}$$

gegeben ist:

$$\text{Cap}\,[r, L, \underline{\underline{T}} \setminus \{t_N\} = \{t_0, \ldots, t_{N-1}\}, V] = V \cdot \sum_{l=0}^{N-1} E_P \left[\frac{[r_{l,\cdot} - L]^+}{\prod_{j=0}^{l}(1 + r_{j,\cdot})} \right] \tag{6.2}$$

(b) Analog entspricht der Arbitragepreis eines Floor der Summe der erwarteten diskontierten Auszahlungen unter dem Martingalmaß P

$$\text{Floor}\,[r, L, \underline{\underline{T}} \setminus \{t_N\} = \{t_0, \ldots, t_{N-1}\}, V] = V \cdot \sum_{l=0}^{N-1} E_P \left[\frac{[L - r_{l,\cdot}]^+}{\prod_{j=0}^{l}(1 + r_{j,\cdot})} \right] \tag{6.3}$$

(c) Zu jeder der beiden Vertragsformen Cap und Floor existieren, den jeweiligen Auszahlungsstrom duplizierende, Portfoliostrategien. Der Initialwert dieser Portfoliostrategien ist unabhängig von der Wahl der innerhalb des Zinsstrukturmodells definierten Kursprozesse und stimmt mit dem Arbitragepreis (6.2) bzw. (6.3) überein.

Beweis

Zum Beweis der Behauptung genügt es unter Berücksichtigung von Satz 2.1.2 zu zeigen, daß jede selbstfinanzierende, den Auszahlungsstrom eines Cap bzw. Floor duplizierende Portfoliostrategie einen Initialwert entsprechend (6.2) bzw. (6.3) besitzt.

1. Zunächst wird die Behauptung für eine Portfoliostrategie unter Verwendung des kurzfristigen Zinssatzes und der Nullkuponanleihe mit Endfälligkeit t_N gezeigt. Seien hierzu zum Zeitpunkt t_0 die Kurse der Nullkuponanleihen $B_0(t_i), t_i \in \underline{\underline{T}} = \{t_0 < \ldots < t_N\}$ gegeben, wobei $B_0(t_i) > B_0(t_{i+1})$ gelte. Darüberhinaus seien die lokale Volatilität durch die Funktion $\sigma : \underline{\underline{T}} \times \mathbb{R}_{\geq 0} \longrightarrow \mathbb{R}_{\geq 0}$ und die Übergangswahrscheinlichkeiten durch $p : A \longrightarrow]0,1[$ bestimmt. Unter der lokalen Erwartungswerthypothese genügt der Kursprozeß der Nullkuponanleihe mit Endfälligkeit t_N der Bedingung

$$B_{t_i,j}(t_N) = \frac{E_{p(i,j)}\left[B_{t_{i+1},\cdot}(t_N) | r_{i,j}\right]}{1 + r_{i,j}} \quad \forall (i,j) \in A \quad . \tag{6.4}$$

Aus dem Binomialprozeß für den kurzfristigen Zinssatz und der Endbedingung $B_{t_N,\cdot}(t_N) = 1$ läßt sich somit der Kursprozeß bestimmen. Für ein beliebiges Zeitpunkt- und Zustandstupel $(i,j) \in A = \left\{(n,j)]t_n \in \underline{\underline{T}}, j = 0,\ldots,n\right\}$ ist die Situation durch den folgenden Baum charakterisierbar:

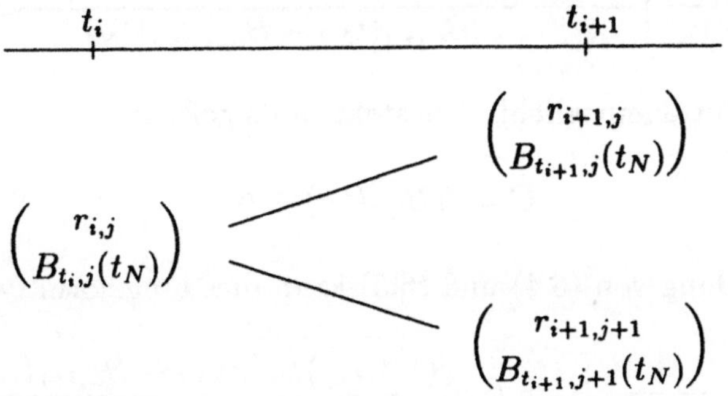

Die Auszahlung eines Cap mit Basislevel $L > 0$ zum Zeitpunkt t_{i+1} ist dementsprechend bestimmt durch:

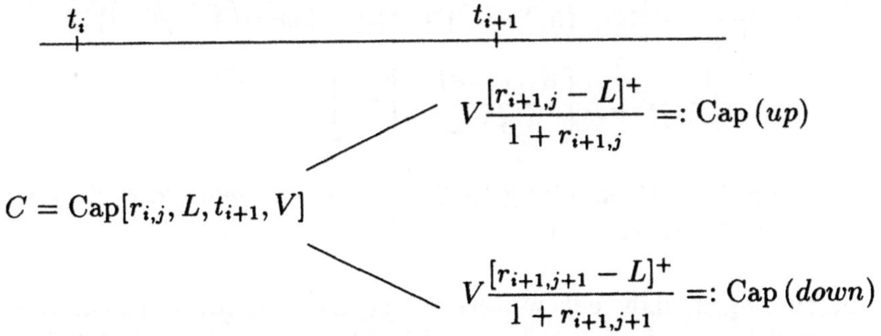

wobei C der Wert des einfachen Caps zum Zeitpunkt t_i ist. Zum Zeitpunkt t_i ist es nun möglich, ein Portfolio zu bilden, das unabhängig vom Zustand zum Zeitpunkt t_{i+1} die Auszahlung des einfachen Cap dupliziert. Unter der Bedingung der Arbitragefreiheit muß der Initialwert des Portfolios dann mit C übereinstimmen.

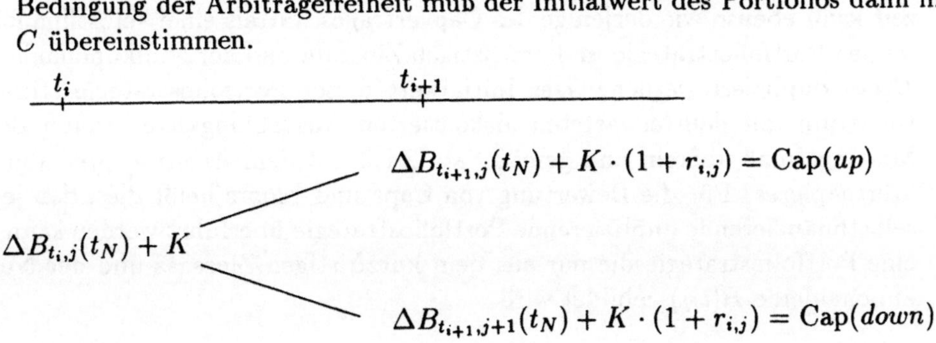

Die Portfoliogewichte Δ und K ergeben sich zu:

$$\Delta = \frac{\text{Cap } (up) - \text{Cap } (down)}{B_{t_{i+1},j}(t_N) - B_{t_{i+1},j+1}(t_N)} < 0 \qquad \text{(Hedgeratio)} \tag{6.5}$$

$$K = \frac{1}{1+r_{i,j}} \left[\frac{B_{t_{i+1},j}(t_N)\text{Cap } (down) - B_{t_{i+1},j+1}(t_N)\text{Cap } (up)}{B_{t_{i+1},j}(t_N) - B_{t_{i+1},j+1}(t_N)} \right] > 0$$

Falls keine Arbitragemöglichkeit besteht, muß gelten:

$$C = \Delta B_{t_i,j}(t_N) + K \quad .$$

Unter Verwendung von (6.4) und (6.5) kann dies umgeformt werden zu

$$\begin{aligned} C &= \frac{1}{1+r_{i,j}} \left[\text{Cap } (up) \frac{(1+r_{i,j})B_{t_i,j}(t_N) - B_{t_i,j+1}(t_N)}{B_{t_{i+1},j}(t_N) - B_{t_{i+1},j+1}(t_N)} \right. \\ &\quad \left. + \text{ Cap } (down) \frac{B_{t_{i+1},j}(t_N) - (1+r_{i,j}) \cdot B_{t_i,j}(t_N)}{B_{t_{i+1},j}(t_N) - B_{t_{i+1},j+1}(t_N)} \right] \\ &= \frac{1}{1+r_{i,j}} \left[\text{Cap } (up) p(i,j) + \text{ Cap } (down) \Big(1 - p(i,j)\Big) \right] \\ &= \frac{1}{1+r_{i,j}} E_{p(i,j)} \left[\frac{[r_{i+1,\cdot} - L]^+}{1+r_{i+1,\cdot}} \right] r_{i,j} \quad . \end{aligned}$$

Induktiv ist somit die Behauptung (6.3) für diese spezielle Portfoliostrategie gezeigt. Entsprechend ergibt sich das Ergebnis für den Floor.

2. Es bleibt zu zeigen, daß jede weitere selbstfinanzierende Porfoliostrategie, die eine Duplizierung des betrachteten Auszahlungsstromes ermöglicht, den gleichen Initialwert besitzt. Dies folgt jedoch unmittelbar aus der Modellstruktur. Der Auszahlungsstrom eines anderen Wertpapieres, d.h. z.B. einer Kuponanleihe, eines Swaps oder einer Nullkuponanleihe mit kürzerer Laufzeit kann ebenso wie derjenige des Capvertrages mittels einer selbstfinanzierenden Portfoliostrategie im kurzfristigen Zinssatz und der Nullkuponanleihe $B(t_N)$ dupliziert werden. Der Initialwert dieser Portfoliostrategie stimmt wiederum mit dem erwarteten diskontierten Auszahlungsstrom unter dem Martingalmaß überein und gemäß Satz 2.1.2 mit dem Arbitragepreis dieses Wertpapieres. Für die Bewertung von Caps und Floors heißt dies, daß jede selbstfinanzierende duplizierende Portfoliostrategie überführt werden kann in eine Portfoliostrategie die nur aus dem kurzfristigen Zinssatz und der Nullkuponanleihe $B(t_N)$ gebildet wird.

□

Bemerkung

1. Die Arbitragepreise (6.2) bzw. (6.3) entsprechen dem Wert, den ein risikoneutraler Investor unter dem Maß P einem Cap bzw. Floor beimessen würde. Aus diesem Grund kann das Martingalmaß P auch als das risikoneutrale Wahrscheinlichkeitsmaß bezeichnet werden.

2. Die Bewertung des Auszahlungsstromes ist selbst für eine konstante lokale Volatilität und konstante Übergangswahrscheinlichkeit aufgrund der Diskontierung pfadabhängig. Eine geschlossene Bewertungsformel, wie sie sich z.B. aus dem Binomialmodell für die Bewertung von Aktienoptionen ergibt, ist somit nicht zu erwarten.

3. Für eine konstante lokale Volatilität σ und eine konstante Übergangswahrscheinlichkeit p bzw. $1-p$ lassen sich (6.2) und (6.3) vereinfachen zu:

$$\begin{aligned}\text{Cap}\,[r, L, \underline{\underline{T}} \setminus \{t_N\}, V] &= V \cdot \sum_{l=0}^{N-1} \sum_{i \in K(l)} p^{S(l,i)} (1-p)^{l-S(l,i)} \\ &\quad \cdot \frac{[r_{l,l} \cdot g(\sigma,p)^{S(l,i)} - L]^+}{\prod_{j=0}^{l} \left(1 + r_{j,j} \cdot g(\sigma,p)^{S(j,i)}\right)}\end{aligned}$$

$$\begin{aligned}\text{Floor}\,[r, L, \underline{\underline{T}} \setminus \{t_N\}, V] &= V \cdot \sum_{l=0}^{N-1} \sum_{i \in K(l)} p^{S(l,i)} (1-p)^{l-S(l,i)} \\ &\quad \cdot \frac{[L - r_{l,l} \cdot g(\sigma,p)^{S(l,i)}]^+}{\prod_{j=0}^{l} \left(1 + r_{j,j} \cdot g(\sigma,p)^{S(j,i)}\right)}\end{aligned}$$

wobei

$r_{0,0}$	$:=$	r_0	den Anfangszinssatz,
$K(l)$	$:=$	$\{i = (0, i_1, \ldots, i_l) \in \{0\} \times \{0,1\}^l\}$	die Menge der Zinspfade bis zum Zeitpunkt t_l,
$S(m,i)$	$:=$	$\sum_{j=0}^{m} i_j$	die Anzahl der „Aufwärtsbewegungen" des Pfades $i \in K(l) (m \leq l)$ bis zum Zeitpunkt t_m,
$m - S(m,i)$	$:=$		die Anzahl der „Abwärtsbewegungen" des Pfades $i \in K(l)$,
$g(\sigma,p)$	$:=$	$\exp \frac{\sigma}{\sqrt{p(1-p)}}$	die Störfunktion der kurzfristigen Zinssätze

bezeichnen.

4. Entsprechend Definition 6.1 ist der Arbitragepreis eines rein zinsabhänigen Auszahlungsstromes gleich

$$\overline{H}(t_0,\dots,t_{N-1}) = \sum_{l=1}^{N-1} E_P\left[\frac{H_{t_l}}{\prod_{j=0}^{l-1}(1+r_{j,\cdot})}\right]$$

Beispiel 6.1

Es sollen die Bewertung und drei ausgewählte Duplizerungsstrategien für den folgenden Cap betrachtet werden:

Zugrundeliegender Zinssatz	:	jährlich
Laufzeit	:	3 Jahre
Basislevel	:	4%
Bewertungszeitpunkte	:	t_0, t_2, t_4 (jährlich)
Auszahlungszeitpunkte	:	t_2, t_4, t_6 (jährlich)
Menge der Handlungszeitpunkte	:	$\{t_0, t_1, \dots, t_5\}$ mit$\Delta t = t_{i+1} - t_i = \frac{1}{2}$ Jahr
Nennwert des Vertrags	:	100 DM

Es wird angenommen, daß die Kurse der Nullkuponanleihen zum Zeitpunkt t_0 gegeben sind durch:

$B_0(t_1) = 0,9806$ $B_0(t_4) = 0,9200$
$B_0(t_2) = 0,9615$ $B_0(t_6) = 0,8759$
$B_0(t_3) = 0,9406$

Zur Vereinfachung werden die lokale Volatilität pro Periode und die Übergangswahrscheinlichkeiten als jeweils konstant angenommen, mit:

$$\sigma = 17,86\% \qquad p = 0,5 \ .$$

Der Auszahlungsstrom des Cap ergibt sich zu jedem Bewertungszeitpunkt aus der Differenz zwischen aktuellem jährlichen Zinssatz und dem Basislevel, falls dies positiv ist. Die Auszahlung, das Produkt von Nennwert und Differenz, erfolgt jedoch zeitversetzt zum folgenden Auszahlungszeitpunkt.

Drei ausgewählte selbstfinanzierende Portfoliostrategien werden betrachtet, die den Auszahlungsstrom duplizieren. Die Portfoliostrategien berücksichtigen neben dem kurzfristigen Zinssatz entweder eine Nullkuponanleihe mit Endfälligkeitsdatum t_6, eine Kuponanleihe mit jährlichen, d.h. zu t_2, t_4 und t_6 fälligen Kuponzahlungen von 4,5% und Endfälligkeitsdatum t_6 oder einen Zinsswap mit Swaplevel 4,5%, dessen Laufzeit, Bewertungszeitpunkte und Auszahlungszeitpunkte mit denjenigen des Cap übereinstimmen. Der Nennwert der verschiedenen Finanzinstrumente wird jeweils gleich 100 gesetzt. Das Ergebnis ist in Abbildung 6.3 gegeben. Im einzelnen bezeichnen in Abhängigkeit von Zeitpunkt und Zustand:

r	: den anualisierten kurzfristigen Zinssatz
d	: das Produkt von Nennwert und Differenz
	= Cashflow zum folgenden Auszahlungszeitpunkt
PV	: den Wert des erwarteten diskontierten Auszahlungsstromes
	unter dem Maß P

Portfoliostrategie Nullkuponanleihe (P1):

NK	: den Kurs der Nullkuponanleihe mit Endfälligkeit t_6
ΔNK	: den Anteil bei Portfoliostrategie 1) an Nullkuponanleihen
KNK	: den Anteil bei Portfoliostrategie 1) an Kassenhaltung

Portfoliostrategie Kuponanleihe (P2):

KA	: den Kurs der Kuponanleihe mit Endfälligkeit t_6
ΔKA	: den Anteil bei Portfoliostrategie 2) an Kuponanleihen
KKA	: den Anteil bei Portfoliostrategie 2) an Kassenhaltung

Portfoliostrategie Swap (P3)

S	: den Kurs des Zinsswaps
ΔS	: den Anteil bei Portfoliostrategie 3) an Zinsswaps
KS	: den Anteil bei Portfoliostrategie 3) an Kassenhaltung

Zeitpunkt: t_4

	r	2,3576	3,3575	4,7814	6,8093	9,6973
	d	0,0000	0,0000	0,7814	2,8093	5,6973
	PV	0,0000	0,0000	0,7458	2,6302	5,1936
	NK	97,6967	96,7516	95,4368	93,6248	91,1600
	KA	102,0931	101,1054	99,7314	97,8379	95,2622
	S	-2,0931	-1,1054	0,2686	2,1621	4,7378

Zeitpunkt: t_3

	r	2,5462	3,6261	5,1640	7,3542
	d	0,0000	0,0000	0,0000	0,00000
	PV	0,0000	0,3663	1,6460	3,7755
	NK	96,0095	94,3979	92,1806	89,1716
(P1)	Δ NK	0,0000	-56,7187	-104,0000	-104,0000
	KNK	0,0000	53,9075	97,5139	96,5140
	KA	104,7738	103,0664	100,71646	97,5275
(P2)	Δ KA	0,0000	-54,2762	-99,5215	-99,5215
	KKA	0,0000	59,3069	101,8810	100,8364
	S	-1,5793	-0,4110	1,1851	3,3297
(P3)	Δ S	0,0000	0,5428	0,9952	0,9952
	KS	0,0000	0,5894	0,4666	0,4618

Zeitpunkt1: t_2

	r	3,0788	4,3846	6,2441
	d	0,0000	0,3846	2,2441
	PV	0,1804	1,3532	4,7422
	NK	93,7712	91,3090	87,9712
(P1)	Δ NK	-22,72887	-57,7150	-70,7721
	KNK	21,4933	54,0522	67,0012
	KA	102,3564	99,7288	96,1653
(P2)	Δ KA	-21,4542	-54,4671	-66,7691
	KKA	22,1401	55,6726	68,9503
	S	-2,3589	0,2682	3,8317
(P3)	Δ S	0,3135	0,8018	0,9930
	KS	0,9200	1,1382	0,9374

Zeitpunkt: t_1

	r	3,3031	4,7040
	d	0,0000	0,0000
	PV	0,7544	2,9784
	NK	91,0486	87,6033
(P1)	Δ NK	-46,6337	-101,5328
	KNK	44,1243	91,9241
	KA	103,8415	100,1193
(P2)	Δ KA	-44,6348	-95,1028
	KKA	47,1039	98,1947
	S	-1,0285	2,0034
(P3)	Δ S	0,4464	0,9510
	KS	1,2136	1,0732

Zeitpunkt: t_0

	r	4,0000
	d	0,0000
	PV[26]	1,8302
	NK	87,5913
(P1)	Δ NK	-64,5526
	KNK	58,3727
	KA	100,0000
(P2)	Δ KA	-59,7493
	KKA	61,5795
	S	-0,0028
(P3)	Δ S	0,7335
	KS	1,8322

Abbildung 6.3: Auszahlungsstrom und Portfoliostrategie bezüglich eines Caps.

[26] der Arbitragepreis des Cap beträgt 1,8302% des Nennwertes

Der Arbitragepreis des Cap ist somit gleich 1,8302% seines Nennwertes. Jede der drei angegebenen reinen Portfoliostrategien und jede entsprechende Kombination ermöglicht eine Duplizierung des Auszahlungsstromes. Ebenso führt jede entsprechende Kombination der drei angegebenen Portfoliostrategien wiederum zu einer Duplizierung des Auszahlungsstromes bei gleichem Initialwert.

6.1 Erste Eigenschaften der Bewertung

Die Bewertung der Zinssatzoptionen und die duplizierenden Portfoliostrategien sind abhängig von den unterschiedlichen exogenen Größen des Modells. Diese lassen sich in drei Gruppen einordnen (Tabelle 6.1.1)

Tabelle 6.1.1 Exogene Größen des Bewertungsmodells

Marktparameter	Vertragsparameter	Strukturparameter
– aktuelle Kurse der Nullkuponanleihen $B_{t_0}(t_1) \dots B_{t_0}(t_N)$	– Basislevel (L)	– Hedgetenor
– lokale Volatilitätsfunktion $\sigma : \underline{\underline{T}} \times \mathbf{R}_{\geq 0} \to \mathbf{R}_{\geq 0}$	– Optiontenor	–Übergangswahrscheinlichkeiten $p : A :]0,1[$ mit $A = \{(n,j) \mid t_n \in \underline{\underline{T}}, j = 0,\dots,n\}$

Welchen Einfluß eine Veränderung der Eingangsparameter auf die Bewertung bzw. die Portfoliostrategie hat, soll im folgenden untersucht werden. Dabei wird zunächst davon ausgegangen, daß sowohl der Options- wie Hedgetenor und die Übergangswahrscheinlichkeiten konstant vorgegeben sind. Die Diskussion dieser Parameter wird für den Augenblick zurückgestellt und erfolgt unter Berücksichtigung der Periodenlänge, d.h. des Hedgetenors in Abschnitt 6.3.

Aufgrund der verteilungsunabhängigen Eigenschaften (Abschnitt 3.3) sind Caps und Floors konvexe Funktionen des Basislevels, wobei der Cap monoton fallend und der Floor monoton wachsend im Basislevel ist. Die Bewertung dieser Verträge unter der dem Zinsstrukturmodell zugrundeliegenden Verteilungsannahme besitzt ebenfalls diese Eigenschaften, die unmittelbar aus dem Verhalten der Maximumbildung zu jedem Bewertungszeitpunkt folgen. Abbildung 6.1.1 und 6.1.2 geben die Arbitragepreise von Caps bzw. Floors für variierendes Basislevel bei konstanten anderen Modellparametern wieder. Es wird deutlich, daß die verteilungsfreien oberen und unteren Wertgrenzen für die Bewertung der Arbitragepreise erfüllt sind.

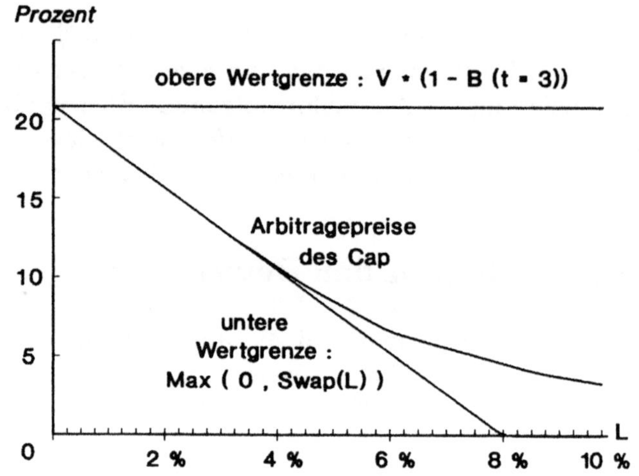

Abbildung 6.1.1: Arbitragepreise eines Cap für variierenden Basislevel (L) (Laufzeit: 3 Jahre; Auszahlung: jährlich; $p(.,.) = 0,5$; $\sigma(.,.) = 0,5$; $B_0(1) = 0,94334$; $B_0(2) = 0,87286$; $B_0(3) = 0,79139$).

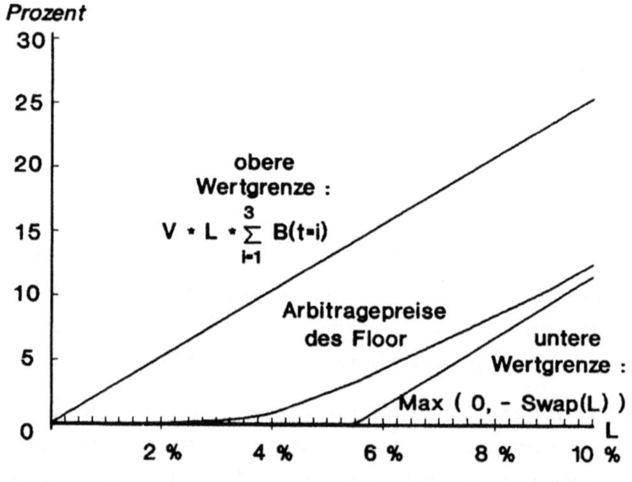

Abbildung 6.1.2: Arbitragepreise eines Floor für variierenden Basislevel (L) (Laufzeit: 3 Jahre; Auszahlung: jährlich; $p(.,.) = 0,5$; $\sigma(.,.) = 0,5$; $B_0(1) = 0,96154$; $B_0(2) = 0,90659$; $B_0(3) = 0,85048$).

Neben dem Arbitragepreis eines Caps bzw. Floors werden die Portfoliostrategien durch eine Veränderung des Basislevel beeinflußt. Proposition 6.1.1 untersucht zunächst den Zusammenhang zwischen verschiedenen Portfoliostrategien bei konstanten Vertragsmerkmalen.

Proposition 6.1.1

(a) Für die Initialwerte der duplizierenden Portfoliostrategien mittels einer Nullkuponanleihe $B(t_N)$ bzw. einer Kuponanleihe $C(t_N)$ und dem kurzfristigen Zinssatz des Auszahlungsstroms eines Caps gilt

$$0 \geq \Delta_B B_{t_0}(t_N) \geq \Delta_C C_{t_0}(t_N) \text{ und } 0 \leq K_B \leq K_C \quad , \tag{6.1.1}$$

wobei Cap $= \Delta_B B_{t_0}(t_N) + K_B = \Delta_C C_{t_0}(t_N) + K_C$.

(b) Analog gilt für einen Floor

$$0 \leq \Delta_B B_{t_0}(t_N) \leq \Delta_C C_{t_0}(t_N) \text{ und } 0 \geq K_B \geq K_C \quad , \tag{6.1.2}$$

wobei Floor $= \Delta_B B_{t_0}(t_N) + K_B = \Delta_C C_{t_0}(t_N) + K_C$.

Beweis

(a) Die duplizierende Portfoliostrategie für einen Cap mittels einer Nullkuponanleihe und dem kurzfristigen Zinssatz liefert

$$\Delta_B \cdot B_{t_0}(t_N) + K_B = \text{ Cap} \quad ,$$

mit $\Delta_B \leq 0$ und $K_B \geq 0$.

Innerhalb des Zinsstrukturmodells kann jeder rein zinsabhängige Zahlungsstrom dupliziert werden und besitzt somit einen eindeutigen Arbitragepreis. Es ist somit möglich, eine Kuponanleihe mit konstanten positiven Kuponzahlungen und Endfälligkeit t_N mittels einer Portfoliostrategie zu duplizieren. Der Initialwert dieser Portfoliostrategie $\alpha \cdot B_{t_0}(t_N) + \beta$ stimmt dann mit dem Kurs der Kuponanleihe überein. Darüberhinaus läßt sich für die Vorzeichen von α und β schließen

$$\alpha > 0, \quad \beta > 0 \ .$$

Sei $C_{t_0}(t_N)$ der Kurs einer Kuponanleihe mit positiven Kuponzahlungen und Endfälligkeit t_N und sei weiter

$$\text{Cap} = \Delta_C C_{t_0}(t_N) + K_C$$

der Initialwert einer einen Capvertrag duplizierenden Portfoliostrategie mittels der Kuponanleihe. Es gilt dann aufgrund der Arbitragefreiheit

$$\begin{aligned}
\text{Cap} &= \Delta_C C_{t_0}(t_N) + K_C = \Delta_C(\alpha B_{t_0}(t_N) + \beta) + K_C \\
&= \Delta_C \alpha B_{t_0}(t_N) + \Delta_C \beta + K_C \\
&= \Delta_B B_{t_0}(t_N) + K_B \quad , \\
\text{mit} \quad \Delta_C \alpha &= \Delta_B \leq 0 \Rightarrow \Delta_C \leq 0 \\
\Delta_C \beta + K_C &= K_B \geq 0 \Rightarrow K_C \geq K_B \geq 0 \ .
\end{aligned}$$

Insgesamt gilt somit

$$0 \geq \Delta_B B_{t_0}(t_N) = \text{Cap} - K_B \geq \text{Cap} - K_C = \Delta_C \cdot C_{t_0}(t_N) \quad .$$

(b) Analog liefert die duplizierende Portfoliostrategie für einen Floor mittels einer Nullkuponanleihe

$$\Delta_B \cdot B_{t_0}(t_N) + K_B = \text{Floor} \quad ,$$

wobei $\Delta_B \geq 0$ und $K_B \leq 0$.

Wiederum aus Arbitrageüberlegungen gilt somit für den Initialwert die duplizierende Portfoliostrategie eines Floors mittels einer Nullkuponanleihe

$$\begin{aligned}
\text{Floor} &= \Delta_C C_{t_0}(t_N) + K_C \\
&= \Delta_C(\alpha B_{t_0}(t_N) + \beta) + K_C \\
&= \Delta_C \alpha B_{t_0}(t_N) + \Delta_C \beta + KC \\
&= \Delta_B B_{t_0}(t_N) + K_B \quad , \\
\text{mit} \qquad \Delta_C \alpha &= \Delta_B \geq 0 \Rightarrow \Delta_C \geq 0 \\
\Delta_C \beta + K_C &= K_B \leq 0 \Rightarrow K_C \leq K_B \leq 0 \\
\Rightarrow 0 \leq \Delta_B B_{t_0}(t_N) &= \text{Floor} - K_B \leq \text{Floor} - K_C = \Delta_C C_{t_0}(t_N) \quad .
\end{aligned}$$

□

Die Ungleichungen in Proposition 6.1.1 sind unabhängig vom Zustand und Zeitpunkt und gelten somit für die gesamte Struktur des Modells. Für die Duplizierungsstrategien eines Cap bedeutet dies, daß der Betrag, für den Nullkuponanleihen geschrieben werden, immer unterhalb desjenigen für Kuponanleihen liegt. Entsprechend wird im Fall von Nullkuponanleihen ein niedrigerer Betrag kurzfristig angelegt. Analog folgt für einen Floor, daß der Betrag, der in Nullkuponanleihen investiert werden muß, unter demjenigen in Kuponanleihen liegt und entsprechend weniger zum kurzfristigen Zinssatz aufgenommen wird.

Allgemeine Aussagen über das Verhalten des Hedgeratio einer duplizierenden Portfoliostrategie in Abhängigkeit vom Basislevel werden in Proposition 6.1.3 bzw. 6.1.4 hergeleitet. Es zeigt sich, daß im Fall eines Cap für kleine Basislevel die Hedgeratio für Nullkupon- bzw. Kuponanleihen zunächst monoton fällt und für große Level monoton wächst. Einerseits sind die möglichen Auszahlungen eines Cap monoton fallend im Basislevel, andererseits bestimmt sich die Hedgeratio im Fall einer Nullkuponanleihe aus der Differenz der zukünftigen, erwarteten diskontierten Auszahlungen. Die Differenz kann für kleine Basislevel monoton fallend sein. Abbildung 6.1.3 zeigt diesen Zusammenhang für einen Cap beispielhaft auf.

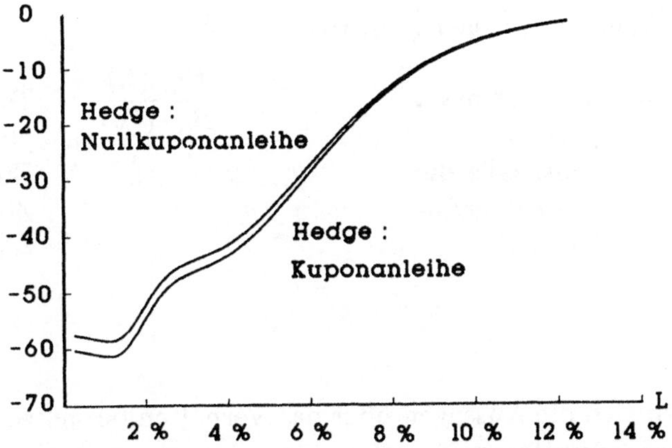

Abbildung 6.1.3: $\Delta_B B_0(t_N)$ und $\Delta_C C_0(t_N)$ eines Cap für variierenden Basislevel L (Laufzeit: 3 Jahre; Auszahlung: jährlich; $p(.,.) = 0,5$; $\sigma(.,.) = 0,25$; $B_0(1) = 0,96154$; $B_0(2) = 0,94287$; $B_0(3) = 0,88829$).

Proposition 6.1.2

Für die Kursentwicklung der Nullkuponanleihen innerhalb des Zinsstrukturmodells gilt

$$B_{t_1,1}(t_N) \sum_{i=1}^{N} B_{t_1,0}(t_i) - B_{t_1,0}(t_N) \sum_{i=1}^{N} B_{t_1,1}(t_i) \geq 0 \quad . \qquad (6.1.3)$$

Für $\sigma(.,.) > 0; p(.,.) \in]0,1[$ und $N > 1$ gilt die strikte Ungleichheit.

Beweis

Es genügt zu zeigen

$$B_{t_1,1}(t_N) B_{t_1,0}(t_i) - B_{t_1,0}(t_N) B_{t_1,1}(t_i) \geq 0 \qquad \forall i = 1, \cdots, N \ .$$

Sei $i = 1$ so gilt $B_{t_1,0}(t_1) = B_{t_1,1}(t_1) = 1$ und nach Voraussetzung ist $B_{t_1,1}(t_N) =$ Bondpreis "up" $\geq$ Bondpreis "down" $= B_{t_1,0}(t_N)$
Ist $i = N$ so gilt $B_{t_1,1}(t_N) B_{t_1,0}(t_N) - B_{t_1,0}(t_N) B_{t_1,1}(t_n) = 0$
Für $i = 2, \cdots, N-1$ ergibt sich:

$$B_{t_1,1}(t_N)B_{t_1,0}(t_i) - B_{t_1,0}(t_N)B_{t_1,1}(t_i) \geq 0$$

$$\Leftrightarrow \frac{B_{t_1,1}(t_i)}{B_{t_1,1}(t_N)} = \text{Terminzinssatz plus Eins, falls die Zinsen gefallen sind} \leq \frac{B_{t_1,0}(t_i)}{B_{t_1,0}(t_N)} = \text{Terminzinssatz plus Eins, falls die Zinsen gestiegen sind}$$

□

Allgemein lassen sich die Aussagen über das Verhalten bezüglich des Basislevels L nun wie folgt zusammenfassen:

Proposition 6.1.3

Der Hedgeratio eines Cap (Nullkupon– und Kuponanleihe) besitzt als Funktion des Basislevel mindestens ein lokales Minimum $\Delta(L^*)$. L^* ist abhängig von der Zinsstruktur, der Volatilitätsfunktion, den Übergangswahrscheinlichkeiten und den Vertragseigenschaften des Cap. Für $p(.,.) \in]0,1[$ und $\sigma(.,.) > 0$ gilt $L^* > 0$.

Beweis

Zur Vereinfachung der Notation wird angenommen, daß die Hedgeintensität für den Cap gleich 1 ist. Gemäß Satz 6.1 ist der Arbitragepreis eines Cap bestimmt durch

$$\text{Cap}[r, L, \underline{\underline{T}} \setminus \{t_N\} = \{t_0, \ldots, t_{N-1}\}, V] = V \cdot \sum_{i=0}^{N-1} E_P \left[\frac{[r_{i,\cdot} - L]^+}{\prod_{j=0}^{i}(1 + r_{j,\cdot})} \right] .$$

Für $\underline{r} := \min_{i=0}^{N-1} r_{i,i} \leq L \leq \max_{i=0}^{N-1} r_{i,0} =: \overline{r}$ ist der Cap streng monoton fallend in L. Wird mit

$$\mathcal{R} := \{r_{i,j}]\ i = 0, \ldots, N-1;\ j = 0, \ldots, i\}$$

die Menge der Zinsausprägungen bei einem beliebigen, aber festen Zinsstrukturbaum bezeichnet, so ist der Cap differenzierbar $\forall L \notin \mathcal{R}$. Der Cap stellt somit eine stückweise lineare, streng monoton fallende Funktion des Basislevel L ($L \in [\underline{r}, \overline{r}]$) dar.

Die Darstellung der Hedgeratio eines Cap aus der Duplizierungsstrategie führt zu

$$\Delta(L) = \frac{\text{Cap}^{up} - \text{Cap}^{down}}{B_{t_1,0}(t_N) - B_{t_1,1}(t_N)} \leq 0 \quad \text{(Hedgestrategie mit Nullkuponanleihe)}$$

$$\Delta(L) = \frac{\text{Cap}^{up} - \text{Cap}^{down}}{C_{t_1,0}(t_N) - C_{t_1,1}(t_N)} \leq 0 \qquad \text{(Hedgestrategie mit Kuponanleihe)}$$

In beiden Fällen wird das Monotonieverhalten der Hedgeratio bestimmt durch die Funktion

$$f(L) := \frac{\partial \text{Cap}^{up}}{\partial L} - \frac{\partial \text{Cap}^{down}}{\partial L} \qquad L \notin \mathcal{R}$$

mit

$$\begin{aligned}
\left.\frac{\partial \text{Cap}^{up}}{\partial L}\right|_{L\notin\mathcal{R}} &= -V \cdot 1_{\{L<r_0\}} + V \sum_{i=1}^{N-1} E_p\left[\frac{-1}{\prod_{j=1}^{i}(1+r_{j,\cdot})} 1_{\{L<r_{i,\cdot}\}} \,\middle|\, r_{1,0}\right] \\
&< 0 \text{ für } 0 \leq L < \max_{i=0}^{N-1} r_{i,0} = \overline{r}
\end{aligned}$$

$$\begin{aligned}
\left.\frac{\partial \text{Cap}^{down}}{\partial L}\right|_{L\notin\mathcal{R}} &= -V \cdot 1_{\{L<r_0\}} + V \sum_{i=1}^{N-1} E_p\left[\frac{-1}{\prod_{j=1}^{i}(1+r_{j,\cdot})} 1_{\{L<r_{i,\cdot}\}} \,\middle|\, r_{1,1}\right] \\
&< 0 \text{ für } 0 \leq L < \max_{i=0}^{N-1} r_{i,1}
\end{aligned}$$

$f(L)$ ist somit stückweise konstant mit:

i) Für $0 \leq L < \min_{i=0}^{N-1} r_{i,i} = \underline{r}$

$\Rightarrow f(L) = -\sum_{i=0}^{N-1} B_{t_1,0}(t_N) + \sum_{i=0}^{N-1} B_{t_1,1}(t_N) \geq 0$

(strikte Ungleichheit gilt, falls $\sigma(.,.) \neq 0$ und $p(.,.) \in]0,1[$), d.h. $\left.\frac{\partial\Delta(L)}{\partial L}\right|_{L\in]0,\underline{r}[} \leq 0$

ii) Für $\max_{i=0}^{N-1} r_{i,1} < L < \overline{r}$ gilt:

$\Rightarrow f(L) = \left.\frac{\partial \text{Cap}^{up}}{\partial L}\right|_{L\notin\mathcal{R}} < 0$ und somit $\left.\frac{\partial\Delta(L)}{\partial L}\right|_{L\notin\mathcal{R}} > 0.$

Aus den bisherigen Überlegungen läßt sich schließen, daß $\Delta(L)$ als Funktion des Basislevel mindestens ein Extrema $L \in]\underline{r}, \overline{r}[$ besitzt. Die Wahl des Hedgeinstrumentes hat hierauf keinen Einfluß.

□

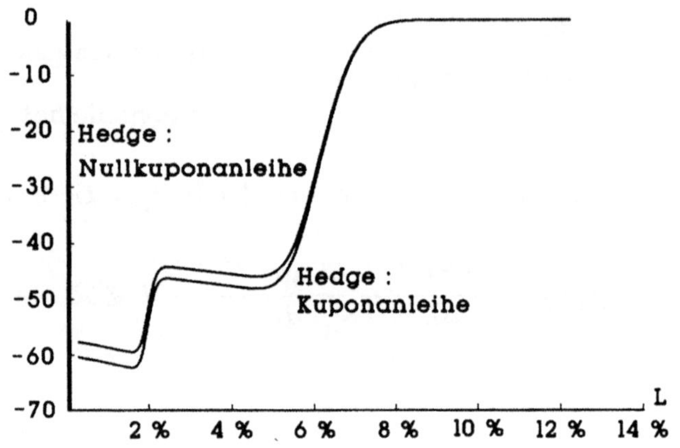

Abbildung 6.1.4: $\Delta_B B_0(t_N)$ und $\Delta_C C_0(t_N)$ eines Cap für variierenden Basislevel L (Laufzeit: 3 Jahre; Auszahlung: jährlich; $p(.,.) = 0,5$; $\sigma(.,.) = 0,075$; $B_0(1) = 0,96154$; $B_0(2) = 0,94287$; $B_0(3) = 0,88829$).

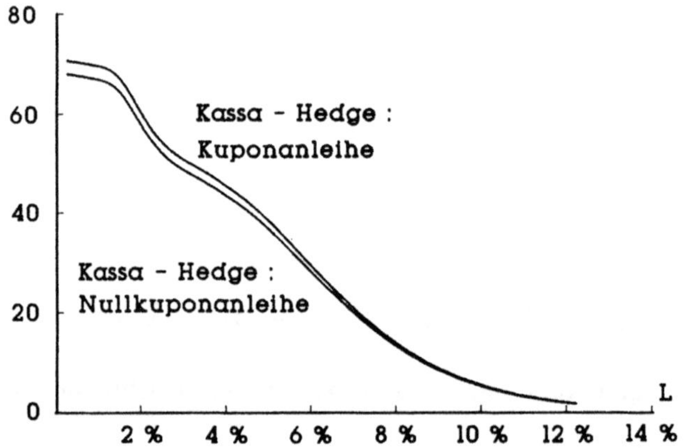

Abbildung 6.1.5: Kassa Hedge eines Cap für variierenden Basislevel L (Laufzeit: 3 Jahre; Auszahlung: jährlich; $p(.,.) = 0,5$; $\sigma(.,.) = 0,25$; $B_0(1) = 0,96154$; $B_0(2) = 0,94287$; $B_0(3) = 0,88829$).

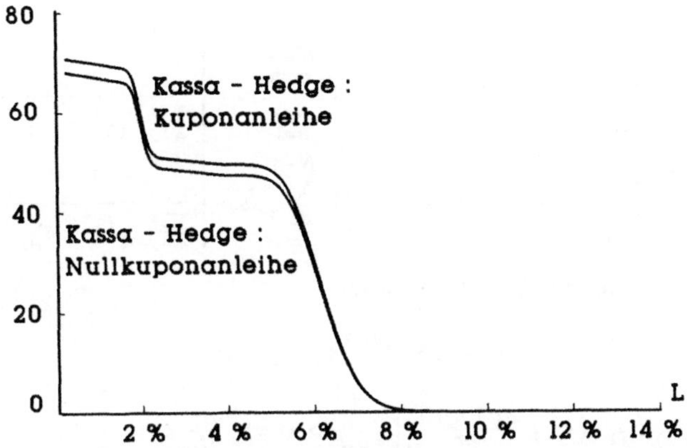

Abbildung 6.1.6: Kassa–Hedge eines Cap für varrierenden Basislevel L (Laufzeit: 3 Jahre; Auszahlung: jährlich; $p(.,.) = 0,5$; $\sigma(.,.) = 0,075$; $B_0(1) = 0,96154$; $B_0(2) = 0,94287$; $B_0(3) = 0,88829$).

Proposition 6.1.4

Der Kassa–Hedge eines Floor (Nullkupon– und Kupon) besitzt als Funktion des Basislevel mindestens ein lokales Minimum $K(L^*)$. L^* ist abhängig von der Zinsstruktur, der Volatilitätsfunktion, den Übergangswahrscheinlichkeiten und den Vertragseigenschaften des Floor.

Beweis

(a) Wird die Portfoliostrategie bezüglich der Nullkuponanleihe betrachtet, so ist der Kassa–Hedge bestimmt durch

$$K(L) = \frac{B_{t_1,0}(t_N)\text{Floor}^{up} - B_{t_1,1}(t_N)\text{Floor}^{down}}{B_{t_1,0}(t_N) - B_{t_1,1}(t_N)} \frac{1}{1+r_0} \leq 0$$

Analog zum Beweis von Proposition 6.1.3 ist das Monotonieverhalten des Kassa–Hedge bestimmt durch

$$\tilde{f}(L) := B_{t_1,0}(t_N) \left.\frac{\partial \text{FLoor}^{up}}{\partial L}\right|_{L\notin\mathcal{R}} - B_{t_1,1} \left.\frac{\partial \text{Floor}^{down}}{\partial L}\right|_{L\notin\mathcal{R}}$$

mit

$$\left.\frac{\partial \text{Floor}^{up}}{\partial L}\right|_{L\notin\mathcal{R}} = V\cdot 1_{\{L>r_0\}} + \sum_{i=1}^{N-1} E_P\left[\frac{1}{\prod_{j=1}^{i}(1+r_{j,\cdot})}1_{\{L>r_{i,\cdot}\}}\middle| r_{1,1}\right]$$

$$\left.\frac{\partial \text{Floor}^{down}}{\partial L}\right|_{L\notin\mathcal{R}} = V\cdot 1_{\{L>r_0\}} + \sum_{i=1}^{N-1} E_P\left[\frac{1}{\prod_{j=1}^{i}(1+r_{j,\cdot})}1_{\{L>r_{i,\cdot}\}}\middle| r_{1,0}\right]$$

$\tilde{f}(L)$ ist somit stückweise konstant:

i) Für $\min_{i=1}^{N-1} r_{i,i} < L < \min_{i=1}^{N-1} r_{i,i-1}$ gilt:

$$\tilde{f}(L) = B_{t_1,0}(t_N)\left.\frac{\partial \text{Floor}^{up}}{\partial L}\right|_{L\notin\mathcal{R}} > 0 \Rightarrow \frac{\partial K}{\partial L} < 0$$

ii) Für $L > \max_{i=1}^{N-1} r_{i,0} = \overline{r}$ gilt:

$f(L) = V\cdot B_{t_1,0}(t_N)\sum_{i=1}^{N} B_{t_1,1}(t_N) - V\cdot B_{t_1,1}(t_N)\sum_{i=1}^{N} B_{t_i,0}(t_N) < 0$
(Proposition 6.1.2) für $N > 1$
$\Rightarrow \frac{\partial K}{\partial L} > 0$

Da $K(L)$ stetig im Basislevel, existiert mindestens ein lokales Minimum.

(b) Die Aussage bezüglich des Kassa–Hedge mit einer Kuponanleihe ergibt sich analog. Sei hierzu

$$K(L) = \frac{C_{t_1,0}(t_N)\text{Floor}^{up} - C_{t_1,1}(t_N)\text{Floor}^{down}}{C_{t_1,0}(t_N) - C_{t_1,1}(t_N)}\frac{1}{1+r_0} \leq 0$$

der Kassa–Hedge.

1.Fall:
Für $\min_{i=1}^{N-1} r_{i,i} < L < \min_{i=1}^{N-1} r_{i,i-1}$ gilt

$$\left.\frac{\partial K(L)}{\partial L}\right|_{L\notin\mathcal{R}} = \frac{C_{t_1,0}(t_N)}{1+r_0}\frac{\left.\frac{\partial \text{Floor}^{up}}{\partial L}\right|_{L\notin\mathcal{R}}}{\Big(C_{t_1,0}(t_N) - C_{t_1,1}(t_N)\Big)} < 0$$

2.Fall;
Für $L > \max_{i=1}^{N-1} r_{i,0} = \overline{r}$ gilt

$$\begin{aligned}\left.\frac{\partial K(L)}{\partial L}\right|_{L>\overline{r}} &= \frac{C_{t_1,0}(t_N)\sum_{i=1}^{N} B_{t_1,1}(t_N) - C_{t_1,1}(t_N)\sum_{i=1}^{N} B_{t_1,0}(t_N)}{\Big(C_{t_1,0}(t_N) - C_{t_1,1}(t_N)\Big)(1+r_0)} \\ &= \frac{B_{t_1,0}(t_N)\sum_{i=1}^{N} B_{t_1,1}(t_N) - B_{t_1,1}(t_N)\sum_{i=1}^{N} B_{t_1,0}(t_N)}{\Big(C_{t_1,0}(t_N) - C_{t_1,1}(t_N)\Big)(1+r_0)} \\ &> 0 \quad \text{(Proposition 6.1.2)}\end{aligned}$$

□

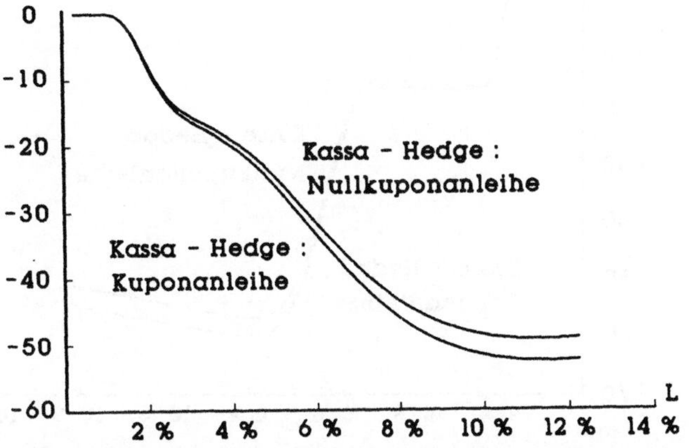

Abbildung 6.1.7: Kassa–Hedge eines Floor für varrierenden Basislevel L (Laufzeit: 3 Jahre; Auszahlung: jährlich; $p(.,.) = 0,5$; $\sigma(.,.) = 0,25$; $B_0(1) = 0,96154$; $B_0(2) = 0,94287$; $B_0(3) = 0,88829$).

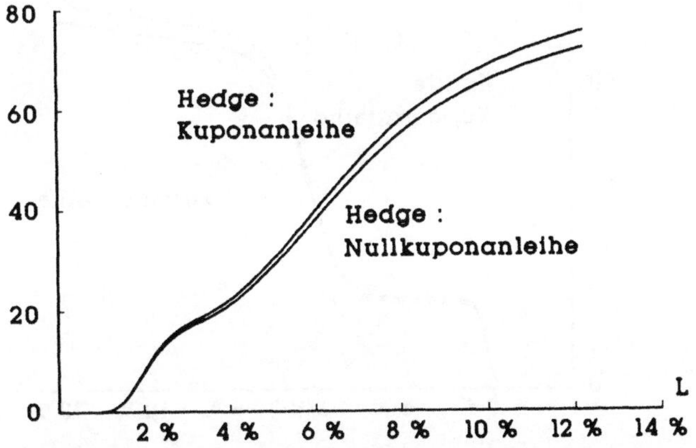

Abbildung 6.1.8: Hedgeratio eines Floor für varrierenden Basislevel L (Laufzeit: 3 Jahre; Auszahlung: jährlich; $p(.,.) = 0,5$; $\sigma(.,.) = 0,25$; $B_0(1) = 0,96154$; $B_0(2) = 0,94287$; $B_0(3) = 0,88829$).

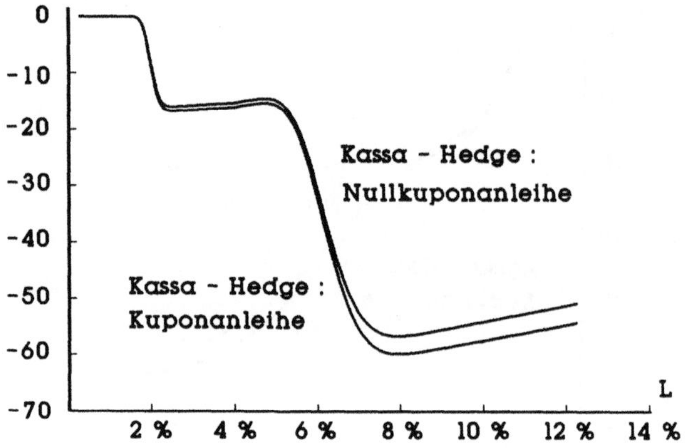

Abbildung 6.1.9: Kassa–Hedge eines Floor für varrierenden Basislevel L (Laufzeit: 3 Jahre; Auszahlung: jährlich; $p(.,.) = 0,5$; $\sigma(.,.) = 0,075$; $B_0(1) = 0,96154$; $B_0(2) = 0,94287$; $B_0(3) = 0,88829$).

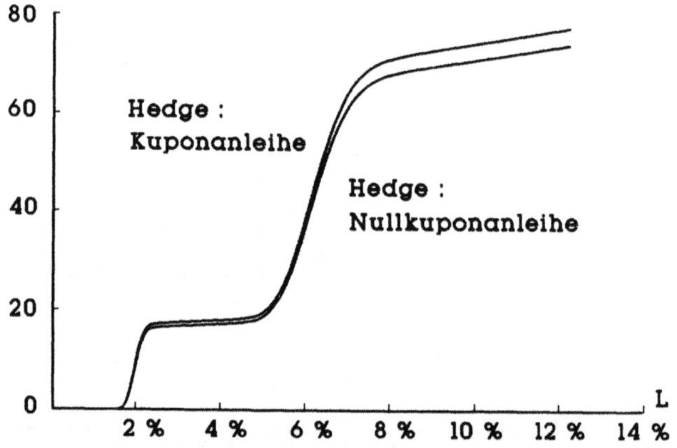

Abbildung 6.1.10: Hedgeratio eines FLoor für varrierenden Basislevel L (Laufzeit: 3 Jahre; Auszahlung: jährlich; $p(.,.) = 0,5$; $\sigma(.,.) = 0,075$; $B_0(1) = 0,96154$; $B_0(2) = 0,94287$; $B_0(3) = 0,88829$).

Neben dem Basislevel, das ein reiner Vertragsparameter ist, werden die Arbitragepreise von Caps und Floors durch die Kurse der Nullkuponanleihen, d.h. durch die aktuell beobachtete Zinsstruktur und durch die Volatilität der zukünftigen Zinsentwickung beeinflußt. Die verteilungsunabhängigen Wertgrenzen (Proposition

3.3.3)

$$V \max\left\{0, 1 - B_0(t_N) - L \sum_{i=1}^{n+1} B_0(t'_i)\right\} \leq \mathrm{Cap}[r, L, \underline{\underline{T}}', V] \leq V[1 - B(t_N)]$$

für einen Cap sind jeweils monoton fallend in den Kursen der Nullkuponanleihen. Fallende Kurse der Nullkuponanleihen führen innerhalb des Zinsstrukturmodells zu einem Anstieg der möglichen kurzfristigen Zinssätze. Es ist somit zu erwarten, daß der Arbitragepreis eines Cap schwach monoton fallend ist in den Kursen der zum Zeitpunkt t_0 beobachteten Nullkuponanleihen. Abbildung 6.1.11 zeigt dieses Verhalten für steigende Terminzinssätze f, wobei angenommen wird, daß der Terminzinssatz zum Zeitpunkt t_0 für alle Perioden konstant ist. Die Kurse der Nullkuponanleihen sind somit gegeben durch $B_0(t_i) = (1+f)^{t_0 - t_i}$.

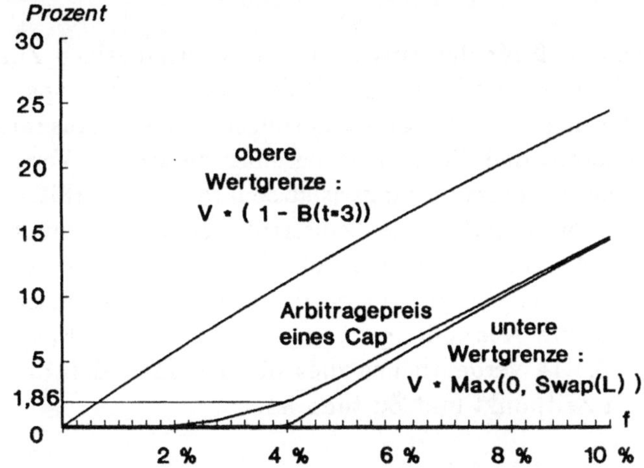

Abbildung 6.1.11: Arbitragepreise eines Cap für steigende Terminzinssätze f (Laufzeit: 3 Jahre; Auszahlung: jährlich; Level: 4%; $p(.,.) = 0,5$; $\sigma(.,.) = 0,5$).

Umgekehrt ist der Arbitragepreis eines Floor schwach monoton wachsend in den Kursen der aktuell beobachteten Nullkuponanleihen, da aufgrund der Vertragseigenschaft eine Auszahlung nur dann erfolgt, wenn der kurzfristige Zinssatz unterhalb des vorgegebenen Basislevel liegt. Sind die Terminzinssätze der Nullkuponanleihen niedrig, so ist eine positive Auszahlung des Floor eher gegeben als bei hohen Terminzinssätzen. Abbildung 6.1.12 zeigt dieses Verhalten des Floor, wobei wiederum angenommen wird, daß der Terminzinssatz f konstant für alle Perioden ist.

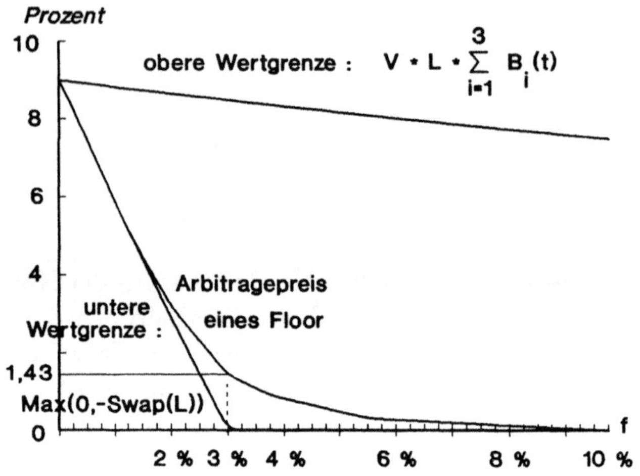

Abbildung 6.1.12: Arbitragepreise eines Floor für steigende Terminzinssätze f (Laufzeit: 3 Jahre; Auszahlung: jährlich; Level: 3%; $p(.,.) = 0,5$; $\sigma(.,.) = 0,5$).

Das Unsicherheitsmaß für die Entwicklung des kurzfristigen Zinssatzes ist innerhalb des Modells durch die Volatilitätsfunktion definiert. Caps und Floors stellen eine Art Versicherung gegen das Zinsänderungsrisiko dar. Aus rationalen Erwägungen ergibt sich somit, daß die Bewertung eines derartigen Versicherungsvertrages monoton wachsend im Zinsänderungsrisiko sein muß. Die arbitragefreie Bewertung von Caps und Floors innerhalb des Zinsstrukturmodells genügt dieser rationalen Eigenschaft. Ein Anstieg der lokalen Volatilität pro Periode bedingt eine breitere Streuung der möglichen Ausprägungen des kurzfristigen Zinssatzes und führt zu einem Anwachsen des Auszahlungsstromes von Caps wie Floors. Die Abbildungen 6.1.13 und 6.1.14 verdeutlichen dies für den Fall, daß die lokale Volatilität unabhängig vom Zeitpunkt und Zustand ist.

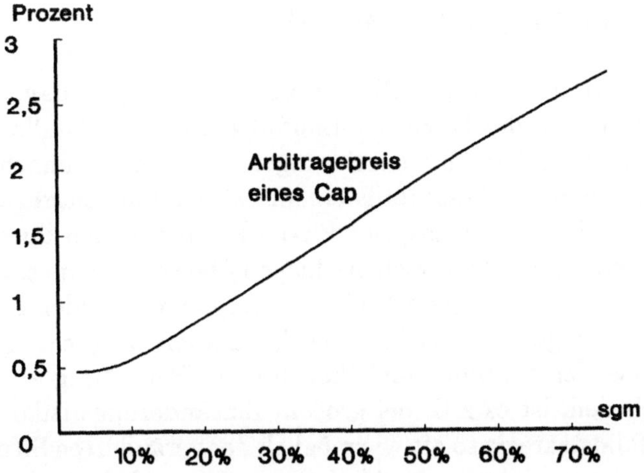

Abbildung 6.1.13: Arbitragepreise eines Cap bei variierender lokaler Volatilität σ (Laufzeit: 3 Jahre; Auszahlung: jährlich; Level 4%; $p(.,.) = 0,5$; $B_0(1) = 0,96154$; $B_0(2) = 0,90659$; $B_0(3) = 0,83765$).

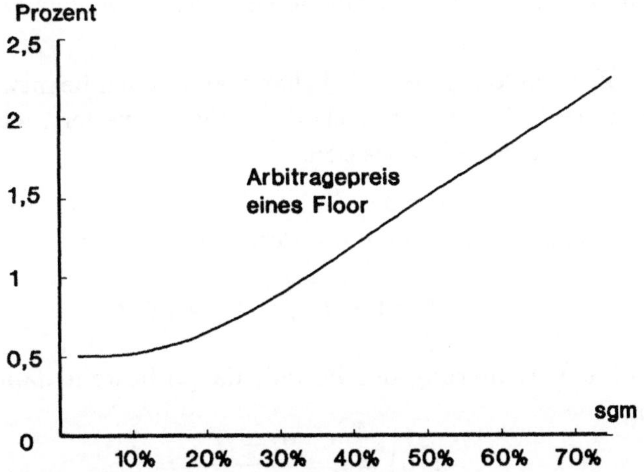

Abbildung 6.1.14: Arbitragepreise eines Floor bei variierender lokaler Volatilität (Laufzeit: 3 Jahre; Auszahlung: jährlich; Level 3%; $p(.,.) = 0,5$; $B_0(1) = 0,96154$; $B_0(2) = 0,90659$; $B_0(3) = 0,83765$).

6.2 Verfeinerung der Perioden

Die bisherige Formulierung des Zinsstrukturmodells geht davon aus, daß die Periodenlänge Δt durch die Folge der Endfälligkeiten der Nullkuponanleihen gegeben ist. Für beobachtbare Kursnotierungen muß somit zunächst von einer Periodenlänge von einem bis bestenfalls einem halben Jahr ausgegangen werden. Die Vertragseigenschaften von Caps und Floors können jedoch durchaus vierteljährliche Auszahlungszeitpunkte vorsehen. Liegen Daten für eine solche Periodenlänge vor, wovon im allgemeinen jedoch nicht ausgegangen werden kann, so ist die Bewertung der Verträge ohne zusätzliche Annahmen möglich. Selbst dann, wenn genügend Kurse der Nullkuponanleihen für die Bewertung eines entsprechenden Vertrages vorliegen, ist es z.B. bei großem Zinsänderungsrisiko ratsam, die duplizierende Portfoliostrategie so oft wie möglich der veränderten Situation anzupassen. Bezüglich der Eingangsdaten des Modells ergeben sich hieraus zwei Fragen:

1. Wie drückt sich die Abhängigkeit der Volatilitätsfunktion von der Periodenlänge aus?

2. Wie lassen sich aus den Kursen der Nullkuponanleihen bei einer gegebenen Periodenlänge die Kurse für eine feinere Periodenlänge gewinnen?

Beide Fragen sollen im folgenden möglichst pragmatisch beantwortet werden. Eine empirisch gestützte Antwort wäre sicherlich wünschenswert, würde aber den Rahmen der theoretischen Arbeit verlassen.

Entsprechend der Formulierung des Zinsstrukturmodells sei aufgrund der beobachteten Kurse der Nullkuponanleihen die Periodenlänge mit

$$\Delta t = t_i - t_{i-1} = 1 \quad \forall t_i \in T$$

vorgegeben. Eine Verfeinerung der Periodenlänge besteht dann aus n Unterperioden der Länge

$$h(n) = h = \frac{t_i - t_{i-1}}{n} = \frac{1}{n}$$

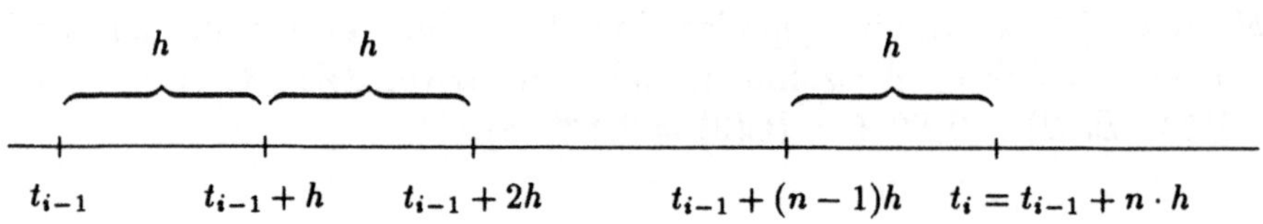

Sei die lokale Volatilität des kurzfristigen Zinssatzes bezüglich der ursprünglichen Periode $[t_{i-1}, t_i[$ durch $\sigma(t_i, r_{t_{i-1}}) > 0$ gegeben und $\frac{1}{n}$ die neue Periodenlänge. $\sigma(t_i, r_{t_{i-1}}, j, n)$ bezeichnet dann die neue lokale Volatilität für die Periode $[t_{i-1} + j \cdot h(n), t_{i-1} + (j+1) \cdot h(n)[\ , (j = 0, ..., n-1)$. Es wird nun angenommen, daß $\sigma(t_i, r_{t_{i-1}}, j, n)$ unabhängig von j ist. Ist die Übergangswahrscheinlichkeit unabhängig von den Zwischenzeitpunkten, so ergibt sich der folgende Zusammenhang:

$$\begin{aligned} \sigma^2(t_i, r_{t_{i-1}}) &= V_P[\log r_{t_i}]r_{t_{i-1}}] \\ &= n \cdot \sigma^2(t_i, r_{t_{i-1}}, n) \\ \Leftrightarrow \sigma(t_i, r_{t_{i-1}}, n) &= \frac{\sigma(t_i, r_{t_{i-1}})}{\sqrt{n}} \quad . \end{aligned} \tag{6.2.1}$$

Für eine konstante Volatilitätsfunktion bedeutet dies: $\sigma(n) = \frac{\sigma}{\sqrt{n}}$.

Zur Beantwortung der zweiten Frage werden die sich aus den Kursen der Nullkuponanleihen ergebenden Terminzinssätze betrachtet. Sind die Kurse zweier Nullkuponanleihen mit aufeinanderfolgenden Fälligkeitszeitpunkten gegeben, so ist der Terminzinssatz zum Zeitpunkt t_0 für das Intervall $[t_{i-1}, t_i[$ unter der Bedingung der Arbitragefreiheit bestimmt durch

$$f_{t_0}(t_{i-1}, t_i) = \frac{B_{t_0}(t_{i-1})}{B_{t_0}(t_i)} - 1 \quad .$$

Wird nun eine zur lokalen Volatilität entsprechende Annahme gemacht, so ergeben sich die Kurse der Nullkuponanleihen bezüglich der Periodenverfeinerung aus den ursprünglichen Kursen durch

$$\begin{aligned} B_{t_0}(t_{i-1} + j \cdot h(n)) &= B_{t_0}(t_{i-1}) \cdot [f_{t_0}(t_{i-1}, t_i) + 1]^{-j \cdot h(n)} \\ &= B_{t_0}(t_i) \cdot [f_{t_0}(t_{i-1}, t_i) + 1]^{(t_i - t_{i-1}) - jh(n)} \\ & \forall t_i \in \underline{\underline{T}} \setminus \{t_0\} \text{ und } j = 0, ..., n \quad . \end{aligned} \tag{6.2.2}$$

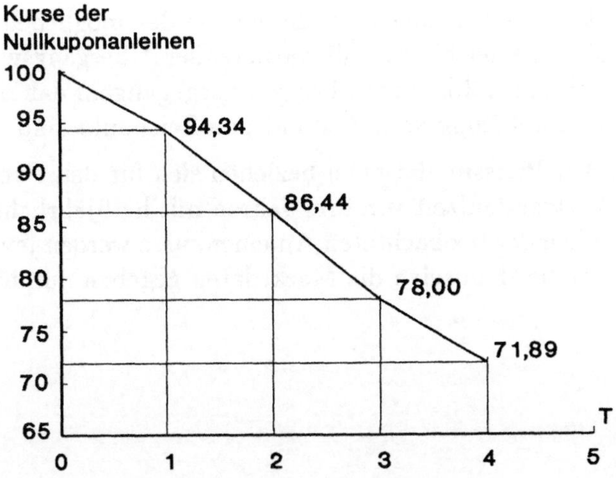

Abbildung 6.2.1: Kurse von Nullkuponanleihen gemäß (6.2.2) für beliebiges Endfälligkeitsdatum $t \in [0, 4]$ aus vier vorgegebenen Kursen.

Sind die ursprünglichen Kurse monoton fallend bezüglich ihrer Endfälligkeit, so gilt dies ebenfalls für die sich ergebenden neuen Kurse, da

$$B_{t_0}(t_{i-1}) > B_{t_0}\Big(t_{i-1} + j \cdot h(n)\Big) > B_{t_0}\Big(t_{i-1} + (j+1) \cdot h(n)\Big) > B_0(t_i) \quad ,$$

und entsprechend Satz 5.1.2 existiert ein eindeutig bestimmtes Zinsstrukturmodell mit nicht negativen kurzfristigen Zinssätzen. Abbildung 6.2.1 verdeutlicht die vorgeschlagene Anpassung gegebener Kurse von Nullkuponanleihen an eine kürzere Periodenlänge.

6.3 Weitere Eigenschaften der Bewertung: Verfeinerung der Perioden

Neben den schon diskutierten Eingangsparametern Basislevel, lokale Volatilität und den Kursen der Nullkuponanleihen haben die Übergangswahrscheinlichkeiten und die Periodenlänge einen Einfluß auf die Bewertung von Caps und Floors.

Es soll im folgenden untersucht werden, welche Auswirkungen verschiedene Verteilungsannahmen auf den Arbitragepreis der betrachteten Verträge haben. Aufgrund der Vertragseigenschaften von Caps und Floors ist zu erwarten, daß Verteilungsannahmen, die eine steigende Entwicklung des kurzfristigen Zinssatzes betonen, einen steigenden Arbitragepreis des Cap bzw. einen fallenden Arbitragepreis des Floor bewirken. Parallel hierzu soll der Effekt einer zunehmenden Verfeinerung der Hedgeintensität bei festen Auszahlungszeitpunkten der genannten Verträge betrachtet werden.

Für die konkrete Untersuchung wird die Klasse der möglichen Verteilungsannahmen auf die Binomialverteilung mit variierender Übergangswahrscheinlichkeit p bzw. 1-p eingeschränkt, d.h. es wird davon ausgegangen, daß die Übergangswahrscheinlichkeiten unabhängig vom Zustand und Zeitpunkt sind.

Die nachfolgenden Preissimulationen beziehen sich für den Cap und den Floor jeweils auf eine Vertragslaufzeit von drei Jahren mit halbjährlichen Bewertungszeitpunkten. Bezüglich der beobachteten Anleihenkurse werden jeweils zwei Szenarien betrachtet. Im ersten Fall seien die Marktdaten gegeben durch:

Szenario 1

Kurse der Nullkupon-anleihen	Terminzinssätze	Kupon bei Laufzeit t_i zu par notierter Anleihen
$B_{t_0}(t_1) = 0,97561$	$f_{t_0}(t_0, t_1) \doteq 2,5\%$	$c(t_1) = 2,5\%$
$B_{t_0}(t_2) = 0,94246$	$f_{t_0}(t_1, t_2) \doteq 3,52\%$	$c(t_2) = 3\%$
$B_{t_0}(t_3) = 0,90132$	$f_{t_0}(t_2, t_3) \doteq 4,56\%$	$c(t_3) = 3,5\%$

d.h. es wird eine relativ flache Ausprägung der Terminzinssätze unterstellt. Entsprechend wird im zweiten Szenario eine etwas lebhaftere Zinsstruktur angenommen.

Szenario 2

Kurse der Nullkupon-anleihen		Terminzinssätze		Kupon bei Laufzeit t_i zu pari notierter Anleihen
$B_{t_0}(t_1) = 0,96154$		$f_{t_0}(t_0, t_1) = 4\%$		$c(t_1) = 4\%$
$B_{t_0}(t_2) = 0,90659$	$\Leftrightarrow$	$f_{t_0}(t_1, t_2) = 6,06\%$	$\Leftrightarrow$	$c(t_2) = 5\%$
$B_{t_0}(t_3) = 0,83765$		$f_{t_0}(t_2, t_3) = 8,23\%$		$c(t_3) = 6\%$

Für einen Cap mit Basislevel 4% und halbjährlichen Bewertungszeitpunkten werden in Tabelle 6.3.1 und 6.3.2 die sich ergebenden Arbitragepreise in Prozent vom Nennwert bei variierender lokaler Volatilität und unterschiedlicher Hedge-Intensität zusammengefaßt. Tabelle 6.3.1 bezieht sich auf das Zinsszenario 1 und Tabelle 6.3.2 auf das Szenario 2. Die Übergangswahrscheinlichkeiten wurden jeweils unabhängig vom Zustand und Zeitpunkt mit 0.5 angenommen.

Tabelle 6.3.1

	Arbitragepreis in Prozent*			
	Hedge Tenor			
Volatilität in % pro Jahr	vierteljährig N = 4	monatlich N = 12	vierzehntägig N = 24	wöchentlich N = 52
15%	0,69382	0,69736	0,69893	0,69761
17,5%	0,78295	0,77810	0,77660	0,77592
20%	0,87237	0,86448	0,85582	0,85920
22,5%	0,96076	0,95025	0,94505	0,94448
25%	1,04797	1,03535	1,03442	1,03146
27,5%	1,13395	1,11969	1,12314	1,12030
30%	1,21866	1,20373	1,21099	1,20851
32,5%	1,30200	1,28744	1,29858	1,29624
35%	1,38868	1,37513	1,38726	1,38443

* 4% Cap; Bewertungszeitpunkt: halbjährlich; Laufzeit: 3 Jahre; Zinsszenario 1; Übergangswahrscheinlichkeit :$p(\cdot,\cdot) = \frac{1}{2}$.

Wie zu erwarten, ist der Arbitragepreis des Cap unter beiden Szenarien monoton wachsend bzgl. der lokalen Volatilität und zwar unabhängig vom Hedge– Tenor.

Tabelle 6.3.2

	Arbitragepreis in Prozent*			
	Hedge Tenor			
Volatilität in % pro Jahr	vierteljährlich N = 4	monatlich N = 12	vierzehntägig N = 24	wöchentlich N = 52
15%	5,35824	5,36015	5,36016	5,35987
17,5%	5,37296	5,37757	5,37774	5,37730
20%	5,39588	5,40012	5,40065	5,39989
22,5%	5,43014	5,42850	5,42844	5,42904
25%	5,47174	5,46926	5,46771	5,46609
27,5%	5,51164	5,50922	5,51056	5,51017
30%	5,54995	5,55975	5,56011	5,56056
32,5%	5,60390	5,62090	5,62194	5,61750
35%	5,67959	5,68600	5,68275	5,68027

* 4% Cap; Bewertungszeitpunkt: halbjährlich; Laufzeit: 3 Jahre; Zinsszenario 2; Übergangswahrscheinlichkeit:$p(\cdot,\cdot) = \frac{1}{2}$.

Die Preisdifferenzen im Arbitragepreis des Cap für benachbarte Werte der Volatilität bewegen sich unter dem ersten Szenario zwischen 0,0894% und 0,0776% des Nennwerts. Wird das Szenario 2 unterstellt, das zu höheren kurzfristigen Zinssätzen und Cap-Preisen führt, so liegen die Preisdifferenzen zwischen 0,0757% und 0,0147% des Nennwerts. Bemerkenswert ist, daß sich die Preisdifferenz durch eine Verfeinerung der Hedge–Periodizität unter beiden Szenarien nicht erkennbar verringern läßt. Der Einfluß einer Fehleinschätzung der lokalen Volatilität kann somit im allgemeinen nicht über eine größere Hedgeintensität eingeschränkt werden.

Bei fester Volatilität zeigt sich unter beiden Szenarien, daß die zunehmende Verfeinerung des Modells sich nicht unbedingt preissenkend auswirkt. Die maximale Preisdifferenz, die sich durch einen zunehmenden Hedge–Tenor ergibt, ist unter dem ersten Szenario kleiner als 0,015% des Nennwerts; unter dem zweiten Szenario kleiner als 0,0171%. Darüberhinaus zeigt sich in den beiden Fällen, daß der Preisunterschied, der durch eine Verfeinerung der Periodizität erreicht werden kann, im allgemeinen stark abnehmend ist. Bis auf zwei Ausnahmen sind Preisänderungen unter dem zweiten Szenario sogar kleiner als 0,005% des Nennwerts. Für einen Cap mit Nennwert 100 Millionen$ ergibt sich in diesem Fall eine Preisänderung von höchstens 5000$.

Die Differenz im Arbitragepreise eines Cap, die sich für unterschiedliche Binomialwahrscheinlichkeiten und unterschiedlichen Hedge–Tenor berechnen lassen, sind in Tabelle 6.3.3 und 6.3.4 gegeben.

Tabelle 6.3.3

	Arbitragepreis in Prozent*			
	Hedge Tenor			
Übergangs-wahrscheinlich-keit $p(\cdot,\cdot)$	vierteljährlich N = 4	monatlich N = 12	vierzehntägig N = 24	wöchentlich N = 52
0,25	1,01354	1,01218	1,02345	1,02148
0,3	1,02281	1,02565	1,02134	1,02354
0,35	1,02204	1,01808	1,02466	1,02600
0,4	1,02459	1,02303	1,02619	1,02930
0,45	1,02054	1,02899	1,03101	1,02936
0,5	1,04797	1,03535	1,03442	1,03146
0,55	1,06264	1,04023	1,03293	1,03277
0,6	1,03732	1,03971	1,03765	1,03455
0,65	1,05561	1,04203	1,03878	1,03717
0,7	1,06653	1,05224	1,04407	1,03849
0,75	1.07798	1.05104	1.04969	1,03945

* 4% Cap; Bewertungszeitpunkt: halbjährlich; Laufzeit: 3 Jahre; Zinsszenario 1; Volatilität pro Jahr: 25%.

Tabelle 6.3.4

	Arbitragepreis in Prozent*			
	Hedge Tenor			
Übergangs-wahrscheinlich-keit $p(\cdot,\cdot)$	vierteljährlich N = 4	monatlich N = 12	vierzehntägig N = 24	wöchentlich N = 52
0,25	5,512191	5,485144	5,474416	5,470721
0,3	5,506072	5,480170	5,474471	5,471163
0,35	5,500883	5,471865	5,466209	5,468968
0,4	5,487895	5,473761	5,470866	5,465810
0,45	5,471549	5,473304	5,467569	5,467190
0,5	5,471742	5,469264	5,467712	5,466086
0,55	5,450960	5,462867	5,466257	5,462386
0,6	5,450619	5,467648	5,457833	5,463353
0,65	5,453552	5,459610	5,462038	5,462813
0,7	5,461754	5,449811	5,458469	5,460041
0,75	5,463742	5,458374	5,454982	5,457863

* 4% Cap; Bewertungszeitpunkte: halbjährlich; Laufzeit: 3 Jahre; Zinsszenario 2; Volatilität pro Jahr: 25%.

Es zeigt sich wiederum, daß die Arbitragepreise nicht notwendig bei zunehmender Verfeinerung des Modells fallen. Wie zu erwarten, hat die Wahl der Übergangswahrscheinlichkeit einen Einfluß auf die Bewertung. Der Einfluß des Martingalmaßes sinkt jedoch mit zunehmender Verfeinerung systematisch. Unter dem

Zinsszenario 1 ist die maximale Differenz, die unter einer vierteljährlichen Hedgestrategie für zwei unterschiedliche Übergangswahrscheinlichkeiten zu beobachten ist, kleiner als 0,0645% des Nennwertes. Für eine zunehmende Verfeinerung der Hedgestrategie wird die maximale Differenz aufgrund der Übergangswahrscheinlichkeiten systematisch kleiner und ist bei wöchentlichem Hedge kleiner als 0,018% des Nennwertes. Unter Szenario 2 zeigt sich dies ebenfalls. Die maximale Differenz bei vierteljährlichem Hedge ist kleiner als 0,0616% und sinkt unter 0,0134% bei wöchentlicher Anpassung der Hedgestrategie.

Die Preissimulationen zu Floors haben zu ähnlichen Ergebnissen geführt. Unter dem Zinsszenario 1 ergeben sich für den Floor bei unterschiedlicher Volatilität pro Jahr die in Tabelle 6.3.5 angegebenen Werte. Entsprechend gibt Tabelle 6.3.6 die Werte unter dem Zinsszenario 2 an. Mit den bisherigen Beobachtungen übereinstimmend zeigt sich ein monoton wachsendes Verhalten des Floor bzgl. der Volatilität. Die Preisdifferenz für aufeinanderfolgende Werte der Volatilität kann in beiden Szenarien nicht durch eine Verfeinerung der Hedge–Periodizität wesentlich beeinflußt werden. Für feste jährliche Volatilität ergibt sich wie im Fall des Cap nicht notwendig ein Sinken des Arbitragepreises aufgrund einer Erhöhung der Hedge–Intensität. Unter Szenario 1, das zu relativ hohen Arbitragepreisen des Floor führt, ist die maximale Preisdifferenz, die sich durch intensiveres Hedgen ergibt, kleiner als 0,0195% des Nennwertes. Für Szenario 2 ergibt sich die maximale Preisdifferenz zu 0,0133% des Nennwertes.

<u>Tabelle 6.3.5</u>

	Arbitragepreis in Prozent*			
	Hedge Tenor			
Volatilität in % pro Jahr	vierteljährig N = 4	monatlich N = 12	vierzehntägig N = 24	wöchentlich N = 52
15%	0,565302	0,571657	0,570172	0,570567
17,5%	0,606584	0,609370	0,608707	0,608885
20%	0,657142	0,653729	0,657758	0,656281
22,5%	0,722430	0,708060	0,709250	0,708570
25%	0,785883	0,771881	0,766422	0,767943
27,5%	0,847662	0,834049	0,828348	0,832923
30%	0,907615	0,903189	0,900830	0,898700
32,5%	0,977957	0,975717	0,972487	0,968863
35%	1,057957	1,046415	1,043386	1,039893

* 3% Floor; Bewertungszeitpunkte: halbjährlich; Laufzeit: 3 Jahre; Zinsszenario 1; Übergangswahrscheinlichkeit: $p(\cdot,\cdot) = \frac{1}{2}$.

Tabelle 6.3.6

	Arbitragepreis in Prozent*			
	Hedge Tenor			
Volatilität in % pro Jahr	vierteljährlich N = 4	monatlich N = 12	vierzehntägig N = 24	wöchentlich N = 52
15%	0	0,000003	0,000178	0,000224
17,5%	0	0,000791	0,000841	0,000938
20%	0,000064	0,002116	0,002412	0,002582
22,5%	0,000669	0,004017	0,005559	0,006036
25%	0,003774	0,011637	0,012189	0,012090
27,5%	0,012880	0,021078	0,021268	0,021568
30%	0,026224	0,035818	0,033325	0,034279
32,5%	0,052224	0,053170	0,051950	0,052371
35%	0,085521	0,072240	0,075657	0,075746

* 3% Floor; Bewertungszeitpunkte: halbjährlich; Laufzeit: 3 Jahre; Zinsszenario 2; Übergangswahrscheinlichkeit: $p(\cdot,\cdot) = \frac{1}{2}$.

Für variierende Übergangswahrscheinlichkeit wird die Erwartung, daß ein Anstieg zu einer Reduzierung des Arbitragepreises führt, im allgemeinen unter beiden Szenarien bestätigt. Die maximale Preisdifferenz aufgrund unterschiedlicher Übergangswahrscheinlichkeiten nimmt jedoch mit zunehmender Hedge–Intensität stark

Tabelle 6.3.7

	Arbitragepreis in Prozent*			
	Hedge Tenor			
Übergangswahrscheinlichkeit $p(\cdot,\cdot)$	vierteljährig N = 4	monatlich N = 12	vierzehntägig N = 24	wöchentlich N = 52
0,25	0,772742	0,772683	0,766404	0,769196
0,3	0,772041	0,772447	0,770031	0,768826
0,35	0,764494	0,764046	0,771199	0,769027
0,4	0,757635	0,765712	0,770246	0,769775
0,45	0,760033	0,770047	0,767865	0,768523
0,5	0,785883	0,771881	0,766422	0,767943
0,55	0,782143	0,770564	0,769437	0,769050
0,6	0,763687	0,767565	0,769814	0,767858
0,65	0,770940	0,771860	0,768224	0,767574
0,7	0,773770	0,762107	0,765928	0,766290
0,75	0,769397	0,767107	0,762403	0,766925

* 3% Floor; Bewertungszeitpunkte: halbjährlich; Laufzeit: 3 Jahre; Zinsszenario 1; Volatilität pro Jahr: 25%.

ab. Unter Szenario 1 (Tabelle 6.3.7) sinkt sie von 0,0283% bei vierteljährlichem Hedge bis auf 0,0035% bei wöchentlicher Hedge–Intensität. Entsprechend unter Szenario 2 (Tabelle 6.3.8) von 0,025% bis auf 0,0069% des Nennwerts.

Tabelle 6.3.8

	Arbitragepreis in Prozent*			
	Hedge Tenor			
Übergangswahr-scheinlichkeiten $p(\cdot,\cdot)$	vierteljährig N = 4	monatlich N = 12	vierzehntägig N = 24	wöchentlich N = 52
0,25	0,025132	0,016934	0,016867	0,015614
0,3	0,022831	0,017855	0,014945	0,014638
0,35	0,020025	0,015702	0,015175	0,014042
0,4	0,014549	0,013238	0,013682	0,012997
0,45	0,007447	0,013396	0,011922	0,012822
0,5	0,003774	0,011637	0,012189	0,012090
0,55	0,001859	0,008568	0,010336	0,011055
0,6	0,000725	0,008968	0,010259	0,010820
0,65	0	0,008188	0,008930	0,010417
0,7	0	0,005606	0,008030	0,009594
0,75	0	0,001294	0,006422	0,008723

* 3% Floor; Bewertungszeitpunkte: halbjährlich; Laufzeit: 3 Jahre; Zinsszenario 2; Volatilität pro Jahr: 25%.

7 Aussagen zum Grenzverhalten des Zinsstrukturmodells

Ausgangspunkt der bisherigen Überlegungen ist eine gegebene diskrete Zeitstruktur $\underline{\underline{T}} = \{t_0 < ... < t_N\}$ mit $\Delta t = t_{i+1} - t_i$. Das Grenzverhalten des Zinsstrukturmodells für $\Delta t \to 0$ ist nun abhängig von den zum Zeitpunkt $t = 0$ beobachteten Kursen der Nullkuponanleihen $\{B_0(t)\}_{t \in \underline{\underline{T}}}$, der Familie der Übergangswahrscheinlichkeiten $\{p(n,i)\}_{(n,i) \in A}$ und der Volatilitätsfunktion $\sigma : \underline{\underline{T}} \times \mathbf{R}_{\geq 0} \to R_{\geq 0}$. Eine Verfeinerung der ursprünglichen Zeitstruktur $\underline{\underline{T}}$ ist nun definiert durch

$$\underline{\underline{T}}(n) = \left\{ t'_0 < t'_1 < ... < t'_{N \cdot n} \right\}$$

wobei $t'_{j+1} - t'_j = \dfrac{\Delta t}{n}$ und $t'_{in} = t_i \quad \forall i = 0, ..., N$

Entsprechend den Überlegungen zu Abschnitt 6.2 lassen sich aus den ursprünglichen beobachteten Kursen die Kurse der Nullkuponanleihen bezüglich der Verfeinerung gemäß (6.2.2) gewinnen. In Abhängigkeit von $p(,)$ und $\sigma(,)$ existiert dann ein eindeutig bestimmtes Zinsstrukturmodell mit nicht negativen kurzfristigen Zinssätzen. Wird von einer konstanten Übergangswahrscheinlichkeiten p und einer konstanten Volatilität σ ausgegangen, so ergibt sich für das Grenzverhalten des kurzfristigen Zinssatzes die folgende Aussage:

Satz 7.1:

Sind $p \in]0,1[$ und $\sigma > 0$ konstante Parameter des Modells, so genügt $\left\{ x_{t_i} = \log \frac{r_i}{r_{i-1}} \right\}_{t_i \in \underline{\underline{T}}(n)}$ für $n \to \infty$ dem zentralen Grenzwertsatz.

Beweis:

Für eine gegebene Verfeinerung $\underline{\underline{T}}(n) = \left\{ t'_0 < t'_1 < ... < t'_{N \cdot n} = T \right\}$ ist das Binomialmodell für den kurzfristigen Zinssatz gegeben durch

$$r_{i,j} = r_{i,i} \cdot \left(g \cdot \left(p, \sigma \cdot \sqrt{\frac{T}{N \cdot n}} \right) \right)^{i-j} = r_{i,i} \cdot \left(\exp \left\{ \frac{\sigma \sqrt{\frac{T}{N \cdot n}}}{\sqrt{p(1-p)}} \right\} \right)^{i-j} \tag{7.1}$$

$$\forall i = 0, ..., N \cdot n \quad \forall j = 0, ..., i \ .$$

Die niedrigste Zinssatzausprägung pro Periode $r_{i,i} > 0$ ist entsprechend Satz 5.1.2 von p, σ und den zum Zeitpunkt $t = 0$ beobachteten Kursen der Nullkuponanleihen abhängig. Für den Erwartungswert und die Varianz der Zufallsvariable x_{t_i} folgt aus der Binomialstruktur:

$$\begin{aligned}
\eta_i &= E_P\left[\log\frac{r_i}{r_{i-1}}\right] \\
&= \sum_{j=0}^{i-1}\binom{i-1}{j}(1-p)^j p^{i-1-j}\left[p\left(\log\frac{r_{i,i}}{r_{i-1,i-1}}+\log g\left(p,\sigma\sqrt{\frac{T}{N\cdot n}}\right)\right)\right. \\
&\quad \left.+(1-p)\left(\log\frac{r_{i,i}}{r_{i-1,i-1}}\right)\right] \\
&= \log\frac{r_{i,i}}{r_{i-1,i-1}}+\sqrt{\frac{p}{1-p}}\cdot\sqrt{\frac{T}{N\cdot n}}\cdot\sigma \\
&= \log\frac{r_{i,i}}{r_{i-1,i-1}}+p\log g \\
s_i^2 &= V_P\left[\log\frac{r_i}{r_0}\right]=\sigma^2\cdot\frac{T}{N\cdot n}\cdot i
\end{aligned}$$

Die Behauptung ist gezeigt, falls die Ljapunoff–Bedingung (vgl. Bauer S. 268f.) erfüllt ist, d.h.

$$\lim_{n\to\infty}\frac{1}{s_{N\cdot n}^{2+\delta}}\sum_{i=1}^{n\cdot N}E_P\left[\left|\log\frac{r_i}{r_{i-1}}-\eta_i\right|^{2+\delta}\right]=0 \quad \text{für ein } \delta>0.$$

Für $\delta=1$ gilt

$$\begin{aligned}
E_P\quad &\left[\left|\log\frac{r_j}{r_{j-1}}-\eta_j\right|^3\right] \\
&=\sum_{i=0}^{j-1}\binom{j-1}{i}(1-p)^i p^{j-i-1} \\
&\quad\cdot\left[p\left(\left|\log\frac{r_{j,j}}{r_{j-1,j-1}}+\log g-\log\frac{r_{j,j}}{r_{j-1,j-1}}-p\log g\right|^3\right)\right. \\
&\quad\left.+(1-p)\left(\left|\log\frac{r_{j,j}}{r_{j-1,j-1}}-\log\frac{r_{j,j}}{r_{j-1,j-1}}-p\log g\right|^3\right)\right] \\
&=(\log g)^3\cdot\left(p(1-p)^3+(1-p)p^3\right) \\
&=\sigma^3\frac{T^{\frac{3}{2}}}{(nN)^{\frac{3}{2}}}\cdot\frac{(1-p)^2+p^2}{\sqrt{p(1-p)}}
\end{aligned}$$

$$\begin{aligned}
\Rightarrow\quad \frac{1}{s_{Nn}^3}\sum_{i=1}^{Nn}E_P\left[\left|\log\frac{r_j}{r_{j-1}}-\eta_j\right|^3\right] &= \frac{1}{\sigma^3 T^{\frac{3}{2}}}\cdot(Nn)\cdot\frac{\sigma^3T^{\frac{3}{2}}}{(nN)^{\frac{3}{2}}}\cdot\frac{(1-p)^2+p^2}{\sqrt{p(1-p)}} \\
&= \frac{(1-p)^2+p^2}{\sqrt{nN}\sqrt{p(1-p)}}\overset{n\to\infty}{\longrightarrow}0.
\end{aligned}$$

□

Satz 7.1 besagt, daß der Prozeß der kurzfristigen Zinssätze gegen eine geometrische Brown'sche Bewegung konvergiert mit

$$\frac{dr}{r} = \mu(t)\,dt + \sigma dW, \qquad r_{t_0} = r_0 \ . \tag{7.2}$$

Der Drift $\mu(t)$ bestimmt sich aus den Kursen der Nullkuponanleihen, der konstanten Volatilität und dem Zeitpunkt, so daß die lokale Erwartungswerthypothese für die Kurse der Nullkuponanleihen erfüllt ist, d.h.

$$B(t,\tau,r) = E_P\left[\exp\left\{-\int_t^\tau r_s d_s\right\}\middle|\, r_t\right] \quad \forall\tau \in [0,\ T], \quad t < \tau. \tag{7.3}$$

Umgekehrt genügen die Kursprozesse der Nullkuponanleihen mit dem Itô–Lemma der stochastischen Differentialgleichung

$$dB(t,\tau,r) = \left[B_t + \mu(t) r B_r + \frac{1}{2} r^2\sigma^2 B_{r,r}\right] dt + \sigma \cdot r B_r dW$$

Aus der Annahme der lokalen Erwartungswerthypothese folgt, daß die Risikoprämie gleich Null ist, d.h.

$$E_P[dB(t,\tau,r)] - rBdt = 0 \quad \forall t < \tau \leq T.$$

Hieraus bestimmt sich die stochastische Differentialgleichung für die Nullkuponanleihe zu

$$0 = B_t + \mu(t) \cdot rB_r + \frac{1}{2} r^2\sigma^2 B_{rr} - rB \tag{7.4}$$

und der Randbedingung $B(\tau,\tau,r) = 1$.

Aus der Feynman-Kac-Gleichung (vgl. D.Duffie (1988), Friedman (1969))folgt, daß (7.2) die eindeutig bestimmte Lösung der stochastischen Differentialgleichung (7.3) ist.

Für den momentanen Diskontierungsfaktor $y_t = \frac{1}{1+r_t}$ läßt sich aus (7.2) die stochastische Differentialgleichung

$$dy = y(y-1)\left[\mu(t) + (y-1)\sigma^2\right] dt + y(y-1)\,\sigma dW; \quad y_0 = \frac{1}{1+r_0} \tag{7.5}$$

herleiten. Die Wahrscheinlichkeitsdichte des Diskontierungsfaktors y_t ergibt sich durch Transformation der Normalverteilung zu:

$$\rho(y;r,\mu,\sigma,t) = \frac{1}{\sqrt{2\pi t}\,\sigma}\,\frac{1}{y\,(1-y)} \exp\left\{-\frac{\left(\log\frac{1-y}{y}-\log r-\int_0^t \mu\,(s)\,ds+\frac{1}{2}\sigma^2 t\right)^2}{2t\sigma^2}\right\} \qquad 0\le y\le 1 \tag{7.6}$$

Der Zusammenhang zwischen einer standardnormalverteilten Zufallsvariable z und der Zufallsvariable y wurde schon von N.Johnson (1949) untersucht. Allgemein gehört y_t zur Klasse S_B, d.h. derjenigen Zufallsvariablen, die sich durch die folgende Transformation aus einer N(0,1)–verteilten Zufallsvariable ergeben:

$$\begin{aligned} y &= a+\frac{b-a}{1+\exp\{-(z\sigma+\eta)\}} \qquad a<b \\ \Leftrightarrow z &= -\frac{\eta}{\sigma}+\frac{1}{\sigma}\log\left(\frac{y-a}{b-y}\right) \qquad a\le y\le b \quad \eta,\sigma>0. \end{aligned} \tag{7.7}$$

Die resultierende Dichtefunktion für y ist außerhalb des Intervalls $[a,b]$ gleich Null. Für den Diskontierungsprozeß $\{y_t\}$ ergeben sich das Intervall $[a,b]$ zu $[0,1]$ und der Parameter η zu $-\log r-\int_0^t \mu\,(s)\,ds+\frac{1}{2}\sigma^2 t$.

Die Abbildung 7.1 zeigt den typischen Verlauf der Dichtefunktion $\rho\,(y;r,\mu,\sigma,t)$ falls $\int_0^t \mu\,(s)\,ds$ sich zu $\log\frac{f_t}{r_0}$[26] ergibt.

a)

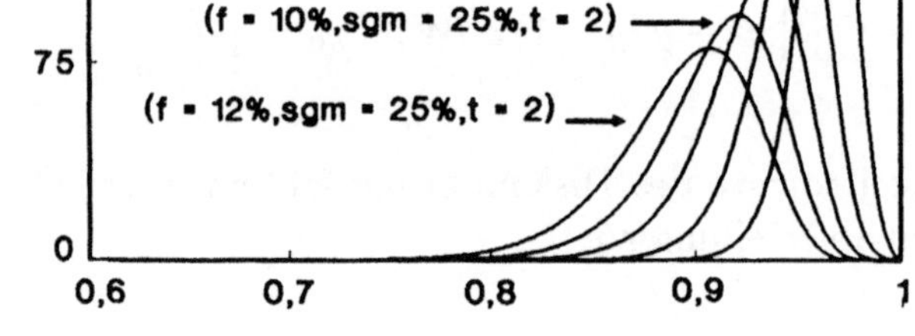

[26] $f_t = \frac{B_0(t)}{B_0(t-1)} - 1 =$ Terminzinssatz

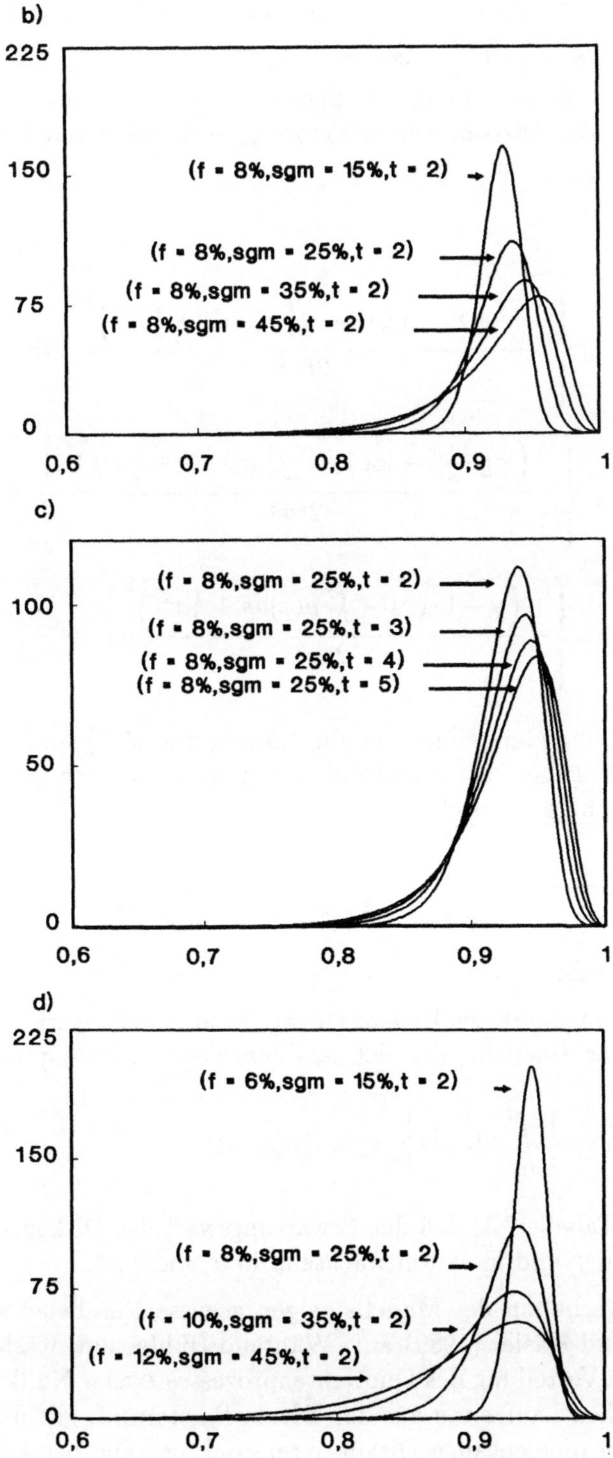

Abbildung 7.1: Dichtefunktion ρ für:
a) festes σ und t und unterschiedliche Terminzinssätze f.
b) festes f und t und unterschiedliche Volatilität σ.
c) festes σ und f und unterschiedliche Laufzeit t.
d) festes t und unterschiedliche Volatilität σ und Terminzinssätze f.

Aus der Transformation (7.6) geht hervor, daß der Median der Verteilung gleich $y_{0,5}(t,r_0) = \left[1 + r_0 \exp\left\{\int_0^t \mu(s)ds - \frac{1}{2}\sigma^2 t\right\}\right]^{-1}$ ist.
Darüberhinaus ist die resultierende Verteilung im allgemeinen jedoch nicht symmetrisch. Der Erwartungswert des Diskontierungsfaktors y_t zum Zeitpunkt t ist gegeben durch:

$$
\begin{aligned}
E[y_t]r_0] &= E\left[\frac{1}{1+r_t}\middle| r_0\right] && (7.8)\\
&= \int_0^{+\infty} \frac{1}{\sqrt{2\pi t}\,\sigma}\,\frac{1}{1+r}\frac{1}{r}\exp\left\{-\frac{\left(\log r - \log r_0 - \int_0^t \mu(s)ds + \frac{1}{2}\sigma^2 t\right)^2}{2t\sigma^2}\right\} dr\\
&= \int_0^{1} \frac{1}{\sqrt{2\pi t}\,\sigma}\,\frac{y}{y(1-y)}\exp\left\{-\frac{\left(\log \frac{1-y}{y} - \log r_0 - \int_0^t \mu(s)ds + \frac{1}{2}\sigma^2 t\right)^2}{2t\sigma^2}\right\} dy\\
&= \int_{-\infty}^{+\infty} \frac{1}{\sqrt{2\pi t}\,\sigma}\,\frac{1}{1+e^y}\exp\left\{-\frac{\left(y - \log r_0 - \int_0^t \mu(s)ds + \frac{1}{2}\sigma^2 t\right)^2}{2t\sigma^2}\right] dy
\end{aligned}
$$

N.Johnson (1949) leitet eine Reihendarstellung für die Lösung von (7.7) und die weiteren Momente der Verteilung her, die numerisch ausgewertet werden kann. (7.7) läßt sich jedoch leicht abschätzen durch:

$$
\frac{1}{1+\exp\{v(t,r_0)\}} \le E\left[y_t|y_0 = \frac{1}{1+r_0}\right] \le \frac{1}{1+\exp\{v\,(t,r_0) - \sigma^2 t\}} \qquad (7.9)
$$

wobei $v\,(t,r_0) = \log r_0 + \int_0^t \mu\,(s)\,ds$.
Aus (7.8) folgt, daß der Erwartungswert des Diskontierungsfaktors nicht stark von demjenigen Diskontierungsfaktor abweicht, der sich aus dem erwarteten Zinssatz ergibt, da

$$
E[r_t]r_0] = r_0 \exp\left\{\int_0^t \mu(s)ds\right\} = \exp\{v(t,r_0)\}
$$

Wie zu erwarten, verdeutlicht Tabelle 7.1, daß der Erwartungswert des Diskontierungsfaktors monoton fallend in f und monoton wachsend in σ und t ist.

Die Überlegungen zum Grenzverhalten des Modells zeigen gewisse Parallelen zu der Modellierung von Bühler und Käsler (1989) auf. Während Bühler und Käsler jedoch davon ausgehen, daß die Verteilung des Quotientenprozesses zweier Nullkuponanleihen mit unterschiedlichen Laufzeiten aus der Klasse S_B stammt, gilt dies im betrachteten Modell für den momentanen Diskontierungsfaktor. Die betrachtete Verteilungsklasse S_B ist jedoch unter der Produktrelation nicht abgeschlossen, so daß ein darüber hinaus gehender Zusammenhang zwischen der kursorientierten Formulierung nach Bühler und Käsler und dem betrachteten zinsorientierten Ansatz, nicht zu erkennen ist.

Tabelle 7.1: Erwartungswert und Standardabweichung des Diskontierungsfaktors y_t für

$$\log r_0 + \int_0^t \mu(s)\, ds = \log f \text{ und } t = 1$$

Terminzinssatz f	Erwartungswert $E[y_t]$				Standardabweichung $\sigma(y_t)$			
	$\sigma_r =$				$\sigma_r =$			
	0.15	0.25	0.35	0.45	0.15	0.25	0.35	0.45
0.01	0.99010	0.99011	0.99013	0.99015	0.00211	0.00357	0.00512	0.00681
0.02	0.98041	0.98044	0.98050	0.98057	0.00412	0.00696	0.00996	0.01316
0.03	0.97091	0.97098	0.97110	0.97127	0.00605	0.01020	0.01454	0.01910
0.04	0.96160	0.96173	0.96192	0.96221	0.00790	0.01330	0.01888	0.02468
0.05	0.95248	0.95266	0.95296	0.95338	0.00967	0.01625	0.02301	0.02992
0.06	0.94353	0.94379	0.94420	0.94478	0.01138	0.01908	0.02692	0.03487
0.07	0.93476	0.93510	0.93563	0.93640	0.01301	0.02178	0.03065	0.03954
0.08	0.92616	0.92658	0.92726	0.92821	0.01458	0.02437	0.03420	0.04396
0.09	0.91772	0.91824	0.91906	0.92022	0.01609	0.02685	0.03758	0.04815
0.10	0.90943	0.91006	0.91104	0.91241	0.01754	0.02922	0.04080	0.05213
0.11	0.90130	0.90204	0.90318	0.90478	0.01893	0.03149	0.04388	0.05591
0.12	0.89332	0.89417	0.89549	0.89731	0.02027	0.03367	0.04683	0.05951
0.13	0.88549	0.88645	0.88795	0.89001	0.02155	0.03576	0.04964	0.06293
0.14	0.87779	0.87888	0.88056	0.88286	0.02279	0.03776	0.05233	0.06620
0.15	0.87024	0.87145	0.87331	0.87586	0.02398	0.03969	0.05490	0.06932

8 Anwendungen und Erweiterungen des Zinsstrukturmodells

Neben der Bewertung von Caps und Floors erlaubt der entwickelte Modellrahmen auch die Analyse von Rentenoptionen. Jede Rentenoption läßt sich innerhalb des Modells als ein rein zinsabhängiger Zahlungsstrom interpretieren. Aufgrund der Vollständigkeit des Zinsstrukturmodells kann neben der Bewertung von Optionsverträgen auf Nullkuponanleihen ebenso die Bewertung von Optionsverträgen auf Kuponanleihen betrachtet werden. In einem ersten Schritt soll dieser Frage nachgegangen werden. Darüberhinaus lassen sich neben diesen reinen Vertragsformen auch kombinierte Verträge einbeziehen, wie sie z.B. durch sogenannte call- und putable Anleihen definiert werden. Im Unterschied zu einem Portfolio aus reinen Kauf- und Verkaufoptionen läßt sich der Auszahlungsstrom dieser Verträge nicht als Linearkombination von Calls und Puts darstellen. Beispielhaft soll eine Kuponanleihe betrachtet werden, die mit Verkauf- und Kaufrechten solcherart ausgestattet ist, daß eine vorgegebene Renditenspanne eingehalten wird.

Neben diesen rein zinsabhängigen Zahlungsströmen stellt sich die Frage der Implikation eines solchen Modells für die Bewertung von Aktienoptionen. Es bietet sich in diesem Zusammenhang an, das Zinsstrukturmodell mit dem Binomialmodell für die Aktienkursentwicklung zu verbinden. In diesem erweiterten Modellrahmen ist es dann möglich, die Bewertung von Aktienoptionen unter Berücksichtigung einer stochastischen Zinsentwicklung zu untersuchen. Ebenso läßt sich ein solcher erweiteter Modellrahmen auf kombinierte Vertragsformen wie z.B. LYON[27] (Liquid Yield Option Note) anwenden. Die Fragen, die sich bezüglich der Struktur des erweiterten Modells aber auch für die Duplizierbarkeit der Verträge ergeben, werden in einem dritten Abschnitt betrachtet.

8.1 Rentenoptionen

Zur Anwendung der Optionsbewertungstheorie auf Rentenoptionen, und hier speziell für den Fall von Optionen auf Nullkuponanleihen, liegen schon eine Vielzahl von Artikeln vor (vgl. Kapitel 4). Vor allem der kursorientierte Ansatz hat hier zu interessanten Ergebnissen geführt, die jedoch hauptsächlich für die Bewertung von Rentenoptionen auf Nullkuponanleihen angewendet werden können. Handelt es sich bei dem zugrundeliegenden Wertpapier um eine Kuponanleihe, so ergeben sich aus dem kursorientierten Ansatz nur noch approximative Lösungen für den Optionspreis. Das Hauptproblem ist darin zu sehen, daß die kursorientierte Modellierung keine konsistente, d.h. arbitragefreie Formulierung der

[27]McConnell und Schwartz (1986) haben die Bewertung von LYONs unter Arbitrage untersucht. Ihre Modellbildung geht jedoch von einem konstanten kurzfristigen Zinssatz aus, einer Annahme, die für diese Vertragsformen als problematisch angesehen werden muß.

gesamten Zinsstruktur ermöglicht. Im Rahmen des zuvor entwickelten Zinsstrukturmodells wird dieses Problem jedoch gelöst. Für die Bewertung einer Rentenoption unter Arbitrage und die Bestimmung einer selbstfinanzierenden Portfoliostrategie ist es deshalb hinreichend, den sich aus dem Optionsvertrag ergebenden zinsabhängigen Auszahlungsstrom zu bestimmen. Der Arbitragepreis der Rentenoption ist dann gemäß Satz 2.1.2 durch den erwarteten diskontierten Wert des Auszahlungsstromes unter dem durch die Familie der Übergangswahrscheinlichkeiten $p : A = \{(n, j)]t_n \in \underline{\underline{T}},\ j = 0 \ldots, n\} \rightarrow [0, 1]$ definierten Martingalmaß gegeben.

Der Auszahlungsstrom einer europäischen Rentenoption, d.h. einer Option, deren Ausübung nur zu dem fest vorgegebenen Endzeitpunkt τ erlaubt ist, bestimmt sich aus der terminalen Auszahlung zum Zeitpunkt τ. Sei $B_t(T)$ der Kursprozeß einer Nullkuponanleihe mit Nennwert 1 und Endfälligkeit $T > \tau$, so ist der Wert einer Call-Option bei Fälligkeit mit Ausübungszeitpunkt τ gegeben durch

$$\mathrm{Call}_{E,t=\tau}\,[B_\tau(T), E, \tau] = \max[B_\tau(T) - E, 0] \quad , \tag{8.1.1}$$

wobei $E < 1$ den vereinbarten Basispreis bezeichnet. Entsprechend ist der Wert einer Put-Option bei Fälligkeit bestimmt durch

$$\mathrm{Put}_{E,t=\tau}\,[B_\tau(T), E, \tau] = \max[E - B_t(T), 0] \quad . \tag{8.1.2}$$

Aufgrund der Binomialstruktur des Zinsmodells gelten die analogen Überlegungen wie für Zinssatzoptionen. Der Initialwert jeder zum Zeitpunkt t=0 implementierten selbstfinanzierenden Portfoliostrategie, die die terminale Auszahlung der Option dupliziert, stimmt mit der erwarteten diskontierten Auszahlung der Option überein. Aus (8.1.1) bzw. (8.1.2) ergeben sich somit die Arbitragepreise zu

$$\begin{aligned}
\mathrm{Call}_{E,t=0}\Big[B_{t_0}(T), E, \tau\Big] &= E_P\left[\frac{\max[B_\tau(T) - E, 0]}{\prod_{t=0}^{\tau-1}(1 + r_{t,\cdot})}\right] \\
\mathrm{Put}_{E,t=0}\Big[B_{t_0}(T), E, \tau\Big] &= E_P\left[\frac{\max[E - B_\tau(T), 0]}{\prod_{t=0}^{\tau-1}(1 + r_{t,\cdot})}\right] \quad .
\end{aligned} \tag{8.1.3}$$

Da der Kursprozeß der Nullkuponanleihe ein Martingal unter dem durch die Familie der Übergangswahrscheinlichkeiten erzeugten Maß P ist und keine Kuponzahlungen während der Laufzeit erfolgen, ist ein vorzeitiges Ausüben des Optionsrechtes einer Kaufoption nicht optimal. Insofern stimmen die Arbitragepreise von amerikanischen Kaufoptionen auf Nullkuponanleihen mit denen der europäischen Kaufoption überein. Für den Fall einer Put-Option greift dieses Argument nicht. Im allgemeinen wird der Arbitragepreis einer amerikanischen Put-Option denjenigen einer europäischen übersteigen. Im Rahmen des diskreten Zinsstrukturmodells bedeutet dies, daß neben der erwarteten diskontierten Auszahlung der innere Wert der Option berücksichtigt werden muß. Es ergibt sich somit für jedes Zustandstupel $(t, j)\,, t \leq \tau - 1$

$$\begin{aligned}
&\mathrm{Put}_{A,t,j}\left[B_{t,j}(T), E, \tau\right] \\
= \ &\max\left[B_{t,j}(T) - E, \frac{1}{1+r_{t,j}}\left((1-p_{t,j})\,\mathrm{Put}_{A,t+1,j+1}\left[B_{t+1,j+1}(T), E, \tau\right]\right.\right. \\
&\left.\left. + p_{t,j}\mathrm{Put}_{A,t+1,j}\left[B_{t+1,j}(T), E, \tau\right]\right), 0\right]
\end{aligned}$$

Die Tabellen 8.1.1 und 8.1.2 geben die Arbitragepreise für europäische Kauf- und Verkaufoptionen bzw. eine amerikanische Verkaufoption mit einer Laufzeit von einem Jahr auf eine Nullkuponanleihe mit einer Laufzeit von 5 Jahren an. Die Kurse der Nullkuponanleihen zum Zeitpunkt $t = 0$ seien gegeben durch:

$$\begin{array}{lll}
B_0(1) = 93{,}2401 & B_0(3) = 79{,}8782 & B_0(5) = 66{,}1388 \\
B_0(2) = 86{,}5181 & B_0(4) = 72{,}5912 &
\end{array}$$

Tabelle 8.1.1: Arbitragepreise in Prozent des Nennwerts für europäische Rentenoptionen auf Nullkuponanleihen[28].

p Übergangswahrscheinlichkeit	E Basispreislevel	$\mathrm{Call}_E[B_0(5), E, 1]$				$\mathrm{Put}_E[B_0(5), E, 1]$			
		σ_r				σ_r			
		0.1	0.2	0.3	0.4	0.1	0.2	0.3	0.4
	0.65	5.5338	5.7398	6.2093	6.8336	0.0010	0.2070	0.6765	1.3008
0.25	0.70	1.3579	2.1938	2.9886	3.7240	0.4871	1.3230	2.1178	2.8532
	0.75	0.0347	0.4075	0.9732	1.5710	3.8259	4.1988	4.7644	5.3622
	0.80	0.0000	0.0247	0.1700	0.4601	8.4532	8.4779	8.6232	8.9133
	0.65	5.5365	5.7690	6.2862	6.8454	0.0037	0.2362	0.7534	1.3126
0.40	0.70	1.3799	2.1676	2.9687	3.7043	0.5091	1.2968	2.0979	2.8335
	0.75	0.0266	0.3964	0.9412	1.5768	3.8178	4.1877	4.7324	5.3680
	0.80	0.0000	0.0165	0.1502	0.4220	8.4532	8.4697	8.6034	8.8752
	0.65	5.5381	5.7723	6.2924	6.9000	0.0053	0.2395	0.7597	1.3672
0.50	0.70	1.3708	2.2103	3.0134	3.7541	0.5000	1.3395	2.1426	2.8833
	0.75	0.0255	0.3770	0.9568	1.5170	3.8168	4.1682	4.7480	5.3082
	0.80	0.0000	0.0141	0.1487	0.4173	8.4532	8.4673	8.6020	8.8705
	0.65	5.5405	5.8023	6.3293	6.9341	0.0077	0.2695	0.7965	1.4013
0.60	0.70	1.3902	2.2065	2.9885	3.7124	0.5194	1.3358	2.1177	2.8416
	0.75	0.0214	0.3771	0.9404	1.5491	3.8126	4.1683	4.7317	5.3403
	0.80	0.0000	0.0110	0.1285	0.3706	8.4532	8.4642	8.5817	8.8238
	0.65	5.5434	5.8314	6.3565	7.0010	0.0107	0.2986	0.8237	1.4682
0.75	0.70	1.3887	2.2373	3.0467	3.7917	0.5179	1.3665	2.1759	2.9209
	0.75	0.0140	0.3414	0.9067	1.5060	3.8052	4.1326	4.6979	5.2972
	0.80	0.0000	0.0058	0.0990	0.3571	8.4532	8.4591	8.5522	8.8103

[28] Die Anzahl der Hedgeperioden beträgt 24 pro Jahr.

Wie zu erwarten, zeigt Tabelle 8.1.1, daß der Arbitragepreis eines Calls sich monoton fallend im Basispreis und monoton wachsend in der Volatilität des kurzfristigen Zinssatzes verhält. Der Arbitragepreis des Put ist ebenfalls monoton wachsend bezüglich der Volatilität des kurzfristigen Zinssatzes und zeigt ein monoton wachsendes Verhalten bezüglich dem Basispreis. Darüberhinaus liegt der Arbitragepreis eines europäischen Put immer unterhalb desjenigen eines amerikanischen Put, d.h. vorzeitiges Ausüben des Optionsrechtes ist optimal. Bezüglich der Übergangswahrscheinlichkeit verhalten sich der Call und der Put im allgemeinen monoton wachsend. Dies ist darin begründet, daß eine Veränderung der Übergangswahrscheinlichkeit sowohl die Gewichtung der zukünftigen Zinspfade wie deren Realisierung beeinflußt. Beide Effekte wirken in unterschiedliche Richtungen.

<u>Tabelle 8.1.2:</u> Arbitragepreise in Prozent des Nennwerts für eine amerikanische Verkaufoption auf einer Nullkuponanleihe[29].

p Übergangswahrscheinlichkeit	E Basispreislevel	$Put_A[B_0(5), E, 1]$			
		σ_r			
		0.1	0.2	0.3	0.4
	0.600	0.0000	0.0129	0.1873	0.5828
0.25	0.625	0.0000	0.0799	0.4651	0.9652
	0.650	0.0050	0.3707	0.9886	1.6750
	0.675	1.3612	1.4397	2.0075	2.6547
	0.600	0.0000	0.0281	0.2502	0.6725
0.40	0.625	0.0001	0.1213	0.5486	1.1244
	0.650	0.0229	0.4509	1.1109	1.7792
	0.675	1.3612	1.4938	2.1139	2.8014
	0.600	0.0000	0.0373	0.2983	0.7241
0.50	0.625	0.0004	0.1430	0.5944	1.1834
	0.650	0.0349	0.4896	1.1558	1.8664
	0.675	1.3612	1.5293	2.1621	2.8513
	0.600	0.0000	0.0491	0.3288	0.7945
0.60	0.625	0.0010	0.1699	0.6513	1.2426
	0.650	0.0479	0.5365	1.2217	1.9256
	0.675	1.3612	1.5665	2.2124	2.9244
	0.600	0.0001	0.0734	0.3945	0.8988
0.75	0.625	0.0029	0.2174	0.7401	1.3465
	0.650	0.0715	0.6051	1.3167	2.0534
	0.675	1.3612	1.6144	2.2895	3.0208

[29]Die Anzahl der Hedgeperioden beträgt 24 pro Jahr.

Die Arbitragepreise der betrachteten Verträge erweisen sich als relativ robust gegenüber Veränderungen der Übergangswahrscheinlichkeit. Für den Call beträgt die maximale Preisdifferenz 0,17 Prozent des Nennwerts.

Die betrachteten Arbitragepreise eines europäischen Put differieren ebenfalls um weniger als 0,17% und diejenigen eines amerikanischen Put um weniger als 0,37% des Nennwerts.

Die Bewertung unter Arbitrage von Optionen auf Kuponanleihen erfolgt analog zu den Überlegungen zu Nullkuponanleihen. Der Preisprozess einer Kuponanleihe ergibt sich aus dem Zinsstrukturmodell, wobei die anfallenden Kuponzahlungen berücksichtigt werden müssen. Handelt es sich um eine europäische Option, so haben nur diejenigen Kuponzahlungen, die nach dem Fälligkeitstermin der Option anfallen, einen Einfluß auf den Arbitragepreis. Bei amerikanischen Optionen wirken sich auch diejenigen Kuponzahlungen, die vor dem Fälligkeitstermin erfolgen, auf den Arbitragepreis aus, da ein vorzeitiges Ausüben des Optionsrechtes optimal sein kann. Für die Bestimmung des Kursprozesses der Kuponanleihe sind natürlich die Stückzinsen zwischen aufeinanderfolgenden Kuponterminen zu berücksichtigen.

Die sich ergebenden Arbitragepreise europäischer Rentenoptionen auf eine Kuponanleihe mit konstanten jährlichen Kuponzahlungen werden für verschiedene Parameterwerte in Tabelle 8.1.3 gegeben. Die unterstellten Kurse der Nullkuponanleihen entsprechen denjenigen von Tabelle 8.1.1 und 8.1.2 . Für den konstanten jährlichen Kupon der Anleihe mit einer Laufzeit von 5 Jahren wurde 8,5% angenommen, d.h. Ausgabe zu pari, und die Laufzeit der betrachteten Optionen sei wie zuvor ein Jahr.

Wie aus Tabelle 8.1.3 und 8.1.4 zu ersehen ist, lassen sich die Monotonieaussagen für den Fall von Nullkuponanleihen auf Kuponanleihen übertragen. Die betrachteten Beispielrechnungen zeigen eine deutliche Preisdifferenz zwischen einem europäischen und amerikanischen Call, die sich aufgrund des vorzeitigen Ausübens des Optionsrechtes ergibt. Für den Put ist dies nicht so deutlich, da die gewählten Ausübungspreise hier im allgemeinen ein vorzeitiges Ausüben des Optionsrechtes nicht anzeigen. Die maximale Preisdifferenz der betrachteten Arbitragewerte aufgrund unterschiedlicher Übergangswahrscheinlichkeiten p beträgt für den europäischen Call weniger als 0,23% und für den amerikanischen Call weniger als 0,25% des Nennwertes. Entsprechend beträgt sie beim Put weniger als 0,23% bzw. 0,24%.

Tabelle 8.1.3: Arbitragepreise in Prozent des Nennwerts europäischer Rentenoptionen auf einer Kuponanleihe[30].

p Übergangswahrscheinlichkeit	E Basispreislevel	$Call_E[C_0(5), E, 1]$ σ_r 0.1	0.2	0.3	0.4	$Put_E[C_0(5), E, 1]$ σ_r 0.1	0.2	0.3	0.4
0.25	0.90	8.1585	8.2880	8.7753	9.4340	0.0000	0.1295	0.6167	1.2754
	0.95	3.6039	4.3139	5.1315	5.9894	0.1074	0.8174	1.6350	2.4929
	1.00	0.5728	1.5572	2.4747	3.3101	1.7383	2.7227	3.6402	4.4756
	1.05	0.0116	0.3189	0.9093	1.5233	5.8391	6.1464	6.7368	7.3508
0.40	0.90	8.1592	8.3194	8.8287	9.5257	0.0007	0.1609	0.6701	1.3672
	0.95	3.6229	4.3150	5.2304	6.1044	0.1264	0.8185	1.7339	2.6079
	1.00	0.5765	1.5130	2.4907	3.3957	1.7420	2.6785	3.6562	4.5612
	1.05	0.0083	0.2918	0.8707	1.5151	5.8358	6.1193	6.6982	7.3426
0.50	0.90	8.1597	8.3510	8.8892	9.5118	0.0012	0.1925	0.7307	1.3533
	0.95	3.6270	4.3601	5.2390	6.0633	0.1305	0.8636	1.7425	2.5668
	1.00	0.5542	1.5505	2.4869	3.3408	1.7197	2.7160	3.6524	4.5063
	1.05	0.0068	0.2760	0.8466	1.5129	5.8344	6.1035	6.6741	7.3404
0.60	0.90	8.1609	8.3597	8.8917	9.6077	0.0024	0.2012	0.7332	1.4492
	0.95	3.6402	4.3739	5.2571	6.1572	0.1437	0.8774	1.7606	2.6607
	1.00	0.5668	1.5332	2.5125	3.4113	1.7323	2.6987	3.6780	4.5768
	1.05	0.0040	0.2549	0.8182	1.5074	5.8315	6.0824	6.6457	7.3349
0.75	0.90	8.1623	8.3895	8.9600	9.6630	0.0038	0.2310	0.8015	1.5045
	0.95	3.6562	4.4196	5.2718	6.1507	0.1597	0.9231	1.7753	2.6542
	1.00	0.5448	1.5461	2.4848	3.3392	1.7103	2.7116	3.6503	4.5047
	1.05	0.0015	0.2414	0.8142	1.4299	5.8290	6.0689	6.6417	7.2574

[30] Die Anzahl der Hedgeperioden beträgt 24 pro Jahr.

Tabelle 8.1.4: Arbitragepreise in Prozent des Nennwerts amerikanischer Rentenoptionen auf einer Kuponanleihe[31].

p Übergangswahrscheinlichkeit	E Basispreislevel	$Call_A[C_0(5), E, 1]$ σ_r				$Put_A[C_0(5), E, 1,]$ σ_r			
		0.1	0.2	0.3	0.4	0.1	0.2	0.3	0.4
	0.90	15.8388	15.8394	15.8927	16.1300	0.0000	0.1295	0.6167	1.2754
0.25	0.95	11.1632	11.1896	11.4196	11.9216	0.1074	0.8174	1.6350	2.4929
	1.00	6.4893	6.7544	7.3282	8.1145	1.7383	2.7227	3.6402	4.4756
	1.05	2.1890	3.0765	4.0201	4.9220	5.8391	6.1464	6.7368	7.3508
	0.90	15.8388	15.8417	15.9292	16.1951	0.0007	0.1609	0.6701	1.3672
0.40	0.95	11.1632	11.2080	11.4729	11.9903	0.1264	0.8185	1.7339	2.6079
	1.00	6.4937	6.7981	7.4256	8.1907	1.7420	2.6785	3.6562	4.5612
	1.05	2.2076	3.1350	4.0984	4.9947	5.8358	6.1193	6.6982	7.3426
	0.90	15.8388	15.8435	15.9409	16.2098	0.0012	0.1925	0.7307	1.3533
0.50	0.95	11.1632	11.2158	11.5197	12.0037	0.1305	0.8636	1.7425	2.5668
	1.00	6.4955	6.8187	7.4784	8.1941	1.7197	2.7160	3.6524	4.5074
	1.05	2.2087	3.1553	4.0942	4.9702	5.8344	6.1035	6.6741	7.3469
	0.90	15.8388	15.8475	15.9733	16.2772	0.0024	0.2012	0.7332	1.4494
0.60	0.95	11.1633	11.2255	11.5581	12.0650	0.1437	0.8774	1.7606	2.6619
	1.00	6.4992	6.8207	7.4926	8.2333	1.7323	2.6987	3.6780	4.5814
	1.05	2.2172	3.1435	4.0862	4.9976	5.8315	6.0824	6.6466	7.3520
	0.90	15.8388	15.8534	16.0087	16.3309	0.0038	0.2310	0.8015	1.5068
0.75	0.95	11.1634	11.2445	11.6122	12.0936	0.1597	0.9231	1.7757	2.6610
	1.00	6.5050	6.8706	7.5698	8.3002	1.7103	2.7116	3.6526	4.5217
	1.05	2.2344	3.1971	4.1628	5.0603	5.8290	6.0690	6.6509	7.2969

8.2 Vertragskombinationen: Ein Beispiel

Ausgehend von der Bewertung einer Rentenoption lassen sich beliebige Portfolios aus Rentenoptionen bewerten, indem die einzelnen Verträge entsprechend ihrem Anteil im Portfolio zum Arbitragepreis beitragen. Beinhaltet der zu untersuchende Vertrag jedoch unterschiedliche Rechte, von denen nur eines während der Laufzeit zur Ausübung kommen kann, so ist der resultierende Auszahlungsstrom im allgemeinen nicht als Linearkombination der einzelnen Komponenten darstellbar. Als Beispiel soll das folgende Vertragswerk betrachtet werden:

Grundlage des Vertrages ist eine Kuponanleihe mit jährlichen Kuponzahlungen c und einer Laufzeit von T Jahren und einer sich aus dem momentanen Kurs ergebenden Rendite von γ. Entsprechend der Kursentwicklung, die von der gesamten Zinsstruktur abhängt, variiert die Rendite während der Laufzeit. Der Vertrag sieht

[31] Die Anzahl der Hedgeperioden beträgt 24 pro Jahr.

nun vor, daß, falls die Rendite der Kuponanleihen zu einem beliebigen Zeitpunkt $0 \leq t \leq \tau$ größer als $\overline{\gamma}$ ist, die Kuponanleihe vom Käufer mit Rendite $\overline{\gamma}$ zurückgegeben werden kann. Andererseits ist der Rückgabekurs, den der Emittent leisten muß, in jedem Fall begrenzt durch eine Mindestrendite $\underline{\gamma}$. Während also der Käufer ein Optionsrecht besitzt, wird der Emittent durch die Sicherheit einer maximalen Zahlungsverpflichtung entschädigt. Der Vertrag erlischt, sobald das Optionsrecht ausgeübt wird.

Der Grundgedanke des Vertrages besteht darin, beiden Vertragsparteien eine obere Schranke für die sich ergebenden Verpflichtungen bis zum Zeitpunkt τ zu sichern. Eine getrennte Betrachtung der Optionsrechte (Put und Call) und deren Bewertung gemäß 8.1 verbietet sich jedoch, da bei vorzeitigem Ausüben der Vertrag endet. Es ist somit notwendig, aus dem Kursprozeß der Kuponanleihe den Auszahlungsstrom des kombinierten Vertrages zu bestimmen und diesen analog zu dem bisherigen Überlegungen zu bewerten.

Zum Zeitpunkt $t = \tau$ ist die Auszahlung des Vertrages gegeben durch

$$A(i,\tau) = \text{Kurs}(i,\tau) + [\underline{C}(\tau) - \text{Kurs}(i,\tau)]^+ - [\text{Kurs}(i,\tau) - \overline{C}(\tau)]^+ \quad , \qquad (8.2.1)$$

wobei	$\text{Kurs}_i(\tau)$	den Kurs der Kuponanleihe zum Zeitpunkt τ mit Kupon c, falls der kurzfristige Zinssatz $r_{\tau,i}$ entspricht
	$\underline{C}(\tau)$	den theoretischen Kurs einer Kuponanleihe zum Zeitpunkt τ, falls die rechnerische Rendite $\overline{\gamma}$ beträgt
und	$\overline{C}(\tau)$	den theoretischen Kurs einer Kuponanleihe zum Zeitpunkt τ, falls die rechnerische Rendite $\underline{\gamma}$ beträgt

bezeichnen.

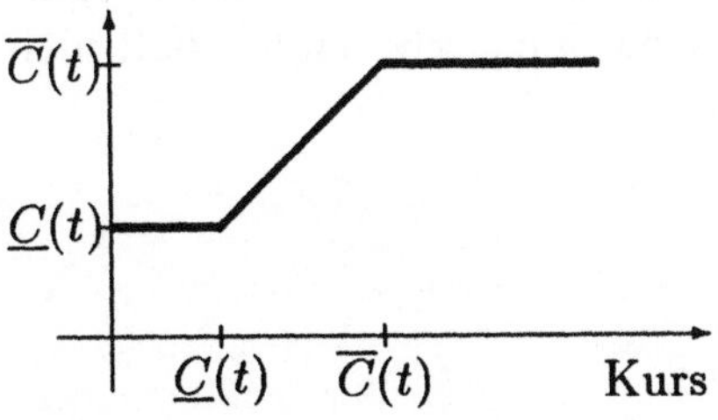

Abbildung 8.2.1: Auszahlungsdiagramm des kombinierten Vertrages zum Zeitpunkt $0 \leq t \leq \tau$ entsprechend (8.2.1).

Es gilt offensichtlich

$$\underline{C}(\tau) \;=\; \sum_{s=\tau}^{T} c(1+\overline{\gamma})^{-(s-\tau)} + (1+\overline{\gamma})^{-(T-s)}$$

$$< \sum_{s=\tau}^{T} c(1+\underline{\gamma})^{-(s-\tau)} + (1+\underline{\gamma})^{-(T-s)} = \overline{C}(\tau) \ .$$

Rekursiv ergibt sich die Auszahlungsstruktur unter dem Martingalmaß in jedem Knoten (t, i) des diskreten Zinsstrukturmodells zu

$$\begin{aligned} A(i,t) &= \max\Big[\mathrm{Kurs}(i,t) + \big[\underline{C}(t) - \mathrm{Kurs}(i,t)\big]^{+} - \big[\mathrm{Kurs}(i,t) - \overline{C}(t)\big]^{+}, \\ &\quad \frac{1}{1+r_{t,i}}\Big(p_{t,i}A(i,t+1) + (1-p_{t,i})A(i+1,t+1)\Big)\Big] \ . \end{aligned} \tag{8.2.2}$$

Die Arbitragepreise des Vertrages für verschiedene Parameterwerte werden in Tabelle 8.2.1 gegeben, wobei sich die Werte als Nennwert plus Prämie interpretieren lassen. Für die Kurse der Nullkuponanleihen werden die gleichen Werte wie in 8.1 angenommen. Die zugrundeliegende Anleihe soll eine Laufzeit von 5 Jahren und einen jährlichen Kupon von 8,5% des Nennwertes besitzen, während die Laufzeit des Vertragswerkes gleich einem Jahr sein soll, d.h. τ=1. Wie aufgrund der Vertragseigenschaften zu erwarten, ist der Arbitragepreis monoton fallend bezüglich der Renditen $\underline{\gamma}$ und $\overline{\gamma}$. Zunehmende Unsicherheit bezüglich der Entwicklung des kurzfristigen Zinssatzes, d.h. eine wachsende Volatilität wirkt sich monoton wachsend auf den Arbitragepreis des kombinierten Vertragswerkes aus. Die maximale Differenz der Arbitragepreise aufgrund unterschiedlicher Übergangswahrscheinlichkeiten ergibt sich für eine Volatilität von 0,4 und ist kleiner als 0,24% des Nennwertes.

Für die Darstellung des Auszahlungsstromes durch (8.2.2) ist es wesentlich, daß nur der Käufer ein Optionsrecht besitzt und nicht der Emittent. Würde die obere Rückzahlungsgrenze $\underline{C}(t)$ des Emittenten in ein Optionsrecht umgewandelt, so ergäbe sich hieraus ein Recht auf vorzeitiges Rückrufen, das im vorliegenden Fall nicht gegeben ist.

Tabelle 8.2.1: Arbitragepreise in Prozent vom Nennwert eines putable Kuponbonds mit maximaler Rückzahlungsbegrenzung [32].

		$\sigma_r = 0,1$			$\sigma_r = 0,2$		
P	γ	$\overline{\gamma} = 9\%$	$\overline{\gamma} = 9.25\%$	$\overline{\gamma} = 9.5\%$	$\overline{\gamma} = 9\%$	$\overline{\gamma} = 9.25\%$	$\overline{\gamma} = 9.5\%$
0.25	7.50	100.8571	100.5590	100.3498	101.6662	101.3669	101.1096
	7.75	100.8390	100.5502	100.3442	101.4753	101.2011	100.9660
	8.00	100.7718	100.5092	100.3169	101.1990	100.9554	100.7659
	8.50	100.3492	100.1110	100.0000	100.4519	100.1884	100.0000
0.40	7.50	100.8574	100.5675	100.3730	101.6694	101.4088	101.1559
	7.75	100.8418	100.5599	100.3689	101.4907	101.2523	101.0281
	8.00	100.7782	100.5171	100.3424	101.2012	100.9990	100.8025
	8.50	100.3593	100.1128	100.0000	100.4461	100.2192	100.0182
0.50	7.50	100.8508	100.5864	100.3774	101.6971	101.4293	101.2088
	7.75	100.8415	100.5811	100.3743	101.4335	101.2060	101.0274
	8.00	100.7730	100.5411	100.3553	101.2121	100.9627	100.7676
	8.50	100.3475	100.1332	100.0000	100.4392	100.1720	100.0000
0.60	7.50	100.8712	100.5906	100.3780	101.7361	101.4471	101.2104
	7.75	100.8601	100.5852	100.3759	101.5433	101.2841	101.0775
	8.00	100.8019	100.5510	100.3586	101.2291	101.0265	100.8560
	8.50	100.3577	100.1414	100.0000	100.4635	100.2302	100.0038
0.75	7.50	100.8651	100.6053	100.4039	101.7302	101.4870	101.2508
	7.75	100.8589	100.6022	100.4027	101.5382	101.3324	101.1342
	8.00	100.8071	100.5696	100.3830	101.2446	101.0592	100.8970
	8.50	100.3614	100.1450	100.0000	100.4771	100.2516	100.0509

		$\sigma_r = 0,3$			$\sigma_r = 0,4$		
P	γ	$\overline{\gamma} = 9\%$	$\overline{\gamma} = 9.25\%$	$\overline{\gamma} = 9.5\%$	$\overline{\gamma} = 9\%$	$\overline{\gamma} = 9.25\%$	$\overline{\gamma} = 9.5\%$
0.25	7.50	102.1249	101.8530	101.6041	102.4211	102.1957	101.9779
	7.75	101.8004	101.5736	101.3601	101.9906	101.8064	101.6275
	8.00	101.4085	101.1932	101.0185	101.4660	101.2186	101.0207
	8.50	100.5076	100.2332	100.0482	100.6002	100.3530	100.1640
0.40	7.50	102.1292	101.9004	101.6802	102.4738	102.2606	102.0545
	7.75	101.8327	101.6238	101.4230	102.0391	101.8698	101.7063
	8.00	101.4035	101.1924	101.0226	101.5772	101.3763	101.2039
	8.50	100.5393	100.2780	100.0739	100.6266	100.3845	100.1856
0.50	7.50	102.1821	101.9543	101.7706	102.3650	102.1308	101.9405
	7.75	101.7732	101.5227	101.3373	101.9235	101.7132	101.5776
	8.00	101.3899	101.2345	101.1259	101.5747	101.3412	101.1745
	8.50	100.5028	100.2390	100.0774	100.6487	100.4034	100.2236
0.60	7.50	102.2021	101.9610	101.7256	102.5613	102.3549	102.1539
	7.75	101.8898	101.6848	101.4865	102.0946	101.8917	101.6958
	8.00	101.4522	101.2235	101.0313	101.6232	101.4105	101.2765
	8.50	100.5751	100.2956	100.0804	100.6655	100.4084	100.2019
0.75	7.50	102.2577	102.0473	101.8443	102.5713	102.3900	102.2165
	7.75	101.8954	101.7206	101.5522	102.0915	101.9323	101.8049
	8.00	101.4785	101.2972	101.1594	101.5655	101.3456	101.1553
	8.50	100.5562	100.3101	100.1043	100.6749	100.4421	100.2524

[32] Die Anzahl der Hedgeperioden beträgt 24 pro Jahr.

8.3 Bewertung von Aktienoptionen bei Zinsunsicherheit

Für die Bewertung von europäischen Aktienoptionen entwickelten Black und Scholes (1973) als erste ein Modell und leiteten im Sinn einer "Derivative Asset Analysis"[33] die nach ihnen benannte geschlossene Optionsbewertungsformel her. Der grundlegende Gedanke dieses Modells ist, daß die Option bezüglich des exogenen Preisprozesses der Aktie einen redundanten Finanztitel darstellt und ihr Auszahlungsstrom mittels einer dynamischen, zeitstetigen und selbstfinanzierenden Portfoliostrategie dupliziert werden kann. Der exogene Preisprozeß der Aktie wurde von Black und Scholes als eine geometrische Brown'sche Bewegung mit konstanten Parametern angenommen. Neben den üblichen Marktannahmen gehen Black und Scholes davon aus, daß der kurzfristige Zinssatz, der die Alternativanlage bestimmt, während der Laufzeit der Option ebenfalls konstant ist. Merton (1973) erweiterte u.a. das Black–Scholes Modell für den Fall einer unsicheren Zinsentwicklung, indem statt eines konstanten kurzfristigen Zinssatzes der Preispozeß einer ewigen Rente betrachtet wird, der ebenfalls als eine geometrische Brown'sche Bewegung modelliert ist. Den Grundgedanken des Black–Scholes Modells aufgreifend haben Sharpe (1978), Cox und Rubinstein (1985) sowie Rendleman und Bartter (1979) innerhalb einer zeitdiskreten Modellierung das Binomialmodell für die Optionsbewertung entwickelt. Hinsichtlich des Zusammenhangs der beiden Modelle zeigt sich, daß die Black–Scholes Formel beliebig genau durch das Binomialmodell für zunehmende Verfeinerung der Menge der Handelszeitpunkte approximiert werden kann und somit beide Formulierungen im Grenzwert übereinstimmen. Es stellt sich nun die Frage, welche Implikationen sich für die Bewertung europäischer Aktienoptionen ergeben, falls die Annahme eines konstanten kurzfristigen Zinssatzes innerhalb des Binomialmodells durch das diskutierte Zinsstrukturmodell ersetzt wird. Aufgrund des Ansatzes ergeben sich zwei Problemfelder:

1. Unter Berücksichtigung der Arbitragefreiheit ist es notwendig, den Zusammenhang zwischen Preisveränderungen des Aktienkurses und der Entwicklung des kurzfristigen Zinssatzes zu untersuchen.

2. Innerhalb des zeitdiskreten Ansatzes erweist sich die Option als nicht mehr redundant, d.h. es ist nicht möglich, ihren Auszahlungsstrom mittels einer selbstfinanzierenden Portfoliostrategie zu duplizieren.

8.3.1 Das Binomialmodell

Unter einer europäischen Call–Option wird das Recht verstanden, eine bestimmte Anzahl von Aktien zu einem festgesetzten Preis (Basispreis) und vorgegebenen Zeitpunkt (Ausübungszeitpunkt) zu erwerben. Der Käufer einer Call–Option wird

[33]"Derivative Asset Analysis" ist der Titel eines Übersichtartikels von M. Rubinstein (1987) zum Konzept der Optionsbewertung.

dieses Recht genau dann ausüben, wenn es für ihn vorteilhaft ist, d.h. wenn der Kurs der Aktie zum Ausübungszeitpunkt über dem vereinbarten Basispreis liegt. Entsprechend handelt es sich bei einer europäischen Put–Option um ein Verkaufrecht zu einem fest vorgegebenen Zeitpunkt und Basispreis. Zur Bewertung dieser Vertragsformen ist es notwendig, eine Vorstellung über die zukünftige Kursentwicklung der Aktie zu erhalten. Dazu wird innerhalb des Binomialmodells von einer diskreten Zeitstruktur ausgegangen. Sei $\underline{\underline{T}}$ wie bisher die Menge der Handelszeitpunkte

$$\underline{\underline{T}} := \{0 = t_0 < \ldots < t_N = T\} \quad ,$$

wobei zur Vereinfachung $\Delta t = t_i - t_{i-1} \quad \forall i = 1, \ldots, N$ und t_N der Ausübungszeitpunkt der Option sind. Das Modell für die Kursentwicklung der Aktie ist nun sehr einfach gehalten. Aus dem Kurs S_i der Aktie zum Zeitpunkt $t_i \in \underline{\underline{T}}$ ergibt sich der Kurs der Aktie zum Zeitpunkt t_{i+1} entweder durch Multiplikation mit einem Faktor $u > 1$ oder $d < 1$.

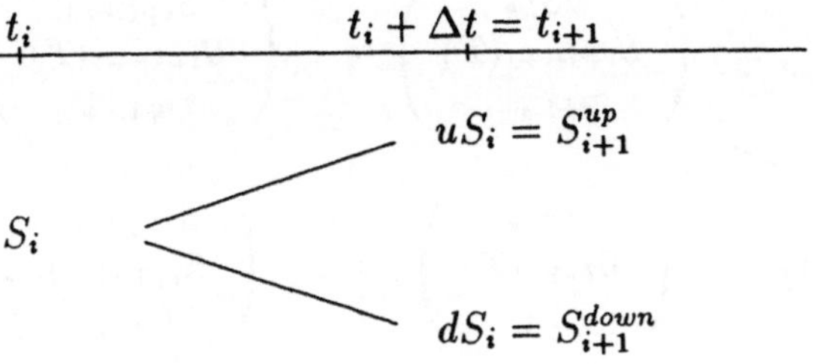

Abbildung 8.3.1.1: Binomialmodell der Aktienkursentwicklung

Hierbei werden u und d als vom Zeitpunkt unabhängige Parameter aufgefaßt, die jedoch von der Länge Δt des Zeitintervalls abhängen. Wird nun zusätzlich davon ausgegangen, daß der kurzfristige Zinssatz r konstant ist und $u > 1 + r > d$ gegeben ist, so ist es möglich, eine dynamische sebstfinanzierende Portfoliostrategie zu bilden, die den Auszahlungsstrom einer europäischen Put– oder Call–Option dupliziert[34]. Der Arbitragepreis einer europäischen Call–Option entspricht dann unter der Bedingung der Arbitragefreiheit dem Initialwert der Portfoliostrategie und ist durch

$$\text{Call}[S, E, N] = \frac{1}{(1+r)^N} \sum_{j=0}^{N} \binom{N}{j} q^j (1-q)^{N-j} \max[u^j d^{N-j} S - E, 0] \quad (8.3.1.1)$$

gegeben, wobei $q := \frac{1+r-d}{u-d} \in]0, 1[$.

Der endogen aus der Kursentwicklung und dem kurzfristigen Zinssatz bestimmte Parameter q übernimmt hier die Rolle der Übergangswahrscheinlichkeit, so daß der

[34]Eine ausführliche Diskussion des Binomialmodells auch für den Fall amerikanischer Optionen bei Dividendenausschüttung findet sich in Cox, Rubinstein (1985)

diskontierte Kursprozeß der Aktie zu einem Martingal unter dem durch q eindeutig definierten Maß wird. Der Arbitragepreis ist entsprechend als der diskontierte Erwartungswert der Auszahlung unter dem durch q definerten Maß interpretierbar.

8.3.2 Das Quatronomialmodell

Die Unsicherheit über die zukünftige Zinsentwicklung soll nun in Form des Zinsstrukturmodells in das Binomialmodell eingebettet werden. Formal wird somit die Situation des in dieser Weise erweiterten Modells durch das in Abbildung 8.3.2.1 beschriebene Quatronomialmodell dargestellt:

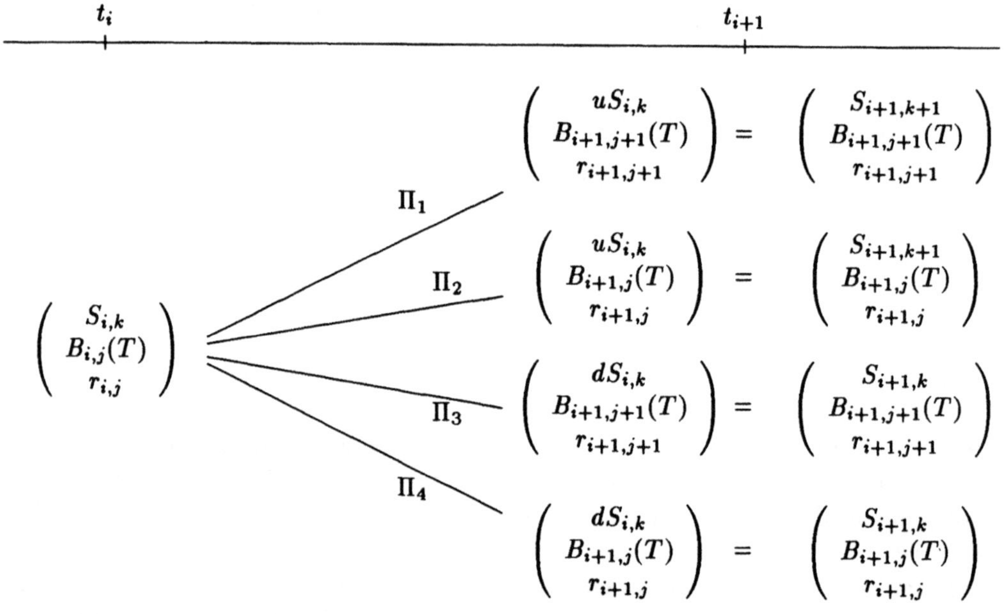

Abbildung 8.3.2.1: Quatronomialmodell zur Beschreibung der Zinsstruktur und der Aktienkursentwicklung zum Zeitpunkt $t_i \in \underline{\underline{T}} \setminus \{t_N\}$

Jeder Knoten des gemäß Abbildung 8.3.2.1 definierten Zustandsbaumes läßt sich durch die drei Parameter (i, j, k) beschreiben, wobei

	i	den Zeitpunkt $t_i \in \underline{\underline{T}}$ für $i = 0, \ldots, N$
	j	die Anzahl der Aufwärsbewegungen des kurzfristigen Zinssatzes zum Zeitpunkt $t_i, j \leq i$
und	k	die Anzahl der Aufwärtsbewegungen des Aktienkurses bis zum Zeitpunkt t_i, $k \leq i$

definieren. Entsprechend dieser Notation bezeichnet $S_{i,k}$ den Kurs der Aktie zum

Zeitpunkt t_i, falls k Aufwärtsbewegungen stattgefunden haben. Bezüglich des ursprünglichen Binomialmodells wäre $S_{i,k}$ somit durch $S_0 u^k d^{i-k}$ gegeben.

Mit $B_{i,j}(T)$ wird der Kurs einer Nullkuponanleihe mit Nennwert 1 und Fälligkeit $T = t_N$ zum Zeitpunkt $t_i \in \underline{\underline{T}} \setminus \{t_N\}$ bezeichnet, falls der aktuelle kurzfristige Zinssatz für das Zeitintervall $[t_i, t_{i+1}[$ durch $r_{i,j}$ gegeben ist. Folglich entspricht $B_{i+1,j+1}(T)$ einer "Aufwärtsbewegung" des Anleihekurses.

Ausgehend von dem Binominalmodell der Zinsentwicklung ist das Maß Π, unter dem der diskontierte Aktienkursprozeß zu einem Martingal wird, eingeschränkt durch

$$\begin{aligned} S_{i,k} &= E_\Pi\left[\frac{S_{i+1,\cdot}}{1+r_{i,j}} \mid r_{i,j}\right] \quad \forall k \leq i, \quad j \leq i \\ \Longleftrightarrow q_{i,j} &:= \Pi_1 + \Pi_2 = \frac{(1+r_{i,j}) - d}{u-d}, \quad 1 - q_{i,j} = \Pi_3 + \Pi_4 \ . \end{aligned} \tag{8.3.2.1}$$

Die Annahme einer stochastischen Zinsentwicklung impliziert somit, daß die gemäß (8.3.1.1) definierte Übergangswahrscheinlichkeit q des ursprünglichen Binomialmodells im Rahmen des Quatronomialmodells sowohl vom Zeitpunkt als auch vom Zustand abhängt. Werden die Parameter u und d weiterhin als konstant angenommen, so bedeutet dies, daß über (8.3.2.1) im allgemeinen kein Wahrscheinlichkeitsmaß definiert wird, da entweder die Aktie oder der kurzfristige Zinssatz zu einem dominierenden Finanztitel wird. Die Bedingung der Arbitragefreiheit impliziert somit, daß u und d zumindest Funktionen des kurzfristigen Zinssatzes sind, so daß gilt

$$u(r_{i,j}) > 1 + r_{i,j} > d(r_{i,j}) \quad \forall t_i \in \underline{\underline{T}} \text{ und } j \leq i \ . \tag{8.3.2.2}$$

Eine möglichst einfache Formulierung dieses Zusammenhangs ergibt sich unter der Annahme, daß der mögliche Ertrag der Aktie entweder um einen Faktor größer oder kleiner als derjenige der kurzfristigen Anlage ist, d.h.

$$\begin{aligned} u(r_{i,j}) &:= 1 + r_{i,j} + c_{i,j} \\ & \qquad\qquad c_{i,j} > 0 \quad \forall t_i \in \underline{\underline{T}}, j \leq i \\ d(r_{i,j}) &:= 1 + r_{i,j} - c_{i,j} \ . \end{aligned} \tag{8.3.2.3}$$

Aus (8.3.2.1) folgt für das Maß Π dann die Bedingung

$$q_{i,j} := \Pi_1 + \Pi_2 = \frac{(1+r_{i,j}) - d(r_{i,j})}{u(r_{i,j}) - d(r_{i,j})} = \frac{1}{2} \ . \tag{8.3.2.4}$$

Die Arbitragebedingung (8.3.2.2) an die Aktienkursentwicklung impliziert jedoch in jedem Fall, daß die Kursentwicklung pfadabhängig ist. Für die Interpretation von $S_{i,j}$, dem Aktienkurs zum Zeitpunkt t_i , bedeutet dies, daß er nicht durch $S_0 u^k d^{i-k}$ gegeben ist, da die Werte der Parameter u und d von der Entwicklung des kurzfristigen Zinssatzes abhängen.

Aus der Definition des Zinsstrukturmodells ergibt sich als weitere Randbedingung für das Maß Π

$$\Pi_1 + \Pi_3 = 1 - p \quad \text{und} \quad \Pi_2 + \Pi_4 = p \ , \tag{8.3.2.5}$$

wobei p zur Vereinfachung als die konstante Übergangswahrscheinlichkeit des Zinsstrukturmodells angenommen wird. Aus (8.3.2.1) bzw (8.3.2.4) und (8.3.2.5) läßt sich die gemeinsame Verteilung Π nicht eindeutig bestimmen. Als zusätzliche Information wird die Korrelation zwischen dem Kursprozeß der Aktie und der Nullkuponanleihe benötigt, um Π eindeutig zu bestimmen. Für ein Zinsstrukturmodell mit konstanter Übergangswahrscheinlichkeit p und unter der Annahme (8.3.2.3) gilt:

Proposition 8.3.2.1

Sei der lokale Korrelationskoeffizient $\delta(t_i)$ zwischen dem Aktienkurs zum Zeitpunkt t_{i+1} und der Nullkuponanleihe mit Endfälligkeit T zum Zeitpunkt t_{i+1} gegeben durch die Funktion

$$\delta : \underline{\underline{T}} \setminus \{t_N\} \longrightarrow]-1,1[$$

mit $\delta(t_{N-1}) = 0$

und $-\min\left[\sqrt{\frac{p}{1-p}}, \sqrt{\frac{1-p}{p}}\right] \leq \delta(t_i) \leq \min\left[\sqrt{\frac{p}{1-p}}, \sqrt{\frac{1-p}{p}}\right] \quad \forall t_i \in \underline{\underline{T}} \setminus \{t_N\}$,

so ist die gemeinsame Verteilung Π bestimmt durch

$$\begin{aligned}
\Pi_1(t_i) &= \frac{1}{2}(1-p) + \frac{1}{2}\delta(t_i)\sqrt{p(1-p)} \\
\Pi_2(t_i) &= \frac{1}{2}p - \frac{1}{2}\delta(t_i)\sqrt{p(1-p)} \\
\Pi_3(t_i) &= \frac{1}{2}(1-p) - \frac{1}{2}\delta(t_i)\sqrt{p(1-p)} \\
\Pi_4(t_i) &= \frac{1}{2}p + \frac{1}{2}\delta(t_i)\sqrt{p(1-p)} \qquad \forall t_i \in \underline{\underline{T}} \setminus \{t_N\} \ .
\end{aligned}$$

Beweis

Für jedes $t_i \in \underline{\underline{T}} \setminus \{t_N\}$ und $j, k = 0, \ldots, i$ definiere

$$\begin{aligned}
\sigma^2_{i,j,k}(S_{i+1}) &:= V_\Pi\left[S_{i+1,\cdot} \mid S_{i,k}; r_{i,j}\right] = \frac{1}{4}S^2_{i,k}\left[u(r_{i,j}) - d(r_{i,j})\right]^2 &(8.3.2.6)\\
\sigma^2_{i,j}\Big(B_{i+1}(T)\Big) &:= V_\Pi\left[B_{i+1,\cdot}(T) \mid B_{i,j}(T); r_{i,j}\right] \\
&= p(1-p)\left[B_{i+1,j}(T) - B_{i+1,j+1}(T)\right]^2 \ . &(8.3.2.7)
\end{aligned}$$

Aus der Definition des Korrelationskoeffizienten $\delta(t_i)$ folgt dann

$$\begin{aligned}\sigma_{i,j}\Big(B_{i+1}(T)\Big) \quad &\cdot \quad \sigma_{i,j,k}(S_{i+1}) \cdot \delta(t_i) \qquad (8.3.2.8)\\ &= \operatorname{cov}\Big[B_{i+1}(T), S_{i+1} \mid S_{i,k}; B_{i,j}(T); r_{i,j}\Big]\\ &= E\Big[B_{i+1}(T) \cdot S_{i+1} \mid S_{i,k}; B_{i,j}(T); r_{i,j}\Big]\\ &\quad -E\Big[B_{i+1}(T) \mid B_{i,j}(T); r_{i,j}\Big] \cdot E\Big[S_{i+1} \mid S_{i,k}; r_{i,j}\Big] \quad .\end{aligned}$$

Unter der lokalen Erwartungswerthypothese für den Kursprozeß der Nullkuponanleihe bzw. der Martingaleigenschaft des Aktienkursprozesses ergibt sich

$$\begin{aligned}E\Big[B_{i+1}(T) \mid B_{i,j}(T); r_{i,j}\Big] &= \frac{B_{i,j}(T)}{B_{i,j}(t_{i+1})} = (1+r_{i,j})B_{i,j}(T)\\ E\Big[S_{i+1} \mid S_{i,k}; r_{i,j}\Big] &= \frac{S_{i,k}}{B_{i,j}(t_{i+1})} = (1+r_{i,j})S_{i,k} \quad .\end{aligned}$$

Darüberhinaus folgt aus dem Zustandsbaum (Abbildung 8.3.2.1) und den Bedingungen aus den Randverteilungen:

$$\begin{aligned}E\Big[B_{i+1}(T) \quad &\cdot \quad S_{i+1} \mid S_{i,k}; B_{i,j}(T); r_{i,j}\Big]\\ &= \Pi_1\Big[S_{i,j}\Big(u(r_{i,j}) - d(r_{i,j})\Big)\Big(B_{i+1,j+1}(T) - B_{i+1,j}(T)\Big)\Big]\\ &\quad +B_{i+1,j}(T)(1+r_{i,j}) \cdot S_{i,k}\\ &\quad +\Big[B_{i,j}(T)(1+r_{i,j}) - B_{i+1,j}(T)\Big] \cdot d(r_{i,j}) \cdot S_{i,k} \quad .\end{aligned}$$

In (8.3.2.8) eingesetzt folgt:

$$\begin{aligned}\sigma_{i,j}\Big(B_{i+1}(T)\Big) \quad &\cdot \quad \sigma_{i,j,k}(S_{i+1}) \cdot \delta(t_i)\\ &= \Pi_1\Big[S_{i,k}\Big(u(r_{i,j}) - d(r_{i,j})\Big)\Big(B_{i+1,j+1}(T) - B_{i+1,j}(T)\Big)\Big]\\ &\quad +S_{i,j}\Big[B_{i+1,j}(T) - (1+r_{i,j})B_{i,j}(T)\Big]\Big[1 + r_{i,j} - d(r_{i,j})\Big]\end{aligned}$$

$$\Longleftrightarrow$$

$$\begin{aligned}\Pi_1(t_i) &= \frac{\sigma_{i,j}\Big(B_{i+1}(T)\Big) \cdot \sigma_{i,j,k}(S_{i+1}) \cdot \delta(t_i)}{S_{i,k}\Big(u(r_{i,j}) - d(r_{i,j})\Big)\Big(B_{i+1,j+1}(T) - B_{i+1,j}(T)\Big)}\\ &\quad + \frac{\Big((1+r_{i,j})B_{i,j}(T) - B_{i+1,j}(T)\Big)\Big(1 + r_{i,j} - d(r_{i,j})\Big)}{\Big(B_{i+1,j+1}(T) - B_{i+1,j}(T)\Big)\Big(u(r_{i,j}) - d(r_{i,j})\Big)}\\ &= \delta(t_i) \cdot \sqrt{\frac{1}{4} \cdot p(1-p)} \quad + (1-p) \cdot \frac{1}{2}\end{aligned}$$

□

Bemerkung

Zur Bestimmung der gemeinsamen Verteilung ist es nicht notwendig, von der zusätzlichen Annahme (8.3.2.4) auszugehen. Solange die Arbitragebedingung (8.3.2.2) erfüllt ist, kann die gemeinsame Verteilung in der gleichen Weise bestimmt werden. Die die Entwicklung des Aktienkurses bestimmenden Parameter u und d können somit allgemein als nicht vorgreifende Prozesse des Aktienkurses und der Zinsstruktur modelliert werden. Die gemeinsame Verteilung Π wäre dann zeit- und zustandsabhängig.

Über die Bedingungen (8.3.2.1) und (8.3.2.5) der Randverteilungen wird diejenige Menge von gemeinsamen Verteilungen bestimmt, die die Martingaleigenschaften für die betrachteten diskontierten Kursprozesse erfüllen. Aus der Menge der für beide Prozesse äquivalenten Martingalmaße wird gemäß Proposition 8.3.2.1 ein eindeutiges ausgewählt, das den lokalen Korrelationskoeffizienten $\delta(t)$ für alle $t \in \underline{\underline{T}}$ erklärt. Mit Proposition 8.3.2.1 ist die Entwicklung des Quatronomialmodells somit vollständig beschrieben. Zu gegebenen Übergangswahrscheinlichkeiten p und Korrelationskoeffizient δ existiert genau ein Maß Π_δ, so daß der diskontierte gemeinsame Kursprozeß $\left(S_i, B_i(T)\right)$ zu einem Martingal unter Π_δ wird und die lokale Korrelation beider Prozesse unter Π_δ gleich der Funktion $\delta : \underline{\underline{T}} \setminus \{t_N\} \to]-1,1[$ ist.

Aus den bisherigen Überlegungen ergibt sich nun die Definition des δ–konsistenten Arbitragepreises einer bedingten Forderung (contingent claim) als der Erwartungswert ihrer diskontierten Auszahlung unter dem äquivalenten Martingalmaß Π_δ. Für den Fall der hier betrachteten europäischen Put– und Call–Optionen läßt sich dies ausdrücken durch:

Definition 8.3.2.1

(a) Der δ–konsistente Arbitragepreis einer europäischen Call–Option mit Basispreis E und Ausübungszeitpunkt $t_N = T$ ist definiert durch

$$\delta - \mathrm{Call}_E[S, E, \underline{\underline{T}}] = E_{\Pi_\delta}\left[\frac{\max[S_{N,\cdot} - E; 0]}{\prod_{i=0}^{N-1}(1 + r_{i,\cdot})}\right] .$$

(b) Der δ–konsistente Arbitragepreis einer europäischen Put–Option mit Basispreis E und Ausübungszeitpunkt $t_N = T$ ist entsprechend definiert durch

$$\delta - \mathrm{Put}_E[S, E, \underline{\underline{T}}] = E_{\Pi_\delta}\left[\frac{\max[E - S_{N,\cdot}; 0]}{\prod_{i=0}^{N-1}(1 + r_{i,\cdot})}\right] .$$

Beispiel 8.3.2.1

Sind $u(r_{i,j})$ und $d(r_{i,j})$ gemäß (8.3.2.4) festgesetzt, so läßt sich der δ–konsistente Arbitragepreis einer europäischen Call–Option berechnen aus

$$\text{Call}_E[S,E,\underline{\underline{T}}] = \sum_{i\in K(N)} \sum_{j\in K(N)} \prod_{l=1}^{N} \Pi_{4-i_l-2\cdot j_l}(t_l)$$
$$\times \frac{\max\left[S_0 \prod_{l=0}^{N-1}\Big(j_{l+1}u(r_{l,l-S(l,i)}) + (1-j_{l+1})d(r_{l,l-S(l,i)})\Big) - E, 0\right]}{\prod_{l=0}^{N-1}(1+r_{l,l-S(l,i)})}$$

wobei

$K(N)$	$:=$	$\Big\{i=(0,i_1,\ldots,i_N) \in \{0\}\times\{0,1\}^N\Big\}$	$\hat{=}$	die Menge der Zins– (i) bzw. Aktienkurspfade (j)
$S(m,i)$	$:=$	$\sum_{l=0}^{m} i_l$	$\hat{=}$	Anzahl der Aufwärtsbewegungen des Pfades $i \in K(N)$ bis zum Zeitpunkt t_m, $m \le N$
$\Rightarrow 4-i_m-2\cdot j_m$	$\in$	$\{1,2,3,4\}$	$\hat{=}$	Index der Übergangswahrscheinlichkeit der gemeinsamen Verteilung zum Zeitpunkt t_m, $m \le N$

$$\begin{aligned} u(r_{l,m}) &= 1 + r_{l,m} + c_{l,m} \\ d(r_{l,m}) &= 1 + r_{l,m} - c_{l,m} \\ & \quad c_{l,m} > 0 \end{aligned}$$

Die Parameter $c_{l,m}$ können nun analog zu den Überlegungen im Binomialmodell über die Volatilität des Aktienkursprozesses ausgedrückt werden. Wird diese als konstant angenommen, so bedeutet dies:

$$\begin{aligned} \sigma_s^2 &= V\left[\log\frac{S_{l+1,\cdot}}{S_{l,k}}\,\Big|\, S_{l,k}; r_{l,m}\right] = q_{l,m}(1-q_{l,m})\left[\log\left(\frac{u(r_{l,m})}{d(r_{l,m})}\right)\right]^2 \\ &= \frac{1}{4}\left[\log\left(\frac{1+r_{l,m}+c_{l,m}}{1+r_{l,m}-c_{l,m}}\right)\right]^2 \\ \Leftrightarrow c_{l,m} &= (1+r_{l,m})\left[\frac{\exp\{2\sigma_s\}-1}{\exp\{2\sigma_s\}+1}\right] \ge 0 \end{aligned}$$

und für die proportionalen Änderungen ergibt sich

$$\begin{aligned} u(r_{l,m}) &= (1+r_{l,m})\left[\frac{2}{\exp\{2\sigma_s\}+1}\right]\exp\{2\sigma_s\} \ge 1 + r_{l,m} \\ d(r_{l,m}) &= (1+r_{l,m})\left[\frac{2}{\exp\{2\sigma_s\}+1}\right] \le 1 + r_{l,m} \quad . \end{aligned}$$

Mit dieser Feststellung ist der δ–konsistente Arbitragepreis einer Call–Option bestimmt durch

$$\begin{aligned} \delta - \mathrm{Call}_E[S,E,\underline{\underline{T}}] &= \sum_{i\in K(N)} \sum_{j\in K(N)} \prod_{l=1}^{N} \Pi_{4-i_l-2j_l}(t_l) \qquad (8.3.2.9) \\ &\times \max\left[S_0 2^N a^{S(N,j)}(1-a)^{N-S(N,j)} - \frac{E}{\prod_{l=0}^{N-1}(1+r_{l,l-S(l,i)})}, 0\right] \\ \text{mit } a &= \frac{\exp\{2\sigma_s\}}{1+\exp\{2\sigma_s\}} \geq \frac{1}{2} \quad \forall\sigma_s \geq 0 \ . \end{aligned}$$

Beispiel 8.3.2.2

Für den Spezialfall einer lokalen Korrelationsfunktion $\delta(t_i) = 0 \quad \forall t_i \in \underline{\underline{T}} \setminus \{t_N\}$ läßt sich (8.3.2.9) vereinfachen zu

$$\begin{aligned} \delta - \mathrm{Call}_E[S,E,\underline{\underline{T}}] &= \sum_{i\in K(N)} \sum_{k=0}^{N} \binom{N}{k} \left(\frac{1}{2}\right)^N p^{N-S(N,i)}(1-p)^{S(N,i)} \\ & \qquad (8.3.2.10) \\ &\times \max\left[S_0 2^N a^k (1-a)^{N-k} - \frac{E}{\prod_{l=0}^{N-1}(1+r_{l,l-S(l,i)})}, 0\right] \end{aligned}$$

und entprechend

$$\begin{aligned} \delta - \mathrm{Put}_E[S,E,\underline{\underline{T}}] &= \sum_{i\in K(N)} \sum_{k=0}^{N} \binom{N}{k} \left(\frac{1}{2}\right)^N p^{N-S(N,i)}(1-p)^{S(N,i)} \\ & \qquad (8.3.2.11) \\ &\times \max\left[\frac{E}{\prod_{l=0}^{N-1}(1+r_{l,l-S(l,i)})} - S_0 2^N a^k (1-a)^{N-k}, 0\right] \ . \end{aligned}$$

Beispiel 8.3.2.3

Ein weiterer interessanter Spezialfall ergibt sich für einen lokalen Korrelationskoeffizienten gleich eins, d.h.

$$\delta(t_i) = 1 \quad \forall t_i \in \underline{\underline{T}} \setminus \{t_N\} \ .$$

In dieser Situation handelt es sich nicht mehr um einen unvollständigen Markt, und die beiden Martingalmaße stimmen unter der Bedingung der Arbitragefreiheit überein, d.h. $p = q = \frac{1}{2}$. Der δ–konsistente Arbitragepreis einer Call–Option (8.3.2.9) vereinfacht sich dann zu:

$$\begin{aligned}\delta - \text{Call}_E[S, E, \underline{\underline{T}}] &= \sum_{i \in K(N)} \left(\frac{1}{2}\right)^N \times \\ &\max\Bigg[S_0 2^N a^{S(N,i)}(1-a)^{N-S(N,i)} \qquad (8.3.2.12) \\ &-\frac{E}{\prod_{l=0}^{N-1}\left(1 + r_{l,l-S(l,i)}\right)}, 0\Bigg]\end{aligned}$$

Die bisherigen Überlegungen haben gezeigt, daß die Entwicklung der Zinsstruktur wesentlichen Einfluß auf die Modellierung des Aktienprozesses und damit auf die Optionsbewertung haben. Die Zinsstruktur beeinflußt in zweifacher Weise die gesamte Modellierung. Zum einen wirkt sie sich als Diskontierungsfaktor direkt auf die Bewertung zukünftiger Zahlungsströme aus. Zum anderen ergibt sich aus der Bedingung der Arbitragefreiheit innerhalb eines zeitdiskreten Modells ein direkter Einfluß des kurzfristigen Zinssatzes auf die Prozeßformulierung des Aktienkurses.

Für den Spezialfall einer lokalen Korrelationsfunktion $\delta(t_i) = 0 \quad \forall t_i \in \underline{\underline{T}} \setminus \{t_N\}$ werden in Tabelle 8.3.2.1 und 8.3.2.2 die δ–konsistenten Arbitragepreise für eine europäische Call– bzw. Put–Option gemäß (8.3.2.10) und (8.3.2.11) gegeben. Für die Modellrechnung beträgt der Kurs der zugrundeliegenden Aktie 100, die angenommene Volatilität des Aktienkurses pro Jahr 0,25 und die Laufzeit des Call und Put ist gleich 3 Jahre. Die zugrundeliegenden Kurse der Nullkuponanleihen wurden mit $B_0(1) = 93,2401$, $\quad B_0(2) = 86,5181$ und $B_0(3) = 79,8782$ angenommen. Die δ–konsistenten Arbitragepreise des Call weisen ein monoton wachsendes Verhalten bezüglich der lokalen Volatilität des kurzfristigen Zinssatzes auf. Das gleiche Verhalten zeigt sich bezüglich der Wahl der Übergangswahrscheinlichkeit p. Analog zu den Beobachtungen der Zinssatzoptionen Cap und Floor ist die Differenz der δ—konsistenten Arbitragepreise aufgrund unterschiedlicher Übergangswahrscheinlichkeiten für die betrachtete Modellrechnung gering. Analoge Beobachtungen lassen sich für die δ–konsistenten Arbitragepreise des Put aus Tabelle 8.3.2.2 ablesen.

Tabelle 8.3.2.1: δ–konsistente Arbitragepreise eines Call[35].

Übergangswahrscheinlichkeit	Basispreis	δ–$\text{Call}_E[S, E, 3]$ lokale Volatilität des kursfristigen Zinssatzes $\sigma_r =$				
p	E	0.0	0.1	0.2	0.3	0.4
0.25	80		37.4105	37.4187	37.4463	37.4854
0.25	90		30.7105	30.7989	30.8836	30.9701
0.25	100		25.0458	25.0495	25.0918	25.1796
0.25	110		19.8546	19.9713	20.1003	20.2327
0.25	120		15.8311	15.8373	15.8961	16.0183
0.4	80		37.4106	37.4223	37.4530	37.4952
0.4	90		30.7109	30.8013	30.8911	30.9871
0.4	100		25.0458	25.0504	25.0990	25.1986
0.4	110		19.8599	19.9807	20.1169	20.2670
0.4	120		15.8311	15.8381	15.9077	16.0495
0.5	80	37.3721	37.4107	37.4242	37.4567	37.5006
0.5	90	30.6533	30.7111	30.8027	30.8956	30.9967
0.5	100	24.9237	25.0458	25.0513	25.1030	25.2087
0.5	110	19.8332	19.8625	19.9858	20.1269	20.2861
0.5	120	15.6543	15.8311	15.8393	15.9143	16.0666
0.6	80		37.4108	37.4260	37.4603	37.5060
0.6	90		30.7113	30.8040	30.9002	31.0065
0.6	100		25.0458	25.0525	25.1068	25.2187
0.6	110		19.8650	19.9908	20.1371	20.3058
0.6	120		15.8311	15.8407	15.9208	16.0840
0.75	80		37.4112	37.4294	37.4671	37.5161
0.75	90		30.7116	30.8067	30.9091	31.0249
0.75	100		25.0458	25.0554	25.1136	25.2365
0.75	110		19.8694	20.0000	20.1567	20.3428
0.75	120		15.8311	15.8444	15.9329	16.1157

[35]Die Anzahl der Hedgeperioden beträgt 8 pro Jahr.

Tabelle 8.3.2.2: δ–konsistente Arbitragepreise eines Put[36].

Übergangswahrscheinlichkeit	Basispreis	δ–Put$_E[S, E, 3]$				
		lokale Volatilität des kursfristigen Zinssatzes				
		$\sigma_r =$				
p	E	0.0	0.1	0.2	0.3	0.4
0.25	80		1.3131	1.3212	1.3488	1.3880
0.25	90		2.6009	2.6892	2.7740	2.8604
0.25	100		4.9240	4.9277	4.9700	5.0577
0.25	110		7.7206	7.8372	7.9663	8.0987
0.25	120		11.6849	11.6911	11.7500	11.8722
0.4	80		1.3131	1.3248	1.3556	1.3977
0.4	90		2.6012	2.6917	2.7815	2.8774
0.4	100		4.9240	4.9286	4.9772	5.0768
0.4	110		7.7259	7.8467	7.9830	8.1330
0.4	120		11.6849	11.6919	11.7615	11.9033
0.5	80	1.2746	1.3132	1.3267	1.3592	1.4031
0.5	90	2.5436	2.6014	2.6930	2.7859	2.8870
0.5	100	4.8019	4.9239	4.9295	4.9811	5.0869
0.5	110	7.6992	7.7285	7.8518	7.9929	8.1521
0.5	120	11.5081	11.6849	11.6931	11.7681	11.9204
0.6	80		1.3134	1.3286	1.3629	1.4085
0.6	90		2.6017	2.6944	2.7906	2.8969
0.6	100		4.9239	4.9307	4.9850	5.0969
0.6	110		7.7310	7.8568	8.0031	8.1718
0.6	120		11.6849	11.6946	11.7747	11.9378
0.75	80		1.3138	1.3319	1.3696	1.4187
0.75	90		2.6020	2.6971	2.7994	2.9152
0.75	100		4.9240	4.9336	4.9918	5.1146
0.75	110		7.7354	7.8660	8.0227	8.2088
0.75	120		11.6849	11.6982	11.7867	11.9695

8.3.3 Bewertung über im Mittel selbstfinanzierende Portfoliostrategien

Aus Proposition 8.3.2.1 ergibt sich, daß für jede Wahl der Übergangswahrscheinlichkeit p und der Korrelationsfunktion δ ein eindeutiges Maß Π_δ existiert, so daß der diskontierte gemeinsame Prozeß $\Big(S_i, B_i(T)\Big)$ ein Martingal unter Π_δ ist. Hier-

[36] Die Anzahl der Hedgeperioden beträgt 8 pro Jahr.

aus bestimmt sich der δ–konsistente Arbitragepreis einer europäischen Option als Erwartungswert der diskontierten Auszahlung unter dem Martingalmaß Π_δ. Im allgemeinen existieren mehrere Maße $\tilde{\Pi}$, unter denen der diskontierte gemeinsame Prozeß zu einem Martingal wird. Aus der Menge aller zugelassenen Maße wird Π_δ unter Berücksichtigung der Korrelationsfunktion δ gewählt. Im Unterschied zu den Überlegungen von Harrison und Kreps (1979) ist der Arbitragepreis der Option abhängig von δ. Die Option stellt somit keinen bezüglich der erweiterten Marktstruktur redundanten Finanztitel dar. Folglich ist es nicht möglich, eine dynamische selbstfinanzierende Portfoliostrategie unter Berücksichtigung der Aktie, der Nullkuponanleihe und des kurzfristigen Zinssatzes zu implementieren, die zum Zeitpunkt $t_N = T$ die Auszahlung der Option perfekt dupliziert. Die Aufgabe besteht somit darin, eine Portfoliostrategie zu bestimmen, die als die beste Art angesehen werden kann, die Auszahlung der Option nachzuahmen. H. Föllmer und D. Sondermann (1986) haben diesbezüglich gezeigt, daß eine eindeutige Portfoliostrategie existiert, die zu jedem Zeitpunkt das verbleibende Risiko minimiert und deren Wert zum Auszahlungszeitpunkt mit der Auszahlung der Option übereinstimmt. Ihre Überlegungen führen auf das Konzept der im Mittel selbstfinanzierenden Portfoliostrategien und lassen sich für die Bewertung der hier betrachteten Puts und Calls anwenden. Anknüpfend an Kapitel 2 werden die folgenden Definitionen benötigt:

Definition 8.3.3.1

1. $\phi = (\xi, \zeta, \eta)$ heißt eine Portfoliostrategie, falls gilt
   (a) $\xi(t,w) = \xi(t_i,w), \zeta(t,w) = \zeta(t_i,w), \eta(t,w) = \eta(t_i,w)$ für alle $t \in [t_i, t_{i+1}[$
   (b) ξ ist quadratintegrierbar bezüglich des Aktienkurses
   (c) ζ ist quadratintegrierbar bezüglich des Kurses der Nullkuponanleihe
   (d) ϕ ist vorhersehbar bezüglich der Informationsstruktur $\{\Im_t\}_{t\in\underline{\underline{T}}} = \Big(\mathcal{A}(S_s, r_s, B_s(T); s \leq t)\Big)_{t\in\underline{\underline{T}}}$
2. Der Wertprozeß einer Portfoliostrategie ϕ ist dann zu jedem Zeitpunkt $t_i \in \underline{\underline{T}}$ definiert durch

$$V(\phi, t_i, w) := \xi(t_i, w)S_i + \zeta(t_i, w)B_i(T, w) + \eta(t_i, w)$$

3. Eine Portfoliostrategie ϕ heißt zulässig für die Europäische Option H (Call bzw. Put), falls der terminale Wert des Portfolios mit dem der Option Π–fast sicher übereinstimmt, d.h.
   $V(\phi, t_N, w) = H_{t_N} = H_T$ Π–fast sicher.

Ausgehend von der Definition des Wertprozesses einer zulässigen Portfoliostrategie läßt sich nun der diskontierte Kostenprozeß der Portfoliostrategie beschreiben, als die Differenz zwischen dem diskontierten Wert des Portfolios und dem diskontierten akkumulierten Ertrag zu jedem Zeitpunkt $t_i \in \underline{\underline{T}}$.

Definition 8.3.3.2

Der diskontierte Kostenprozeß $\{C(\phi, t_i)\}_{i=0}^{N}$ einer zulässigen Portfoliostrategie ist definiert durch

$$\begin{aligned} C(\phi, t_0) &:= V(\phi, t_0) \quad \text{und für } t_i \in \underline{\underline{T}} \setminus \{0\} \qquad (8.3.3.1) \\ C(\phi, t_i, w) &:= \frac{V(\phi, t_i, w)}{\prod_{j=0}^{i-1}\left(1 + r_j(w)\right)} - \sum_{j=0}^{i-1} \frac{\xi(t_j, w)\Delta S_j(w) + \zeta(t_j, w)\Delta B_j(T, w)}{\prod_{l=0}^{J}\left(1 + r_l(w)\right)}, \\ \text{wobei} \quad \Delta S_i &:= S_{i+1} - S_i(1 + r_{t_i}) \\ \text{und} \quad \Delta B_i(T) &:= B_{i+1}(T) - B_i(T)(1 + r_{t_i}) \ . \end{aligned}$$

wie üblich die Zuwächse der stochastischen Prozesse $\{S_i\}_{t_i \in \underline{\underline{T}}}$ und $\{B_i(T)\}_{t_i \in \underline{\underline{T}}}$ bezeichnen.

Da nach Voraussetzung der diskontierte Kursprozeß der Nullkuponanleihe und der Aktie Martingale bezüglich Π_δ sind, stimmt der erwartete terminale Wert des diskontierten Kostenprozesses mit dem Erwartungswert der diskontierten Auszahlung überein

$$E_{\Pi_\delta}\left[C(\phi, t_N, \cdot)\right] = E_{\Pi_\delta}\left[\frac{H(\cdot)}{\prod_{j=0}^{N-1}\left(1 + r_j(\cdot)\right)}\right] \quad . \qquad (8.3.3.2)$$

Aus der Definition des Kostenprozesses und der Eigenschaft (8.3.3.2) leitet sich nun das Optimalitätskriterium in naheliegender Weise ab.

Definition 8.3.3.3

1. Das verbleibende Risiko einer zulässigen Portfoliostrategie $\phi = (\xi, \zeta, \eta)$ zum Zeitpunkt $t_i \in \underline{\underline{T}}$ entspricht der erwarteten quadratischen Differenz zwischen den diskontierten Kosten zum Zeitpunkt t_i und den diskontierten Kosten zum Zeitpunkt t_N der Portfoliostrategie ϕ, d.h.

$$R_{t_i}(\xi, \zeta, \eta) := E_{\Pi_\delta}\left[\left(C(\phi, t_N, \cdot) - C(\phi, t_i, \cdot)\right)^2 | S_{t_i}; B_{t_i}(T); r_{t_i}\right] \quad . \qquad (8.3.3.3)$$

2. Eine zulässige Portfoliostrategie $\phi^* = (\xi^*, \zeta^*, \eta^*)$ heißt risikominimierend falls ϕ^* für jedes $t \in \underline{\underline{T}}$ das verbleibende Risiko minimiert, d.h.

$$R_{t_i}(\xi^*, \zeta^*, \eta^*) \leq R_{t_i}(\xi, \zeta, \eta) \quad \forall t_i \in \underline{\underline{T}}$$

für jede zulässige Portfoliostrategie (ξ, ζ, η), die mit (ξ^*, ζ^*, η^*) bis zum Zeitpunkt t_i übereinstimmt.

Eine zulässige Portfoliostrategie ist somit dann risikominimierend, falls sie zu jedem Zeitpunkt die quadratische Streuung der zukünftigen diskontierten Kosten um die gegenwärtigen Kosten minimiert. Der nachfolgende Satz von Föllmer und Sondermann (1986) sichert die Existenz und Eindeutigkeit einer solchen risikominimierenden Portfoliostrategie.

Satz 8.3.3.1

1. Es existiert eine eindeutige zulässige und risikominimierende Portfoliostrategie

$$\left(\xi^*, \zeta^*, V^H - \left(\xi^* S + \zeta^* B(T)\right)\right)$$

mit $V_{t_i}^H := E_{\Pi_\delta}\left[\frac{H(\cdot)}{\prod_{j=i}^{N-1}\left(1+r_j(\cdot)\right)} \middle| S_i; B_i(T); r_i\right]$.

2. Eine zulässige und risikominimierende Portfoliostrategie ist im Mittel selbstfinanzierend, d.h. der diskontierte Kostenprozeß ist ein Martingal unter dem Maß Π_δ

$$C(\phi, t_i, \cdot) = E_{\Pi_\delta}\left[C(\phi, t_N, \cdot) | S_i; B_i(T); r_i\right] .$$

3. Genau dann, wenn der diskontierte Wertprozeß einer zulässigen Portfoliostrategie ein Martingal unter Π_δ ist, d.h.

$$V(\phi, t_i, \cdot) = E_{\Pi_\delta}\left[\frac{V(\phi, t_{i+1}, \cdot)}{1 + r_i} | S_i; B_i(T); r_i\right],$$

ist die Portfoliostrategie im Mittel selbstfinanzierend.

Beweis

Föllmer und Sondermann (1986).

Die sich für einen europäischen Call bzw. Put ergebenden risikominimierenden Portfoliostrategien werden mit der folgenden Proposition bestimmt:

Proposition 8.3.3.1

1. Die zulässige risikominimierende Portfoliostrategie eines europäischen Call bzw. Put lautet

$$\xi^*(t_i,j,k) = \frac{\Pi_1 V^H_{t_{i+1},j+1,k+1} + \Pi_2 V_{t_{i+1},j,k+1} - \frac{1}{2}(1+r_{i,j})V^H_{t_i,j,k}}{\frac{1}{4}S_{i,k}\Big(u(r_{i,j}) - d(r_{i,j})\Big)\Big(1-\delta^2(t_i)\Big)}$$
$$-\delta(t_i)\frac{\Pi_1 V^H_{t_{i+1},j+1,k+1} + \Pi_3 V^H_{t_{i+1},j+1,k} - (1-p)(1+r_{i,j})V^H_{t_i,j,k}}{\frac{1}{2}\sqrt{p(1-p)}S_{i,k}\Big(u(r_{i,j}) - d(r_{i,j})\Big)\Big(1-\delta^2(t_i)\Big)}$$

$$\zeta^*(t_i,j,k) = \frac{\Pi_1 V^H_{t_{i+1},j+1,k+1} + \Pi_3 V^H_{t_{i+1},j+1,k} - (1-p)(1+r_{i,j})V^H_{t_i,j,k}}{p(1-p)\Big[B_{i+1,j+1}(T) - B_{i+1,j}(T)\Big]\Big(1-\delta^2(t_i)\Big)}$$
$$-\delta(t_i)\frac{\Pi_1 V^H_{t_{i+1},j+1,k+1} + \Pi_2 V^H_{t_{i+1},j,k+1} - \frac{1}{2}(1+r_{i,j})V^H_{t_i,j,k}}{\frac{1}{2}\sqrt{p(1-p)}\Big[B_{i+1,j+1}(T) - B_{i+1,j}(T)\Big]\Big(1-\delta^2(t_i)\Big)}$$

wobei $-1 < -\min\left[\sqrt{\frac{p}{1-p}}, \sqrt{\frac{1-p}{p}}\right] \le \delta(t_i) \le \min\left[\sqrt{\frac{p}{1-p}}, \sqrt{\frac{1-p}{p}}\right] < 1$

und $V^H_{t_i,j,k} := E_{\Pi_\delta}\left[\frac{H(\cdot)}{\prod_{j=i}^{N-1}(1+r_{j,\cdot})}\middle| S_{i,k}; B_{i,j}(T); r_{i,j}\right]$

den erwarteten diskontierten terminalen Wert der Option H bezeichnet, falls der aktuelle Zustand durch den Knoten (i,j,k) beschrieben wird.

2. Ist der kurzfristige Zinssatz konstant und folglich $\sigma^2_{i,j}\Big(B_{i+1,\cdot}(T)\Big) = 0 \quad \forall t_i \in \underline{\underline{T}}$ und $j = 0,...,i$, so stimmt die risikominimierende Portfoliostrategie mit der selbstfinanzierenden Portfoliostrategie des Binomialmodells überein, d.h.

$$\xi^*(t_i,j,k) = \frac{V^H_{t_{i+1},k+1} - V^H_{t_{i+1},k}}{S_{i+1,k+1} - S_{i+1,k}} \quad \forall j \le i \ .$$

Beweis

Seien die Kurse der Nullkuponanleihe und der Aktie sowie der kurzfristige Zinssatz zum Zeitpunkt $t_i \in \underline{\underline{T}} \setminus \{t_N\}$ bekannt, so ergeben sich entsprechend dem Quatronomialmodell vier mögliche Kursverläufe für den Zeitpunkt t_{i+1}. Konditioniert auf die Kursinformation zum Zeitpunkt t_i kann der diskontierte erwartete Wert der Option H unter dem äquivalenten Martingalmaß Π_δ bestimmt werden durch:

$$V^H_{t_i,j,k} := E_{\Pi_\delta}\left[\frac{H(\cdot)}{\prod_{j=i}^{N-1}(1+r_{j,\cdot})}\middle| S_{i,k}; B_{i,j}(T); r_{i,J}\right] \ .$$

Die Aufgabe besteht nun darin, eine Portfoliostrategie zu finden, deren Wert zum Zeitpunkt t_i mit dem erwarteten diskontierten Wert der Option übereinstimmt, und die zum Zeitpunkt t_{i+1} den erwarteten diskontierten Wert der Option (bedingt auf die neuen Kursinformationen) annähert, so daß das verbleibende Risiko minimiert wird.

Das Quatronomialmodell beschreibt einen unvollständigen Markt, so daß keine Portfoliostrategie existiert, die eine perfekte Duplizierung der Option erlaubt. Zur Vervollständigung des Marktes wird formal ein zusätzlicher stochastischer Prozeß $\{Z_t\}_{t \in \underline{\underline{T}}}$ benötigt, der linear unabhängig von den anderen Prozessen ist. Der Wert eines Portfolio im Zeit- Zustandstupel (t_i, j, k) ist gegeben durch:

$$V^H_{t_i,j,k} = \xi_{t_i,j,k} S_{i,k} + \zeta_{t_i,j,k} B_{i,j}(T) + \eta_{t_i,j,k}.$$

Abbildung 8.3.3.1 verdeutlicht die sich ergebende Situation.

$$V^H_{t_i,j,k} \xrightarrow{\Pi_1} \begin{pmatrix} \xi_{t_i,j,k} \\ \zeta_{t_i,j,k} \\ \eta_{t_i,j,k} \end{pmatrix} \begin{pmatrix} S_{i+1,k+1} \\ B_{i+1,j+1}(T) \\ r_{i+1,j+1} \end{pmatrix} + Z_{i+1,k+1,j+1} = V^H_{t_{i+1},j+1,k+1}$$

$$V^H_{t_i,j,k} \xrightarrow{\Pi_2} \begin{pmatrix} \xi_{t_i,j,k} \\ \zeta_{t_i,j,k} \\ \eta_{t_i,j,k} \end{pmatrix} \begin{pmatrix} S_{i+1,k+1} \\ B_{i+1,j}(T) \\ r_{i+1,j} \end{pmatrix} + Z_{i+1,k+1,j} = V^H_{t_{i+1},j,k+1}$$

$$V^H_{t_i,j,k} \xrightarrow{\Pi_3} \begin{pmatrix} \xi_{t_i,j,k} \\ \zeta_{t_i,j,k} \\ \eta_{t_i,j,k} \end{pmatrix} \begin{pmatrix} S_{i+1,k} \\ B_{i+1,j+1}(T) \\ r_{i+1,j+1} \end{pmatrix} + Z_{i+1,k,j+1} = V^H_{t_{i+1},j+1,k}$$

$$V^H_{t_i,j,k} \xrightarrow{\Pi_4} \begin{pmatrix} \xi_{t_i,j,k} \\ \zeta_{t_i,j,k} \\ \eta_{t_i,j,k} \end{pmatrix} \begin{pmatrix} S_{i+1,k} \\ B_{i+1,j}(T) \\ r_{i+1,j} \end{pmatrix} + Z_{i+1,k,j} = V^H_{t_{i+1},j,k}$$

Abbildung 8.3.3.1: Portfoliostrategie im Quatronomialmodell zum Zeitpunkt $t_i \in \underline{\underline{T}} \setminus \{t_N\}$

Die Idee besteht nun darin, den Prozeß $\{Z_t\}_{t \in \underline{\underline{T}}}$ so zu bestimmen, daß durch ihn genau der Teil des Kursrisikos abgedeckt wird, der durch den Handel in den vorhandenen Kursprozessen nicht abgedeckt werden kann. Aus der Definition des verbleibenden Risikos ist ersichtlich, daß das verbleibende Risiko $R_{t_i}(\xi, \zeta, \eta)$ genau dann minimal ist, falls es ausschließlich durch den nicht handelbaren Prozeß

$\{Z_t\}_{t\in\underline{\underline{T}}}$ bestimmt ist. Dieses verbleibende Risiko kann dann als das nicht hedgebare oder innere Risiko der Option bezeichnet werden. $R_{t_i}(\xi,\zeta,\eta)$ ist somit minimal für diejenigen Portfoliostrategien (ξ^*,ζ^*,η^*), für die der Prozeß $\{Z_t\}_{t\in\underline{\underline{T}}}$ orthogonal[37] zum diskontierten akkumulierten Ertrag aus der Aktie und der Nullkuponanleihe ist. Die Orthogonalitätsbedingung ist erfüllt, falls die Kovarianz zwischen dem Wertprozeß des Portfolios und dem Kurs der Aktie bzw. der Nullkuponanleihe zu jedem Zeitpunkt $t_i \in \underline{\underline{T}} \setminus \{t_N\}$ den folgenden beiden Bedingungen genügt:

$$\begin{aligned}
&\operatorname{cov}\left[\Delta V_{t_i}^H, \Delta S_i | S_i; B_i(T); r_i\right] \\
&= \xi_{t_i}^* V\left[\Delta S_i | S_i; r_i\right] + \zeta_{t_i}^* \operatorname{cov}\left[\Delta S_i, \Delta B_i(T) | S_i; B_i(T); r_i\right] \\
&\operatorname{cov}\left[\Delta V_{t_i}^H, \Delta B_i(T) | S_i; B_i(T); r_i\right] \\
&= \zeta_{t_i}^* V\left[\Delta B_i(T) | B_i(T); r_i\right] + \xi_{t_i}^* \operatorname{cov}\left[\Delta S_i, \Delta B_i(T) | S_i; B_i(T); r_i\right] \; .
\end{aligned} \tag{8.3.3.4}$$

Aus der Martingaleigenschaft der einzelnen Prozesse läßt sich über (8.3.3.4) die optimale Portfoliostrategie $(\xi^*,\zeta^*,\eta^*) = \left(\xi^*,\zeta^*,V^H - \left(\xi^* S + \zeta^* B(T)\right)\right)$ bestimmen. Insbesondere gilt:

$$\begin{aligned}
&\operatorname{cov}\left[\Delta V_{t_i}^H, \Delta S_i | S_{i,k}; B_{i,j}(T), r_{i,j}\right] \\
&= S_{i,k}\left[u(r_{i,j}) - d(r_{i,j})\right]\left[\Pi_1(t_i) V_{t_{i+1},j+1,k+1}^H \right. \\
&\qquad \left. + \Pi_2(t_i) V_{t_{i+1},j,k+1}^H - \frac{1}{2}(1+r_{i,j}) V_{T_i,j,k}^H\right] \\
&\operatorname{cov}\left[\Delta V_{t_i}^H, \Delta B_i(T) | S_{i,k}; B_{i,j}(T), r_{i,j}\right] \\
&= \left[B_{i+1,j+1}(T) - B_{i+1,j}(T)\right]\left[\Pi_1(t_i) V_{t_{i+1},j+1,k+1}^H \right. \\
&\qquad \left. + \Pi_3(t_i) V_{t_{i+1},j+1,k}^H - (1-p)(1+r_{i,j}) V_{t_i,j,k}\right] \; .
\end{aligned}$$

□

[37] Zwei quadratintegrierbare Martingale heißen orthogonal, falls ihr Produkt wiederum ein Martingal ist, d.h.

$$(1+r_{i,j})\left[Z_{i,j,k}\cdot S_{i,k} + Z_{i,j,k} B_{i,j}(T)\right] = E_{\Pi_6}\left[Z_{i+1}S_{i+1} + Z_{i+1}B_{i+1}(T) | Z_{i,j,k}; S_{i,k}; B_{i,j}(T); r_{i,j}\right]$$

9 Schlußfolgerung

Optionen auf Aktien oder Zinstitel können als Versicherungen gegen das Kurs- bzw. Zinsänderungsrisiko des zugrundeliegenden Wertpapiers angesehen werden. Die moderne Optionsbewertungstheorie verfolgt insofern zwei Ziele. Zum einen geht es ihr um die Preisbestimmung einer derartigen Versicherung, ohne hierbei auf nicht oder nur schwer beobachtbare Faktoren wie individuelle Präferenzen oder subjektive Risikoeinschätzungen zurückzugreifen. Daneben zeigt sie auf, wie das durch eine Option erfaßte Kurs-oder Zinsänderungsrisiko durch ein aktives Finanzmanagement beherrschbar wird. Diesen beiden Zielen kommt innerhalb der Optionsbewertungstheorie die gleiche Bedeutung zu. Im Rahmen eines vollständigen theoretischen Finanzmarktmodells zeigt sich, daß das Risiko im Sinne der Optionsbewertung vollständig beherrschbar ist.

Aktien-und Rentenoptionen erfreuen sich inzwischen einer zunehmenden Akzeptanz und werden bei Überlegungen des Risikomanagements immer mehr berücksichtigt. Caps und Floors stellen relativ neuartige Instrumente dar. Aufgrund ihrer Vertragseigenschaften (vgl. Kapitel 3) ist jedoch zu vermuten, daß ihnen in der Zukunft ebenso eine zunehmende Bedeutung zukommen wird. Die enge Verwandtschaft von Zinssatzoptionen mit Rentenoptionen legt es nahe, die im Rahmen theoretischer Modellvorstellungen entwickelten Methoden der Rentenoptionsbewertung für Caps und Floors nutzbar zu machen. Caps und Floors entsprechen einem Portfolio aus Rentenoptionen. Ihre Bewertung unter Arbitragegesichtspunkten verlangt somit nach einem konsistenten Zinsstrukturmodell. Die kursorientierten Bewertungsmodelle für Rentenoptionen sind jedoch nicht in der Lage, ein der Arbitragefreiheit genügendes Zinsstrukturmodell zu erzeugen. Es bestand somit die Notwendigkeit, die konsistente Struktur eines rein zinsabhängigen Finanzmarktes neu zu beschreiben. Bisherige Modelle in diese Richtung (Ho, Lee (1986), Heath, Jarrow und Morten (1987)) haben noch zu keiner erschöpfenden Antwort geführt. Das in dieser Arbeit entwickelte Zinsstrukturmodell genügt den Anforderungen der Arbitragefreiheit und steckt den Rahmen für eine befriedigende Analyse von Zinssatzoptionen ab. Es erlaubt die Bewertung von Caps und Floors und genügt somit der ersten Zielvorstellung der Optionsbewertungstheorie. Der zweiten Zielvorstellung wird durch die Herleitung einer selbstfinanzierenden Portfoliostrategie, die den Auszahlungsstrom der Zinssatzoption dupliziert, Rechnung getragen. Diese Portfoliostrategie stellt die Handlungsanweisung eines aktiven Finanzmanagements dar, die innerhalb des Modellrahmens zur vollständigen Beherrschung des Risikos führt.

Es stellt sich somit die Frage, welche Bedeutung dieser innerhalb eines abstrahierten theoretischen Zinsstrukturmodells entwickelten Portfoliostrategie über den Modellrahmen hinaus zukommt. Die mit den Modellparametern verbundene Vorstellung ist, daß sie sich in einer vorab festgelegten Weise entwickeln und somit ex ante kontrollierbar sind. Information wird als ein stetiger Fluß aufgefaßt, dessen

Richtung unbekannt ist, der jedoch keine Schocks zuläßt. Diese Vorstellung bedarf sicher einer permanenten Überprüfung. Die Portfoliostrategie zeigt jedoch auf, daß unter diesen restriktiven, aber nicht uninteressanten Strukturannahmen Risiko beherrschbar, managebar ist. Sie erlaubt somit, das gesamte vorhandene Kurs – oder Zinsänderungsrisiko, das z.B. auch durch unkontrollierte Schocks, nicht vorhersehbare politische Entscheidungen etc. entsteht, in zwei Qualitäten aufzuteilen. Die eine ist durch aktives Finanzmanagement erfaßbar; die andere besteht darin, daß eine mögliche grundlegende Veränderung der Marktsituation zu einer Veränderung der Modellparameter und zu zusätzlichen Kosten führt. Dieses zweite Risiko ist im Rahmen der Modellstellung nicht beherrschbar.

In gewisser Weise wird dies auch deutlich für die gleichzeitige Betrachtung des Aktienkurs -und Zinsänderungsrisikos (Kapitel 8.3.2 Quatronomialmodell). Die Aufgabe der Vollständigkeitsannahme bewirkt, daß keine perfekte Duplizierung der Option möglich ist. Mit der im Mittel selbstfinanzierenden Portfoliostrategie wird jedoch ein aktives Finanzmanagement beschrieben, mit dem eine teilweise Beherrschung des Risikos möglich ist. Das verbleibende Restrisiko wird durch die Portfoliostrategie auf den außerhalb der vorhandenen Preisprozesse liegenden Teil reduziert.

Weder die vorbehaltlose Akzeptanz noch die strikte Ablehnung werden somit der Optionsbewertungstheorie unter Arbitrage gerecht und versperren nur den Blick für ihren Nutzen.

Die Wissenschaft

So beschließen beide denn
nach so manchem Doch und Wenn,

sich mit ihren Theorien
vor die Wissenschaft zu knien.

Doch die Wissenschaft, man weiß es,
achtet nicht des Laienfleißes.

Hier auch schürzt sie nur den Mund,
murmelt von »Phantasmen« und

beugt sich wieder dann auf ihre
wichtigen Spezialpapiere.

»Komm« , spricht Palmström, »Kamerad, –
alles Feinste bleibt – privat! «

Christian Morgenstern

Index

Notation

$A = \{(n,j) \mid t_n \in \underline{\underline{T}}\}$	Menge der Zeit– und Zustandstupel.
$B_{t_i}(t_j, \omega)$	Kurs einer Nullkuponanleihe mit Endfälligkeit $t_j \in \underline{\underline{T}}$, Nennwert 1 zum Zeitpunkt $t_i \leq t_j$ und Zustand $\omega \in \Omega$.
$\{B_t(t_j)\}_{t=t_o}^{t_j}$	Kursprozeß einer Nullkuponanleihe mit Endfälligkeit $t_j \in \underline{\underline{T}}$ und Nennwert 1.
$\{\hat{B}_t(t_j)\}_{t=t_o}^{t_j}$	Diskontierter Kursprozeß einer Nullkuponanleihe.
$c(t_j)$	Kuponhöhe einer Kuponanleihe mit Endfälligkeit t_j.
$C_0(t_j)$	Kurs einer Kuponanleihe mit Endfälligkeit t_j zum Zeitpunkt t_0.
$\{C_t(t_j)\}_{t=0}^{t_j}$	Kursprozeß einer Kuponanleihe mit Endfälligkeit t_j.
$\mathrm{Call}_A[\ldots]$	Arbitragepreis einer amerikanischen Call–Option.
$\mathrm{Call}_E[\ldots]$	Arbitragepreis einer europäischen Call–Option.
$\mathrm{Cap}[\ldots]$	Arbitragepreis eines Cap.
δ–Call[...]	δ–konsistenter Arbitragepreis eines Call.
δ–Put[...]	δ–konsistenter Arbitragepreis eines Put.
$\Delta t = t_i - t_{i-1}$	Intervallänge.
e_j	j-ter Einheitsvektor des $\mathbb{R}^N$.
E	Ausübungspreis einer Call– oder Put–Option.
$E_P[\ldots]$	Erwartungswertoperator unter der Wahrscheinlichkeitsverteilung P.
ε	Kleine positive reelle Zahl.
$\exists$	Kurzzeichen für „es existiert“.
1_A	Indikatorfunktion.
$f_t(t_j, t_k)$	Terminzinssatz zum Zeitpunkt t für die Periode $[t_j, t_k[\,;\, t \leq t_j < t_k \in \underline{\underline{T}}$.
$\Im_{t_j}$	Kleinste σ–Algebra, so daß $r_0, \ldots, r_j$ bezüglich $\Im_{t_j}$ meßbar sind.
$\{\Im_t\}_{t \in \underline{\underline{T}}}$	Aufsteigende Familie von σ–Algebren.
Floor[...]	Arbitragepreis eines Floor.
$g(\sigma, p) = \exp\left\{\frac{\sigma}{\sqrt{p(1-p)}}\right\}$	Störfunktion des kurzfristigen Zinssatzes.
$\gamma()$	Risikoprämie pro Standardeinheit nach Heath, Jarrow und Merton (1987).
$h(), h^*()$	Störfunktion im Ho–Lee–Modell (1986).
$k(r,t)$	Risikoprämie.
L	Basislevel einer Zinssatzoption.
$L^2(\Omega, \Im_{t_j}, P)$	Menge der bzgl. P quadratintegrierbaren, $\Im_{t_j}$–meßbaren Funktionen.
$\mu()$	Fluktuationsfunktion einer stochastischen Differentialgleichung.
$N(d)$	Wert der standardisierten Normalverteilung an der Stelle d.
$\mathbb{N}$	Menge der natürlichen Zahlen.

$\mathbb{N}_N$	Menge der natürlichen Zahlen $\leq N \in \mathbb{N}$.
$o(t)$	Stetige Funktion, mit der Eigenschaft: $\lim_{t\to 0} \frac{o(t)}{t} = 0$.
$p()$	Übergangswahrscheinlichkeit im Zinsstrukturmodell.
P	Wahrscheinlichkeitsverteilung.
P_j^*	$\Im_{t_j}$–äquivalentes Martingalmaß.
$\mathrm{Put}_A[\ldots]$	Arbitragepreis einer amerikanischen Put–Option.
$\mathrm{Put}_E[\ldots]$	Arbitragepreis einer europäischen Put–Option.
$\mathbb{P}_j$	Menge der $\Im_{t_j}$–äquivalenten Martingalmaße.
$\mathbb{P}_N/\Im_{t_j}$	Einschränkung aller Elemente aus $\mathbb{P}_N$ auf die σ–Algebra $\Im_{t_j}$.
$\pi()$	Übergangswahrscheinlichkeit im Ho–Lee–Modell.
Π_i	Übergangswahrscheinlichkeit im Quatronomialmodell.
$r_j(\omega)$	Zinssatz für die Periode $[t_j, t_{j+1}[$ im Zustand $\omega \in \Omega$.
$\{r_i\}_{i=0}^{N-1}$	stochastischer Prozeß des kurzfristigen Zinssatzes.
$\mathbb{R}$	Menge der reellen Zahlen.
$\mathbb{R}_{\geq 0}$	Menge der nicht negativen reellen Zahlen.
$\mathbb{R}_{>0}$	Menge der positiven reellen Zahlen.
$\rho(y; r, \mu, \sigma, t)$	Dichtefunktion des Diskontierungsfaktors y.
S_B	Verteilungsklasse gemäß Johnson (1946).
$\{S_t\}_{t\in[0,T]}$	Stochastischer Prozeß der Aktienkursentwicklung.
$\mathrm{Swap}[]$	Arbitragepreis eines Zinsswap.
$\sigma()$	Driftfunktion einer stochastischen Differentialgleichung.
$\underline{\underline{T}} = \{0 = t_0 < t_1 < \ldots < t_N = T\}$	Menge der Handelszeitpunkte.
$\{(\phi_t^1, \phi_t^2)\}_{t\in\underline{\underline{T}}}$	Portfoliostrategie.
$V_p[]$	Varianzoperator unter der Wahrscheinlichkeitsverteilung P.
W	standardisierte Brown'sche Bewegung.
$X = \left\{x : \underline{\underline{T}} \times \Omega \to \mathbb{R}_{\geq 0}] x_t \text{ ist } \Im \text{ meßbar } \forall t \in \underline{\underline{T}} \setminus \{0\}\right\}$	Menge aller hypothetischen Zahlungsströme.
$\{y_t\}_{t\in\underline{\underline{T}}} = \left\{\frac{1}{1+r_t}\right\}_{t\in\underline{\underline{T}}}$	Stochastischer Prozeß des Diskontierungsfaktors.
$Y_t(t_j)$	Rendite einer Nullkuponanleihe $B(t_j)$ zum Zeitpunkt $t \in \underline{\underline{T}}$, $t \leq t_j$.
$\omega \in \Omega$	Zustand.
Ω	Zustandsraum.
$(\Omega, \Im, P)$	Wahrscheinlichkeitsraum.
$\#M$	Anzahl der Elemente einer Menge M.
$[r_t, -L]^+$	Maximum von $r_t - L$ und 0.
$\forall$	Kurzbezeichnung für „für alle“.

Literatur

Arditti, F.D.; John, K. (1988): Spanning the State Space with Options; Journal of Financial and Quantitative Analysis 15, 1-9.

Arnold, L. (1973): Stochastische Differenzialgleichungen; München: Oldenburg Verlag.

Arrow, K. (1964): The Role of Securities in the Optimal Allocation of Riskbearing; Review of Economic Studies , 91-96.

Artzner, P.; Delbaen F. (1988): Term Structure of Interest Rates: The Martingale Approach; Series de Mathematique Pures et Appliquees, I.R.M.A., Strasbourg.

Bachelier, L. (1900): Theory of Speculation; in: P. H. Cootner (editor); The random character of stook market prices; Cambridge: The MIT Press, 1964.

Ball, C.A. (1989): A Branching Model for Bond Price Dynamics and Contingent Claim Pricing; University of Michigan: Working Paper.

Ball, C.A.; Torous, W.N. (1983): Bond Price Dynamics and Options; Journal of Financial and Quantitative Analysis 18, 517-531.

Ball, C.A.; Torous, W.N. (1985): On Jumps in Common Stock Prices and their Impact on Call Option Pricing; Journal of Finance 40, 155-173.

Bauer, H. (1978): Wahrscheinlichkeitstheorie und Grundzüge der Maßtheorie; Berlin: DeGruyter.

Bergin, J. (1985): The use of Options in Generating and Pricing Return Streams; Northwestern University, Illinois: Discussion Paper No. 687.

Bierwag, G.O.; Kaufmann, G.G.; Toevs, A. (1983): Duration: Its Development and Use in Portfoliomanagement; Financial Analysis Journal 39, 15-35.

Black, F. (1976): The Pricing of Commodity Contracts; Journal of Financial Economics 3, 167-179.

Black, F.; Scholes, M. (1973): The Pricing of Options and Corporate Liabilities; Journal of Political Economy, 637-654.

Black, F.; Scholes, M. (1976): The Pricing of Commodity Contracts; Journal of Financial Economics, 167-179.

Boye, P.; Emanuel, D. (1980): Discretely Adjusted Option Hedges; Journal of Financial Economics 8, 259-282.

Boyle, P.; Evnine, J.; Gibbs, S. (1988): Valuation of Options on Several Underlying Assets; University of Waterloo, Working Paper.

Brennan, M.J. (1979): The Pricing of Contingent Claims in Discrete Time Models; Journal of Finance 34, 53-68.

Brennan, M.J.; Schwartz, E.S. (1977a): Savings Bonds, Rectractable Bonds and Callable Bonds; Journal of Financial Economics 5, 67-88.

Brennan, M.J.; Schwartz, E.S. (1977b): Convertible Bonds : Valuation and Optimal Strategies for Call and Conversion; Journal of Finance 32, 1699-1715.

Brennan, M.J.; Schwartz, E.S. (1979): A Continuous Time Approach to the Pricing of Bonds; Journal of Banking and Finance 3, 133-155.

Brennan, M.J.; Schwartz, E.S. (1982): An Equilibrium Model of Bond Pricing and a Test of Market Efficiency; Journal of Financial and Quantitative Analysis 17, 301-329.

Brenner, M.; Galai, D. (1989): New Financial Instruments to Hedge Changes in Volatility; Hebrew University, Working Paper.

Bühler, W. (1987): Rationale Bewertung von Optionsrechten auf Anleihen; Universität Dortmund: Discussion Paper .

Bühler, W.; Käsler, J. (1989): Konsistente Anleihepreise und Optionen auf Anleihen; Universität Dortmund: Working Paper.

Bussmann, J. (1985): Management von Zinsänderungsrisiken festverzinslicher Wertpapiere mit Durationsstrategien; in: Göppl; Henn: Geld, Banken und Versicherungen Bd.1, Karlsruhe: 1985.

Carr, P.; Jarrow, R.A. (1988): The Stop-Loss Start-Gain Paradox and Option Valuation; Cornell University: Discussion Paper.

Carverhill, A. (1988): The Ho and Lee Term Structure Theory: A Continuous Time Version; University of Warwick: Discussion Paper.

Carverhill, A. (1989): A Primitive Theory of the Term Structure of Interest Rates; University of Warwick: Discussion Paper.

Chiang, T.C. (1988): The Forward Rate as a Predictor of the Future Spot Rate – A Stochastic Coefficient Approach; Journal of Money, Credit, and Banking 80, 212-232.

Chung, K.L. (1974): A Course in Probability Theory; New York: Academic Press.

Clewlow, L.T.; Hodges, S.D.; Webber, N.J. (1989): Two Factor Models in Option Pricing; Financial Options Research Centre, Warwick Business School, University of Warwick.

Courtadon, G. (1982): The Pricing of Options on Default-Free Bonds; Journal of Financial and Quantitative Analysis 17, 75-100.

Cox, J.C.; Ingersoll, J. jr.; Ross, S.A. (1979): Duration and the Measurement of Basic Risk; Journal of Business 52, 51-61.

Cox, J.C.; Ingersoll, J. jr.; Ross, S.A. (1981a): A Reexamination of Traditional Hypotheses about Term Structure of Interest Rates; Journal of Finance 36, 769-799.

Cox, J.C.; Ingersoll, J. jr.; Ross, S.A. (1981b): The Relation between Forward Prices and Future Prices; Journal of Financial Economics, 321-346.

Cox, J.C.; Ingersoll, J. jr.; Ross, S.A. (1985a): An Intertemporal General Equilibrium Model of Asset Pricing; Econometrica 53, 363-384.

Cox, J.C.; Ingersoll, J.E. jr.; Ross, S.A. (1985b): A Theory of the Term Structure of Interest Rates; Econometrica 53, 385-407

Cox, J.C.; Ross, S.A. (1976): The Valuation of Options for Alternative Stochastic Processes; Journal of Financial Economics 3, 145-166.

Cox, J.C.; Ross, S.A.; Rubinstein, M. (1979): Option Pricing: A Simplified Approach; Journal of Financial Economics 7, 229-263.

Cox, J.C.; Rubinstein, M. (1983): A Survey of Alternative Option-Pricing-Models; in: M. Brenner (editor): Option Pricing; Lexington, Mass.

Cox, J.C.; Rubinstein, M. (1985): Option Markets; New Jersey: Prentice-Hall, Inc. .

Dellacherie, C.; Meyer, P.-A. (1983): Probabilities and Potential B; Amsterdam: North-Holland.

Duan, J.-C.; Moreau, A.F.; Sealey, C.W. (1989): Pricing Discretely Traded European Options with the APT; Montreal: McGill University, Discussion Paper.

Duffie, D. (1986a): Stoch. Equilibria: Existence, Spanning Number, and the 'No Expected Financial Gain From Trade' Hypothesis; Econometrica 59, 1161-1183.

Duffie, D. (1986b): An Extension of the Black-Scholes Model of Redundant Security Valuation; Stanford University: Working Paper.

Duffie, D. (1988): Security Markets; New York: Academic Press, Inc..

Duffie, D.; Huang, C.F. (1985): Implementing Arrow-Debreu Equilibria by Continuous Trading of few long–lived Securities; Econometrica 53, 1337-1356.

Duffie, D.; Protter, P. (1988): From Discrete to Continuous Time Finance: Weak Convergence of Financial Gain Process; Stanford & Prude University: Discussion Paper.

Duffie, D.; Richardson, H. (1989): Mean-Variance Hedging in Continuous–Time; Stanford University: Discussion Paper.

Dybvic, P.H.; Ross, S.A. (1987): Arbitrage; in: Eatwell, J.; Milgate, M.; Newmann, P. (Hrsg.): The New Palgrave, A Dictionary of Economics; London: The Macmillan Press Limited, 1987, 100-106

Feller, W. (1957): An Introduction to Probability Theory and its Application Vol. 1; New York:Wiley & Sons, Inc. .

Feller, W. (1971): An Introduction to Probability Theory and its Application Vol. 2; New York: Wiley & Sons, Inc. .

Finucane, T. (1987): A Theoretical and Empirical Analysis of Options on Default free Coupon Bonds; Michigan: Dissertation Information Service.

Föllmer, H.; Sondermann, D. (1986): Hedging of Non-Redundant Contingent Claims; in: W. Hildenbrand and A. Mas-Colell: Contributions to Mathematical Economics; Amsterdam: North–Holland.

Fong, V. (1984): A Risk Minimizing Strategy for Portfolio Immunisation; Journal of Finance 34, 1541-1546.

Friedman, A. (1969): Partial Differential Equations; New York: Holt, Rinchart and Winston.

Friesen, P.H. (1979): The Arrow Debreu Model Extended to Financial Markets; Econometrics 47, 689-707.

Garbers, H. (1989): The Relationship between Spot– and Forward Exchange Rates and the relative Money Supply: The Swiss Franc Case; University of Zürich: Discussion Paper.

Garmann, M.; Kohlhagen, S. (1983): Foreign Currency Option Values; Journal of International Money and Finance 2, 231-237.

Gennotte, G.; Leland, H. (1989): Market Lequidity, Hedging and Crashes; University of California, Berkeley.

Geske, R. (1978): The Pricing of Option with Stochastic Dividend Yield; The Journal of Finance 33, 617-625.

Geske, R. (1979a): The Valuation of Compound Options; Journal of Financial Economics 7, 63-91.

Geske, R. (1979b): A Note on an Analytical Valuation Formula for Unprotected American Call Option on Stocks with known Dividens; Journal of Financial Economics 7, 375-380.

Geske, R.; Trautmann, S. (1986): Option Valuation: Theory and Empirical Evidence; in: G. Bamberg and K. Spremann (editor): Capital Market Equilibria; New York: Springer.

Gihman, I.; Skorohod, A. (1972): Stochastic Differential Equations; New York: Springer.

Green, R.C.; Jarrow, R.A. (1985): Spanning and Completeness in Markets with Contingent Claims; Carnegie: Mellon University, Graduate School of Industrial Administration.

Haghani, V.J.; Stavis, R.M. (1986): Interest Rate Caps and Floors: Tools for Asset Liability Management; Salomon Brothers Inc., Bond Portfolio Analysis Group.

Harrison, J.M.; Kreps, D.M. (1977): Martingales and the Valuation of Redundant Assets; Stanford University: Working Paper.

Harrison, J.M.; Kreps, D.M. (1979): Martingales and Arbitrage in Multiperiod Security Markets; Journal of Economic Theory, 381-408.

Harrison, J.M.; Pliska, S.R. (1981): Martingales and Stochastic Integrals in the Theory of Continuous Trading; Stochastic Processes and their Application 11, 215-260.

Harrison, J.M.; Pliska, R.S. (1983): A Stochasic Calculus Model of Continuous Trading: Complete Markets; Stochastic Processes and their Application 15, 313-316.

Heath, D.; Jarrow, R.; Morton, A. (1987): Bond Pricing and the Term Structure of Interest Rates: A New Methodology; Cornell University: Working Paper.

Hilliard, J.E.; Madura, J.; Tucker, A.L. (1989): Currency Option Pricing with Stochastic Domestic and Foreign Interest Rates; University of Tennessee: Discussion Paper.

Ho, T.; Lee, S.-B. (1986): Term Structure Movements and the Pricing of Interest Rate Contingens Claims; Journal of Finance, 1011-1030.

Ingersoll, J.E. jr. (1977): A Contingent-Claims Valuation of Convertible Securities; Journal of Financial Economics, 289-322.

Ingersoll, J.E. jr. (1987): Theory of Financial Decision Making; New Jersey: Rowman & Littelfield.

Itô, K.; McKean, H.P. jr. (1977): Diffusion Processes and their Sample Path; New York: Springer.

Jamshidian, F. (1989): Close-Form Solution for American Option on Coupon Bonds in the General Gaussian Interest Rate Model; New York: Financial Strategies Group, Merill Lynch Capital Markets.

Jarrow, R.A.; Rudd, A. (1983): Option Pricing; Illinois: Homewood.

Jarrow, R.A. (1986): The Relationship between Arbitrage and First Order Stochastic Dominance; The Journal of Finance, 915-921.

Jarrow, R.A.; Oldfield, G.S. (1981): Forward Contracts and Future Contracts; Journal of Financial Economics 9, 373-382.

Jensen, B.A.; Nielsen, J.A. (1989): Option Pricing Bounds; Institute of Finance, Copenhagen: Discussion Paper.

Johnson, N.L. (1949): System of Frequency Curves Generated by Methods of Translation; Biometrica, 149-176.

Johnson, N.L.; Kotz, S. (1970): Continuous Univariate Distributions - 1 & 2; Boston: Houghton Mifflin Company.

Karlin, S. (1969): A First Course in Stochastic Processes; New York: Academic Press.

Karlin, S.; Taylor, H.M. (1981): A Second Course in Stochastic Processes; New York: Academic Press.

Kemna, A.G.Z.; de Munnik, J.F.J.; Vorst, A.C.F. (1989): On Bondpricing Models with a Time Varying Drift Term; Erasmus Universität Rotterdam: Discussion Paper.

Kishimoto, N. (1989): Pricing Path Dependent Securities Backed by a Pool of Heterogeneous Callabel Debts; Durham NC: Duke University.

Klein, M.; Müller, S. (1989): ECU Interest Rate and ECU Basket Adjustments: An Arbitrage Pricing Approach; Universität Bonn: Discussion Paper B-119.

Kopprasch, R.; Boyce, W.; Koenigsberg, M.; Tatevossian, A.; Yampol, M. (1987): Effective Duration of Callabel Bonds; Salomon Brothers, Bond Portfolio Group.

Krasa, S.; Werner, J. (1989): Equilibria with Options: Existence and Indetermincy; Universität Bonn: Discussion Paper A-230.

Kreps, D.M. (1980): Multiperiod Securities and Efficient Allocation of Risk: A Comment on the B–S Model; Stanford University: The Economics Series, Technical Report No. 306.

Kreps, D.M. (1981): Arbitrage and Equilibrium in Economies with infinitely many Commodities; Journal of Math. Economies 8, 15-35.

Lai, T.-Y. (1989): An Equilibrium Model of International Asset Pricing and Forward Exchange Rates; Kansas State University: Discussion Paper.

Leland H.E. (1980): Who Should Buy Portfolio Insurence; Journal of Finance 35, 581-596.

Leland, H.L. (1985): Option Pricing and Replication with Transaktions Cost; The Journal of Finance 40, 1283-1301.

Leland, H.E.; Rubinstein, M. (1981): Replicating Options with Positions in Stock and Cash; Financial Analysts Journal, 63-72.

Locarek, H.; Reißner, P. (1990): Zur Einführung von Schranken bei der Bewertung von Rentenoptionen; Universität Augsburg: Diskussionspapier des Instituts für Statistik und Mathematische Wirtschaftstheorie, Heft 99/1990.

Longstaff, F.A. (1989): Pricing Options with Extendible Maturities: Analysis and Applications; Ohio State University: Discussion Paper.

Madan, D.; Milne, F.; Shefrin, H. (1988): A Critical Examination of Limiting Forms of the Binomial Option Pricing Theory; University of Santa Clara: Discussion Paper.

Margrabe, W. (1978): The Value of an Option to Exchange one Asset for Another; The Journal of Finance 33, 177-186.

McConnell, J.C.; Schwartz, E.S. (1986): LYON Taming; The Journal of Finance 41, 561-577.

McCurdy, T.; Morgan, I.G. (1989): Evidence of Risk Premia in Foreign Currency Future Markets; Ontario: Queen's University, Kingston.

McKean, H.P. jr. (1969): Stochastic Integrals; New York: Academic Press.

Merton, R.C. (1973a): An Intertemporal CAPM; Econometrica 41, 867-887.

Merton, R.C. (1973b): Theory of Rational Option Pricing; Bell Journal of Economics and Management, 141-183.

Merton, R.C. (1976): Option Pricing when the Underlying Stock Returns are Discontinuous; Journal of Financial Economics 3, 125-144.

Merton; R.C. (1977a): An Analytic Derivation of the Cost of Deposit Insurence and Loan Guarantees: An Application of Modern Option Pricing Theory; Journal of Banking And Finance 1, 3-11.

Merton, R.C. (1977b): On the Pricing of Contingent Claims and the Modigliani-Miller Theorem; Journal of Financial Economics 5, 241-249.

Morgenstern, C. (1982): Palmström; Wiesbaden: Insel Verlag.

Müller, S. (1985): Arbitrage Pricing of Contingent Claims; New York: Springer.

Müller, S. (1987a): The Distribution that Imply Perfect Hedging; Universität Mannheim: Discussion Paper No. 343-87.

Müller, S. (1987b): Spanning with Option and Financial Innovations; in: W.R. Heilmann (Hrsg.): Geld, Banken und Versicherungen Bd 2; Karlsruhe.

Müller, S. (1987c): Stock Price Distributions, Perfect Option Hedging and Complet Markets; Universität Bonn: Discussion Paper No. B-128.

Müller, S. (1989a): Perfect Option Hedging and the Hedge Ratio; North–Holland, Economic Letters 29, 243-248.

Müller, S. (1989b): Spanning with Options; Universität Bonn: Discussion Paper B-117.

Müller, S. (1989c): On Complete Securities Markets and the Martingale Property of Securities Prices; North–Holland, Economic Letters 31, 37-41.

Ogden, J.P. (1987): An Analysis of Yield Curve Notes; The Journal of Finance 42, 99-110.

Osborne, M.F.M. (1964): Brownian Motion in the Stock Market; in: P.H. Cootner (Editor): The Random Character of Stock Market Prices; Cambridge: The MIT Press, Massachusetts.

Pitts, M. (1985): The Pricing of Options on Debt Securities; Journal of Portfolio Management, 41-50.

Rendleman, R.J; Bartter, B.J. (1979): Two–State Option Pricing; Journal of Finance 34, 1093-1110.

Rendleman, R.J.; Bartter, B.J. (1980): The Pricing of Option on Debt Securities; Journal of Financial and Quantitative Analysis 15, 11-24.

Richard, S. (1978): An Arbitrage Model of the Term Structure of Interest Rates; Journal of Financial Economics 6, 33-57.

Ross, S.A. (1976c): Return, Risk and Arbitrage; in: Friend, Bicksler (Hrsg.): Risk and Return in Finance; Cambridge, Ballinger.

Ross, S.A. (1976b): The Arbitrage Theory of CAP; Journal of Economic Theory, 341-360.

Ross, S.A. (1976a): Options and Efficiency; Quarterly Journal of Economics 90, 75-90.

Ross, S.A. (1987): Arbitrage and Martingales with Taxation; Journal of Political Economy 95, 371-393.

Rubinstein, M. (1983): Displaced Diffussion Option Pricing; Journal of Finance 38, 213-217.

Rubinstein, M. (1987): Derivative Asset Analysis. Economic Perspectives 1, 73-93.

Rudolph, B.; Wondrak, B. (1986): Modelle zur Planung von Zinsänderungsrisiken; Zeitschrift für Wirtschafts- und Sozialwissenschaften 106, 337-361.

Rulle, M.S. (1985): Swaps and Interest Rate Caps; Shearson Lehman Brothers, Note.

Sandmann, K. (1988): An Intertemporal Interest Rate Market Model: Complete Markets; Universität Bonn: Discussion Paper B-94.

Sandmann, K. (1989): The Pricing of Option with an Uncertain Interest Rate: A Discrete Time Approach; Universität Bonn: Discussion Paper B-114.

Sandmann, K.; Sondermann, D. (1989): A Term Structure Model and the Pricing of Interest Rate Options; Universität Bonn: Discussion Paper B-129.

Sandmann, K.; Sondermann, D. (1990): Zur Bewertung von Caps und Floors; Zeitschrift für Betriebwirtschaftslehre.

Schaefer, S.M.; Schwartz, E.S. (1987): Time–Dependent Variance and the Pricing of Bond Options; Journal of Finance 5, 1113-1128.

Schöbel, R. (1987): Zur Theorie der Rentenoption; Berlin: Duncker & Humbold.

Scholes, M. (1987): Taxes and the Pricing of Options; Journal of Finance, 319-332.

Schotman, P. (1989): Excess Volatility and Excess Smoothness of Long Term Interest Rates: When Unit Roots Matter; Erasmus University Rotterdam: Working Paper.

Sercu, P.; Vauhulle, C. (1989): Exchange Rate Volatility, International Trade and International (dis) Investment; Brüssel: Discussion Paper , ESEM 1989 München.

Sharpe, W.F. (1978): Investments; London: Prentice-Hall.

Shea; G.S. (1989): Uncertainty and Implied Variance Bounds in Long-Memory Models of Interest Rate Term Structure; The Pennsylvania State University: Working Paper.

Smithson, C.W. (1987): Lego Approach to Financial Engineering. Introduction to Forwards, Futures, Swaps and Options.; Midland Corporate Finance Journal, 16-28.

Solnic, B.; Henrotte, P. (1988): Option Pricing with Stochastic Bond Prices; Stanford University: Discussion Paper.

Sondermann, D. (1985): Stochastics of Financial Markets; Universität Bonn: Vorlesungsmanusskript.

Sondermann, D. (1986a): Option Pricing with Bounds on the Underlying Securities; in: Rudolph, B.; Wilhelm, J.: Bankpolitik, finanzielle Unternehmensführung und die Theorie der Finanzmärkte; Berlin, Dunker & Humblot, 1988, 421-442.

Sondermann, D. (1986b): Option Pricing when the Exercise Price is itself Stochastic; Universität Bonn: nicht veröffentlicht.

Sondermann, D. (1986c): Kurssicherungsverfahren: Hedgen von Optionen; in: Krelle, W. (Hrsg.): ökonomische Prognose-, Entscheidungs und Gleichgewichtsmodelle, Sonderforschungsbericht; Weinheim, VCH (1986).

Sondermann, D. (1987): Currency Options: Hedging and Social Value; European Economic Review 31, 246-256.

Sondermann, D. (1988): Reinsurence in Arbitrage Free Markets; Universität Bonn: Discussion Paper B-82.

Steiner, P. (1988): Wertgrenzen bei geschätzten Kaufoptionen; Zeitschrift für Betriebswirtschaft, 373-379.

Stucki, T.; Wasserfallen, W. (1989): Pricing of Warrants – An Empirical Evaluation; Swiss National Bank.

Sundaresan, S. (1989): Valuation of Swaps; Columbia University: Working Paper.

Trautmann, S. (1986): Die Bewertung von Aktienoptionen am deutschen Kapitalmarkt – Eine empirische Überprüfung der Informationseffizienzhypothese; Schriften des Vereins für Sozialpolitik, Band 165.

Uhlir, H.; Steiner, P. (1986): Wertpapieranalyse; Heidelberg: Physica-Verlag.

Varian, H.R. (1987): The Arbitrage Principle in Financial Economics; Economic Perspectives 1, 55-72.

Wermuth, D.; Ochynski; W. (1987): Stategien an Devisenmärkten; Wiesbaden: Gabler.

Werner, J. (1985): Equilibrium in Economies with Incomplete Financial Markets; Journal of Economy Theory 36 , 110-119.

Werner, J. (1987): Structure of Financial Markets and Real Indeterminacy of Equilibria ; Universität Bonn: Discussion Paper B-80.

Wiesmeth, H. (1989): The State Preference Approach to General Equilibrium in Corporate Finance; Universität Bonn: Discussion Paper.

Wirtschaftswissenschaftliche Beiträge

Band 28: Ingo Heinz und
Renate Klaaßen-Mielke
Krankheitskosten durch Luftverschmutzung
1990. 147 Seiten. Brosch. DM 55,-
ISBN 3-7908-0471-1

Band 29: Brigitte Kalkofen
Gleichgewichtsauswahl in strategischen Spielen
1990. 214 Seiten. Brosch. DM 65,-
ISBN 3-7908-0473-8

Band 30: Klaus G. Grunert
Kognitive Strukturen in der Konsumforschung
1990. 290 Seiten. Brosch. DM 75,-
ISBN 3-7908-0480-0

Band 31: Stefan Felder
Eine neo-österreichische Theorie des Vermögens
1990. 118 Seiten. Brosch. DM 49,-
ISBN 3-7908-0484-3

Band 32: Götz Uebe (Hrsg.)
Zwei Festreden Joseph Langs
1990. 116 Seiten. Brosch. DM 55,-
ISBN 3-7908-0487-8

Band 33: Uwe Cantner
Technischer Fortschritt, neue Güter und internationaler Handel
1990. 289 Seiten. Brosch. DM 75,-
ISBN 3-7908-0488-6

Band 34: Wolfgang Rosenthal
Der erweiterte Maskengenerator eines Software-Entwicklungs-Systems
1990. 275 Seiten. Brosch. DM 75,-
ISBN 3-7908-0492-4

Band 35: Ursula Nessmayr
Die Kapitalsituation im Handwerk
1990. 177 Seiten. Brosch. DM 59,-
ISBN 3-7908-0495-9

Band 36: Henning Wüster
Die sektorale Allokation von Arbeitskräften bei strukturellem Wandel
1990. 148 Seiten. Brosch. DM 55,-
ISBN 3-7908-0497-5

Band 37: Rudolf Hammerschmid
Entwicklung technisch-wirtschaftlich optimierter regionaler Entsorgungsalternativen
1990. 239 Seiten. Brosch. DM 68,-
ISBN 3-7908-0499-1

Band 38: Peter Mitter /
Andreas Wörgötter (Hrsg.)
Austro-Keynesianismus
1990. 102 Seiten. Brosch. DM 55,-
ISBN 3-7908-0514-9

Band 39: Alfred Katterl/
Kurt Kratena
Reale Input-Output Tabelle und ökologischer Kreislauf
1990. 114 Seiten. Brosch. DM 55,-
ISBN 3-7908-0515-7

Band 40: Anette Gehrig
Strategischer Handel und seine Implikationen für Zollunion
1990. 174 Seiten. Brosch. DM 65,-
ISBN 3-7908-0519-X

Band 41: Gholamreza
Nakhaeizadeh/
Karl-Heinz Vollmer (Hrsg.)
Anwendungsaspekte von Prognoseverfahren
1990. 169 Seiten. Brosch. DM 59,-
ISBN 3-7908-0519-X

Band 42: Claudia Fantapié
Altobelli
Die Diffusion neuer Kommunikationstechniken in der Bundesrepublik Deutschland
1991. 319 Seiten. Brosch. DM 79,-
ISBN 3-7908-0525-4

Band 43: Josef Richter
Aktualisierung und Prognose technischer Koeffizienten in gesamtwirtschaftlichen Input-Output Modellen
1991. 376 Seiten. Brosch. DM 89,-
ISBN 3-7908-0529-7

Band 44: Elmar Spranger
Expertensystem für Bilanzpolitik
1991. 228 Seiten. Brosch. DM 69,-
ISBN 3-7908-0532-7

Band 45: Frank Schneider
Corporate-Identity-orientierte Unternehmenspolitik
1991. 295 Seiten. Brosch. DM 79,-
ISBN 3-7908-0533-5

Band 46: Beat Gygi
Internationale Organisationen aus der Sicht der Neuen Politischen Ökonomie
1991. 258 Seiten. Brosch. DM 75,-
ISBN 3-7908-0537-8

Band 47: Ludwig Hennicke
Wissensbasierte Erweiterung der Netzplantechnik
1991. 194 Seiten. Brosch. DM 55,-
ISBN 3-7908-0544-0

Band 48: Torsten Knappe
DV-Konzepte operativer Früherkennungssysteme
1991. 176 Seiten. Brosch. DM 55,-
ISBN 3-7908-0545-9

Band 49: Peter Welzel
Strategische Handelspolitik
1991. 207 Seiten. Brosch. DM 69,-
ISBN 3-7908-0546-7

Band 50: Hartmut Wiethoff
Risk Management auf spekulativen Märkten
1991. 202 Seiten. Brosch. DM 69,-
ISBN 3-7908-0549-1

Band 51: Rainer Riedl
Strategische Planung von Informationssystemen
1991. 227 Seiten. Brosch. DM 75,-
ISBN 3-7908-0548-3

GPSR Compliance

The European Union's (EU) General Product Safety Regulation (GPSR) is a set of rules that requires consumer products to be safe and our obligations to ensure this.

If you have any concerns about our products, you can contact us on ProductSafety@springernature.com

In case Publisher is established outside the EU, the EU authorized representative is:

Springer Nature Customer Service Center GmbH
Europaplatz 3
69115 Heidelberg, Germany

Batch number: 10816188

Printed by Printforce, the Netherlands